La Comisión ....   ón
La Desmovilización y Reinserción de la Resistencia ...   **se**

ORGANIZACION DE LOS ESTADOS AMERICANOS

Secretario General
César Gaviria

Secretario General Adjunto
Cristopher R. Thomas

Coordinadora Ejecutiva de la Unidad para la Promoción de la Democracia
Elizabeth M. Spehar

La Comisión Internacional de Apoyo y Verificación

La Desmovilización y Reinserción de la Resistencia Nicaragüense

Organización de los Estados Americanos

Coordinación y Supervisión General:
Héctor A. Vanolli

Investigación, Redacción y Edición:
Héctor A. Vanolli
Arturo Wallace
Diógenes H. Ruiz

Colaboración Especial:
Fernando Arocena

OEA/Ser.D/XX

SG/UPD/III:1

ISBN 0-8270-3938-7

SBC-119/98

*Esta es una publicación de la Secretaría General de la Organización de los
Estados Americanos. Las ideas, afirmaciones y opiniones expresadas en ella no
son necesariamente las de la OEA ni las de sus Estados miembros. La
responsabilidad de las mismas compete a sus autores. La correspondencia
debe dirigirse a la Unidad Para la Promoción de la Democracia, UPD, 1889
F Street, NW, 8th Floor; Washington DC 20006, USA.*

Contenido

PARTE II
LA DESMOVILIZACION, LA REPATRIACION
Y LA ASISTENCIA HUMANITARIA

PARTE III
EL SEGUIMIENTO DE DERECHOS Y GARANTIAS

PARTE IV
LA REINSERCION SOCIAL
DE LOS DESMOVILIZADOS

PARTE V
EL FORTALECIMIENTO
INSTITUCIONAL

PARTE VI
LECCIONES APRENDIDAS

ANEXOS

Guía de Lectura

El presente volumen esta organizado en cinco partes, referidas a cinco aspectos del trabajo desarrollado por la Comisión Internacional de Apoyo y Verificación de la Organización de los Estados Americanos (CIAV-OEA) en Nicaragua entre 1990 y 1997. Estas corresponden a: I) la creación y organización de la CIAV-OEA; II) la desmovilización y repatriación de los combatientes de la Resistencia Nicaragüense; III) la protección de los derechos y las garantías de los desmovilizados; IV) la reinserción social de los desmovilizados y V) la transferencia de funciones a la sociedad civil y el fortalecimiento de las instituciones nacionales. Cada sección incluye elementos destinados a introducir y contextualizar el quehacer de la misión en sus diferentes aspectos. En una parte adicional se incluyen las lecciones aprendidas.

Con el objeto de transmitir la experiencia de la CIAV-OEA en forma integral, el documento contiene dos líneas narrativas: una principal, que describe y analiza la labor cumplida por la CIAV-OEA desde el punto de vista institucional, y otra secundaria o paralela, que intenta recoger la dimensión humana y anecdótica de esa labor, usando un lenguaje informal o periodístico. Esta segunda línea se distingue del texto principal mediante una diagramación diferente.

CONVENCIONES USADAS EN EL TEXTO

A lo largo de este volumen se hace referencia a la CIAV-OEA simplemente como la "CIAV" o la "misión", excepto en los casos en que es necesario diferenciar a ésta de la Comisión Internacional de Apoyo y Verificación de la Organización de la Naciones Unidas (CIAV-ONU), en los cuales se usa el nombre completo.

Con respecto a la Resistencia Nicaragüense, ésta se nombra, por lo general, con el término "Resistencia". En algunos casos (sobre todo en los que ésta todavía no era conocida con ese nombre), se utiliza el término "Contra" para designar a la organización y el término "contra" para referirse al combatiente. El empleo de estos términos no tiene connotaciones valorativas.

Para nombrar a los comandantes de la Resistencia se ha seguido el siguiente procedimiento: la primera vez que se los nombra se usa su nombre de guerra, entre comillas, seguido de su nombre real entre paréntesis. En adelante, se utiliza sólo su seudónimo, precedido de su grado militar.

En lo que hace a las instituciones y organismos, por lo general se ha seguido el criterio de mencionanrlos con su nombre completo la primera vez que se hace referencia a ellos, utilizándose en adelante sólo las siglas. En algunos casos, sin embargo, con el objeto de facilitar la lectura, algunos de estos nombres se repiten en diversos lugares del texto en forma integra. Un glosario de las siglas empleadas se incluye en la sección de Anexos.

Con respecto a las medidas de peso y superficie utilizadas en este volumen, se optó por respetar las denominaciones empleadas en Nicaragua. Así, se emplea la palabra "quintal" (qq) para especificar las medidas de peso (un quintal equivale a 49 kilogramos y 22 quintales a una tonelada) y la palabra "manzana" (mz) para designar las medidas de superficie (una manzana equivale a 0,76 hectáreas). La moneda nicaragüense, el córdoba, se representa en el texto mediante el empleo del símbolo C$.

PARA ENTENDER LA GEOGRAFIA DE NICARAGUA

Ubicada en la parte media del istmo centroamericano, Nicaragua tiene una superficie de 130.668 kilómetros cuadrados y una población de 4.139.486 habitantes, siendo el país de menor densidad poblacional de Centroamérica. Políticamente, Nicaragua está dividida en 15 departamentos y dos regiones autónomas. Los departamentos son Chinandega, León, Managua, Masaya, Carazo, Granada, Rivas, Estelí, Madriz, Nueva Segovia, Matagalpa, Jinotega, Chontales, Boaco y Río San Juan y las regiones autónomas son las regiones autónomas del Atlántico Norte (RAAN) y del Atlántico Sur (RAAS). La capital, Managua, está ubicada en el departamento del mismo nombre.

A inicios de la década de los ochentas, en virtud de una división político-administrativa implementada por el gobierno sandinista, el país se dividió en "regiones" (que podían agrupar dos o más departamentos) y "zonas especiales". En total se crearon seis regiones y tres zonas especiales.

La Región I estaba conformada por los departamentos situados al extremo norte del país (Madriz, Nueva Segovia y Estelí); la Región II por los departamentos ubicados en el noroeste (Chinandega y León); la Región III por el departamento de Managua; la Región IV por los departamentos situados al sur del litoral pacífico (Carazo, Masaya, Granada y Rivas); la Región V por los departamentos de la región central del país (Boaco y Chontales) y el 50 por ciento, aproximadamente, de lo que hoy se conoce como RAAS y la región VI por los departamentos ubicados al centro-norte del país (Matagalpa y Jinotega).

MAPA 1

Nicaragua: División Polítíco Administrativa en Departamentos y Regiones

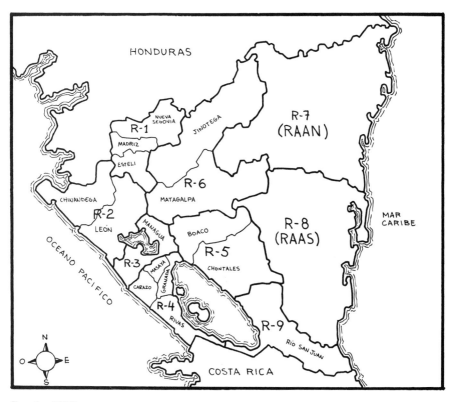

Fuente: CIAV

La Zona Especial I, por su parte, comprendía lo que hoy se conoce como RAAN; la Zona Especial II, el territorio de la RAAS que no era administrado por la Región V y la Zona Especial III, el departamento de Río San Juan.

La división en regiones es de uso común actualmente y en ella se basó la CIAV para organizar su trabajo de campo. La división en zonas especiales, sin embargo, está actualmente fuera de uso por lo que los territorios correspondientes a las tres ex zonas especiales pasaron a denominarse simplemente RAAN, RAAS y departamento de Río San Juan. Debido a estas circunstancias, cuando se divide al país en regiones se mezclan las seis regiones previamente descriptas, las dos regiones autónomas del Atlántico y el departamento de Río San Juan. A pesar de la confusión que podría causar el uso de esta división, en la que se mezclan regiones con departamentos, en este texto se ha optado por respetar este sistema en lugar de simplificarlo mediante el cambio arbitrario de nombres.

Con el objeto de delimitar con claridad el territorio en que se desarrolló el conflicto de la década de los ochenta, y en el que buscaron reinsertarse los ex combatientes de la Resistencia, en este texto se ha dividido el país en tres "macroregiones": la macroregión del Pacífico, la macroregión central y la macroregión atlántica. Cada una de estas macroregiones constituyen unidades geográficas, históricas y culturales en sí mismas, que trascienden la simple división departamental o regional (ver Mapa 2).

La macroregión central, donde tuvo lugar el conflicto, comprende los departamentos de Nueva Segovia, Madriz, Estelí, Jinotega, Matagalpa, Boaco, Chontales y Río San Juan; la zona nordeste de Chinandega; la porción de la RAAN que se adentra en los departamentos de Jinotega y Matagalpa (que comprende las comunidades de Waslala, Zinica y Labú, entre otras) y la franja oeste de la RAAS (que comprende las comunidades de Muelle de los Bueyes, El Rama, Yolaina y Nueva Guinea, entre otras). Esta macroregión coincide con lo que se conoce como *el país campesino*, o lo que Augusto C. Sandino llamaba "la frontera olvidada de Nicaragua" y está caracterizada por elevaciones montañosas[1], cami-

---

Estas ocupan las cordilleras Isabelia, Dariense y Chontaleña, que se extienden desde el norte por Santa María, Jalapa y El Amparo, pasando por Quilalí, Wiwilí, Waslala, Matiguás, Río Blanco, Muy-Muy, llegando hasta el sur a Muelle de los Bueyes, San Pedro Lóvago, Nueva Guinea, El Almendro y El Castillo.

nos inaccesibles y una geografía selvática en amplias partes del territorio. Su población, que constituye el 31 por ciento de habitantes del país, está compuesta fundamentalmente por campesinos pobres.

La macroregión Atlántica incluye la casi totalidad de la RAAN y la RAAS. Esta macroregión comprende fundamentalmente las zonas agroecológicas de las llanuras del Atlántico, que se extienden a lo largo del Mar Caribe, desde el Río Coco hasta San Juan del Norte, en la desembocadura del río San Juan. Esta macroregión, conocida como la Costa Atlántica, se diferencia claramente del resto del país en su historia y características étnicas y lingüísticas. Su influencia cultural proviene de

---

MAPA 2

Nicaragua: División por Macroregiones

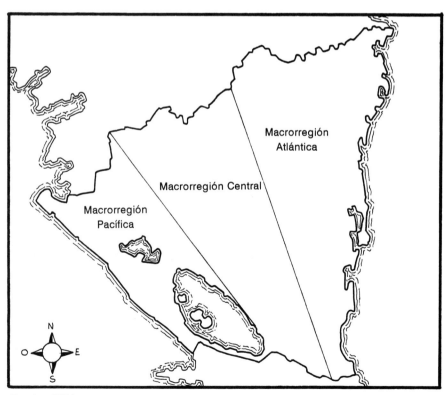

Fuente: CIAV

la colonización inglesa, la existencia de grupos étnicos afrocaribeños (tales como anglófonos y garífonas) y la presencia de diferentes etnias indígenas autóctonas (tales como mískitos, mayagnas y ramas). La Costa Atlántica se caracteriza por su baja densidad poblacional (si bien cubre el 56 por ciento del territorio nacional, sólo alberga el 9 por ciento de la población total del país), bajos niveles de infraestructura y escasas vías de comunicación con el resto del país.

La macroregión del Pacífico comprende la franja occidental del país. La misma se extiende desde el Golfo de Fonseca, en el norte, hasta la frontera con Costa Rica, en el sur, abarcando los departamentos de León, Chinandega, Managua, Masaya, Carazo, Granada y Rivas. Esta macroregión fue el escenario de la colonización española y en ella se concentra el 60 por ciento de la población del país. En ella se encuentran los índices más elevados de urbanización y alfabetización y es el centro de poder del país.

PARTE
I

ANTECEDENTES, CREACION Y ORGANIZACION DE LA CIAV

1
Introducción General

EN SEPTIEMBRE DE 1989, EN VIRTUD DE LOS ACUERDOS FIRMADOS EN el marco del proceso de paz centroamericano, la Secretaría General de la Organización de los Estados Americanos (OEA) conformó la Comisión Internacional de Apoyo y Verificación (CIAV-OEA) con el objeto de encargarse de la desmovilización y repatriación de los combatientes de la Resistencia Nicaragüense, popularmente conocidos como "contras".

La constitución de la CIAV marcaría el inicio de una experiencia histórica sin precedentes para la OEA. A partir de su mandato inicial, la misión evolucionaría gradualmente hasta convertirse en una instancia de apoyo integral al proceso de paz nicaragüense, contribuyendo decisivamente, a lo largo de siete años de existencia, a la resolución pacífica de conflictos, la reinserción social de un amplio sector de la población y el fortalecimiento de instituciones nacionales.

Durante la fase inicial de su mandato, la CIAV se hizo cargo, entre otras actividades, de la desmovilización de aproximadamente 22.500 combatientes; la repatriación de otros 18 mil individuos desde Honduras y Costa Rica y la distribución masiva de alimentos, ropa y otros enseres a un universo de aproximadamente 120 mil personas. Terminada esta etapa, la misión asumió la verificación de los derechos y garantías de los desmovilizados; la ejecución de incontables proyectos habitacionales y productivos destinados a posibilitar la reintegración social de esos sectores y la atención médica de lisiados de guerra. A partir de 1991, a esas tareas se le sumarían la mediación en conflictos entre el gobierno y grupos de rearmados; la participación en una iniciativa nacional de alto nivel para el análisis y la investigación de violaciones a los derechos humanos y la ejecución de programas tendientes a crear y fortalecer instituciones nacionales con capacidad de mediación, protección de derechos humanos y resolución pacífica de conflictos.

Características de la CIAV

La CIAV constituye la primera experiencia de la OEA en la implementación de una misión de paz en el continente y la primera de su tipo en el mundo.[1] A excepción de los dos primeros meses, en los que la CIAV contó con el apoyo de un componente de observadores militares de la Organización de las Naciones Unidas (ONU), las tareas relativas al mantenimiento de la paz fueron desempeñadas enteramente por personal civil, lo que convirtió a la misión en la primera misión de paz en el mundo con esas características. La misión extendió además su quehacer a la casi totalidad de los aspectos relativos al proceso de paz nicaragüense, lo que la convirtió en una instancia de apoyo integral a ese proceso.

Estas circunstancias condicionarían de manera decisiva la evolución y la naturaleza de la misión. Dada la ausencia de experiencias similares anteriores, los mecanismos y procedimientos diseñados por la misión para llevar a cabo su mandato se gestaron gradual y espontáneamente, en respuesta a las necesidades e imperativos del proceso de pacificación.

Carácter civil de la misión

Si bien la misión contó brevemente con el apoyo de un componente militar provisto por la ONU durante la fase de desarme, la CIAV puede ser considerada la primera misión enteramente civil de apoyo integral a un proceso de paz.[2]

El carácter civil de la CIAV permitió a los oficiales de la misión potenciar su comunicación con los protagonistas claves del proceso de pacificación. A diferencia de lo que generalmente ocurre en las misiones de paz cuyo personal es preponderantemente militar, los oficiales civiles de la misión estuvieron en condiciones de establecer rápidamente una amplia red de contactos con los actores de las comunidades donde desempeñaban sus tareas (tales como párrocos, maestros, líderes comunales, alcaldes, jueces y policías), lo cual contribuyó a optimizar la tarea de verificación y prevención de conflictos

El carácter civil de la CIAV permitió además la incorporación de profesionales provenientes de una amplia gama de campos, lo que posibilitó el trabajo interdisciplinario y la asignación de los oficiales a los diferentes programas de la misión de acuerdo a su especialidad.[3] Dado que el componente militar de las misiones de paz es el que por lo general absorbe el mayor porcentaje del presupuesto, el modelo civil desarrollado por la misión tuvo además repercusiones favorables en el área presupuestaria. Si se toma en cuenta la amplitud del trabajo desarrollado en los siete años de existencia de la misión, la CIAV puede ser considerada una de las misiones de paz menos costosas del mundo (ver Capítulo 4, Parte I).

Apoyo integral al proceso de paz

La CIAV apoyó el proceso de paz nicaragüense en forma integral. A lo largo de sus siete años de existencia, la misión cumplió la casi totalidad de las funciones que caracterizan a las misiones de paz contemporáneas (provisión de seguridad a negociadores; desarme, desmovilización y repatriación de combatientes; provisión de asistencia humanitaria; verificación del cumplimiento de los acuerdos de paz; verificación del respeto a los derechos humanos y ejecución de programas tendientes a facilitar la reintegración social de la población afectada por el conflicto), además de otras menos tradicionales (mediación entre partes en conflicto, participación en instancias nacionales para la investigación de violaciones a los derechos humanos y ejecución de programas de fortalecimiento institucional).

El involucramiento integral de la CIAV en el proceso de paz nicaragüense respondió a diversas circunstancias. El desarrollo de programas habitacionales y productivos, por ejemplo, obedeció tanto a la necesidad de facilitar la reinserción social de los ex combatientes y sus familiares como a la necesidad de potenciar lo que se transformaría en la función principal de la misión luego de finalizada la etapa de desmovilización: el seguimiento y la verificación del respeto de los derechos y garantías de los ex combatientes. Gracias a la implementación de este tipo de programas, los oficiales a cargo de la verificación del cumplimiento de los derechos humanos eran por lo general percibidos como individuos genuinamente compenetrados con los problemas de la población desmovilizada y no como simples funcionarios de un organismo internacional desconocido, que llegaban a las áreas de asentamiento de los ex combatientes a recepcionar denuncias ocasionalmente.

En otros casos, la ampliación del radio de funciones de la CIAV obedeció a circunstancias coyunturales. La función de mediación en conflictos entre el gobierno y grupos rearmados, no prevista originalmente en el mandato de la misión, se desarrolló a partir de una petición expresa del gobierno nicaragüense.

Nicaragua y la CIAV

La tarea de la CIAV en Nicaragua estuvo fuertemente condicionada por una serie de factores particulares, tales como las características únicas del proceso de paz nicaragüense, la naturaleza del mandato de la misión y los rasgos geográficos, históricos y culturales que caracterizan a las zonas donde tuvo lugar el conflicto. A estos factores deben sumársele una serie de circunstancias no previstas, tales como la sorpresiva derrota del Frente Sandinista de Liberación Nacional (FSLN) en las elecciones de febrero de 1990 y la decisión de los comandantes de la Resistencia de desmovilizar masivamente sus tropas en Nicaragua.

Los factores no previstos

Las negociaciones efectuadas para lograr la desmovilización de los efectivos de la Resistencia tuvieron como telón de fondo la creencia de que el FSLN triunfaría en las elecciones generales del 25 de febrero de 1990. Esta circunstancia, se suponía, impulsaría a los combatientes de la Resistencia a elegir el territorio hondureño para deponer sus armas.

En base a esta suposición, la CIAV fue inicialmente concebida como una misión relativamente pequeña y de corta duración, cuyo objetivo sería la desmovilización de un reducido grupo de combatientes en Nicaragua. La responsabilidad por la desmovilización del grueso de las tropas de la Resistencia debía recaer, en este esquema, sobre la ONU, la que en virtud de un acuerdo con la OEA había sido designada para cumplir esa tarea en Honduras.

Los acontecimientos en Nicaragua, sin embargo, tomaron otro giro. Luego de la sorpresiva derrota electoral del sandinismo frente a la Unión Nacional Opositora (UNO), los comandantes de la Resistencia, que operaban desde una serie de bases ubicadas en la zona fronteriza de Honduras con Nicaragua, optaron por desmovilizar sus efectivos en territorio nicaragüense.

Esta circunstancia obligó a la CIAV a asumir responsabilidades no previstas originalmente en su mandato, tales como la atención de un universo de aproximadamente 120 mil personas entre desmovilizados y repatriados y sus familiares directos. Estas circunstancias alentarían el desarrollo de características tales como la flexibilidad, la improvisación y la redefinición constante de sus programas en función de los imperativos de la realidad.

Las características del proceso de paz

El proceso de paz nicaragüense se caracterizó por la existencia de acuerdos de paz genéricos, declarativos y sin calendarización; la falta de un programa de pacificación y reconciliación nacional; la ausencia de liderazgo en la población desmovilizada; la existencia de un fuerte prejuicio internacional contra los ex combatientes (que eran por lo general percibidos como mercenarios) y la ausencia de una agencia gubernamental con presupuesto suficiente para ejecutar los compromisos asumidos por el gobierno durante la etapa de negociación.

Estas circunstancias convertirían a la CIAV en la única institución con responsabilidad definida en el proceso de reinserción de los desmovilizados y la única voz de alerta, no nicaragüense, sobre la situación de los derechos humanos de los ex combatientes y sus familiares. En este contexto, la misión actuó con frecuencia como "amortiguador" de numerosas crisis en ámbitos no contemplados en su mandato.

Las características del mandato de la CIAV

El mandato de la CIAV emanó directamente del Acuerdo de Tela, firmado por los cinco presidentes centroamericanos en agosto de 1989. Debido a esta circunstancia, el mismo fue definido sin el concurso de quienes serían los principales actores del proceso de paz nicaragüense: el gobierno electo en febrero de 1990 y la Resistencia Nicaragüense. Al mismo tiempo, el mandato establecía plazos de ejecución reducidos, facultaba a la CIAV a ocuparse de sólo una de las partes del conflicto y era vago e impreciso en la definición de las funciones de la misión.

Estos factores impedirían a la CIAV realizar una planificación a largo plazo, lo que dificultaría, en los primeros años, el desarrollo de proyectos integrales dirigidos a asegurar la sostenibilidad del proceso de reinserción de la población desmovilizada. El hecho de que el mandato no contemplara a ambas partes del conflicto contribuiría a generar entre un sector de la población una percepción de parcialidad, lo que restaría eficacia a los mecanismos de persuasión de la misión.

El mandato de la misión sería ampliado en junio de 1993 a solicitud del gobierno de Nicaragua, mediante la Resolución 1203/93 de la XXIII Asamblea General de la OEA. En virtud de esta ampliación, que extendía el universo de los sujetos atendidos por la CIAV a "todas las poblaciones afectadas por las secuelas de los conflictos", la misión tuvo oportunidad de fortalecer su concepción de apoyo integral al proceso de paz.

Las características de las zonas de conflicto

La mayoría de los insurgentes eran originarios de una zona rural tradicionalmente aislada del resto de Nicaragua, en la que la presencia de las instituciones del estado era débil o inexistente.

En estas circunstancias, la CIAV se transformó en la única institución con presencia efectiva en las antiguas zonas de conflicto, lo que la llevaría a asumir con frecuencia responsabilidades no previstas en su mandato original, tales como las de proveer servicios básicos en salud y educación. En este contexto, la misión llegaría a ser percibida por los habitantes de la zona como un sustituto del estado. Muchas de las instituciones gubernamentales llegarían por primera vez a estas zonas gracias al apoyo logístico de la misión.

Los programas

El principal programa de la misión fue el Programa de Seguimiento y Verificación (PSV). Este se implementó durante los siete años que permaneció la misión en Nicaragua y su objetivo fue el de verificar el respeto de los derechos y garantías de los desmovilizados.

Los programas implementados por la CIAV en materia de reinserción, por su parte, pueden dividirse en programas de asistencia humanitaria y programas de reinserción propiamente dichos. Los primeros se ejecutaron durante la etapa de desmovilización y tuvieron como objeto la satisfacción de las necesidades inmediatas de los ex combatientes, tales como las de alimentación, indumentaria y sustento mínimo. Por esta razón, los mismos implicaron la "estandarización" de la ayuda distribuida por la misión, en el sentido de que la totalidad de los beneficiarios recibió, en forma masiva, los mismos beneficios.

Los programas de ayuda humanitaria, sin embargo, fueron rápidamente reemplazados por un conjunto de programas sectoriales, que priorizaban las necesidades concretas de sectores específicos de la población desmovilizada, tales como los programas habitacionales y los programas de apoyo a la producción.

Mediante estos programas, la CIAV construyó 2.062 viviendas, 47 escuelas y 15 puestos de salud; apoyó de manera directa la siembra de más de 100 mil manzanas y brindó asistencia médica a la totalidad de los lisiados de guerra de la Resistencia, calculados en dos mil personas.

El desarrollo de estos programas permitió maximizar los recursos disponibles para la cobertura de las necesidades críticas de los desmovilizados, posibilitando al mismo tiempo la satisfacción de algunas de las expectativas de reinserción de este sector. El rápido abandono de los programas de ayuda humanitaria implicó además la transformación de los beneficiarios en "contrapartes". El desmovilizado incorporado a alguno de los programas sectoriales de la misión asumía responsabilidades compartidas en un esquema horizontal de coparticipación. Esto implicaba un conjunto de obligaciones que variaban desde la preparación de la propuesta para participar en el programa hasta el compromiso de aportar mano de obra, organizarse en grupos o contribuir con materiales. De esta manera se fortalecía la autoestima de los ex combatientes y el sentimiento de pertenencia a la comunidad.

2
Nicaragua y la Guerra

EL CONFLICTO ENTRE CONTRAS Y SANDINISTAS ABARCO LA DECADA que va desde el primer levantamiento campesino en Quilalí, a finales de 1980, hasta la firma del Acuerdo de Toncontín, el 23 de marzo de 1990. El enfrentamiento entre estos sectores tendría profundas consecuencias políticas, económicas y sociales para Nicaragua y repercutiría decisivamente en el resto de los países del área centroamericana, particularmente en Honduras, El Salvador y Costa Rica.

Antecedentes del conflicto

El antecedente directo del conflicto entre contras y sandinistas se remonta al triunfo de la revolución sandinista en julio de 1979. Esta última se había comenzado a gestar a principios de los años 60 con la creación del Frente Sandinista de Liberación Nacional (FSLN), organización político-militar que propugnaba la lucha armada como única alternativa para derrocar la dictadura militar del general Anastasio Somoza. La familia Somoza había gobernado el país durante casi cincuenta años, desde principios de 1930 hasta 1979, basada en el estricto control del ejército (conocido como Guardia Nacional), la economía y la oposición política, en un panorama de escasas libertades democráticas.

Después de más de quince años de prolongada insurgencia, que costaría miles de vidas y millonarias pérdidas económicas, el FSLN derrocó al gobierno somocista y asumió el poder el 19 de julio de 1979, generando un amplio consenso a nivel nacional y una evidente simpatía a nivel internacional. Los primeros pasos hacia la conformación de un gobierno representativo de todos los sectores políticos del país, sin embargo, fueron rápidamente suplantados por una gestión de inspiración marxista que llevaría al recién constituido gobierno a alinearse con Cuba y la Unión Soviética, generando así la desconfianza de Estados Unidos y el temor de los países del área centroamericana.

A nivel nacional, la aplicación de algunas de las políticas sandinistas, particularmente las de carácter económico, ocasionaría rápidamente el descontento en un significativo sector de la población. La implementación de políticas económicas de corte centralista y estatizante (tales como las de control de los precios y comercialización de productos por parte del gobierno) y la política de reforma agraria (que privilegiaba la conformación de cooperativas en contraposición a la tradición productiva minifundista de los pobladores de las zonas rurales) crearían las condiciones para que se produjeran los primeros alzamientos campesinos. En el contexto de la guerra fría, estas manifestaciones de rebeldía pronto serían alentadas y apuntaladas por antiguos miembros de la Guardia Nacional de Somoza, que se habían reagrupado en Honduras con el financiamiento del gobierno de Estados Unidos.

La Contra

El primer levantamiento antisandinista se produjo en el poblado de Quilalí, en el departamento de Nueva Segovia, a finales de 1980. A éste le seguirían alzamientos similares en otras comunidades de la zona norte y en la Costa Atlántica protagonizados por agrupaciones conocidas como MILPAS, o Milicias Populares Antisandinistas.[4] Por su parte, el conflicto en la Costa Atlántica tendría como actores a las comunidades indígenas autóctonas, principalmente a los mískitos. Estos crearían sus propias organizaciones armadas, siendo la más destacada el grupo YATAMA.[5]

Las MILPAS y demás grupos rebeldes campesinos se unirían a finales de 1981 a los miembros de la Guardia Nacional asentados en Honduras. Estos últimos, agrupados en la Legión 15 de Septiembre, se habían establecido en ese país a mediados de 1980 con el apoyo estadounidense, por lo que estaban en condiciones de proporcionar a la tropa campesina mejores armas y entrenamiento militar. Ambas corrientes conformarían el Frente Democrático Nicaragüense (FDN).

El choque cultural entre la visión urbana de los representantes del gobierno sandinista y la mentalidad campesina tradicional de los habitantes de las zonas rurales constituiría un elemento que agravaría las tensiones, alimentando las filas de la oposición armada. Los conflictos del gobierno sandinista con la jerarquía de la iglesia católica y la institucionalización del servicio militar obligatorio reforzarían aún más este fenómeno.

A lo largo del conflicto, los diferentes grupos contras se dividirían y re-agruparían en varias fracciones con distintas denominaciones hasta unificarse en una única comandancia militar bajo el nombre de Resistencia Nicaragüense (RN) en 1987.[6] Este mismo año, el conflicto alcanzaría su punto culminante con la aprobación de un paquete de ayuda militar de 100 millones de dólares por parte del Congreso de Estados Unidos. La relación entre la contra y el gobierno estadounidense correría a cargo del denomina-do Directorio Político, el que, a diferencia de las bases del movimiento, es-taba conformado casi exclusivamente por políticos provenientes de la capi-tal y otras zonas urbanas de la costa del Pacífico.

La Resistencia Nicaragüense se organizaría alrededor de cuatro frentes geográficos, el Frente Norte, el Frente Sur, el Frente Central y el Frente At-lántico, siendo el más importante el primero, conformado por aproximada-mente el 80 por ciento de los insurgentes.

El contexto geográfico del conflicto

El conflicto armado entre contras y sandinistas se desarrolló en una franja de territorio equivalente a aproximadamente un 47 por ciento del territorio nicaragüense, situada fundamentalmente en la macroregión central (ver Mapa 2). Esta zona fue el escenario de la mayoría de los conflictos armados registrados en el presente siglo en Nicaragua, incluida la lucha encabezada por Augusto C. Sandino contra la presencia estadounidense en Nicaragua entre 1927 y 1934, y se caracteriza principalmente por el aislamiento de los centros de poder, la ausencia de servicios e instituciones del estado y la exis-tencia de tensiones ancestrales en torno a la tenencia de la tierra. Estas cir-cunstancias han llevado a incluir entre las causas de la guerra en esta zona a factores estructurales, que trascienden las ideologías o las posiciones polí-ticas de coyuntura. El carácter perpetuo o semi perpetuo de la violencia en esta área ha generado, a su vez, una cultura de la guerra, que actúa como ele-mento reproductor del conflicto.

Los habitantes de la Costa Atlántica, por su parte, tradicionalmente mar-ginados de los procesos económicos, políticos y sociales del resto de Nicara-gua, se involucrarían en el conflicto como reacción a la irrupción de un es-tado que les era ajeno y que buscaba integrar este territorio mediante la im-posición de concepciones extrañas a las costumbres del lugar.

Poco a poco, el conflicto se extendería desde la zona fronteriza con Hon-duras (departamentos de Nueva Segovia y de Jinotega) al resto de la región central (departamentos de Madriz, Estelí, Matagalpa, norte de Chinandega y la zona de la RAAN que va desde Waslala hasta Rosita, Siuna, y Bonanza). La creación de Alianza Revolucionaria Democrática (ARDE)[7] en el sur del país llevaría el conflicto a los departamentos de Boaco, Chontales, Río San Juan y la RAAS.

Los efectos de la guerra

El conflicto bélico tendría profundas consecuencias políticas, económicas y sociales para Nicaragua. En el plano político, éste daría lugar a una restricción cada vez mayor de las libertades políticas y democráticas. En el plano económico, el mismo ocasionaría pérdidas estimadas en más de 5 mil millones de dólares en concepto de perjuicios físicos directos, sin contar incuantificables costos de oportunidad.

Al final de la guerra, la deuda externa había crecido dramáticamente. La balanza de pagos reflejaba un déficit superior a los 600 millones de dólares anuales mientras que la inflación anual superaba el 1000 por ciento. La tasa de desempleo, por su parte, era superior al 30 por ciento. De acuerdo a algunos estimados, el 75 por ciento de la población se encontraba sumida en la pobreza al término del conflicto. El estándar de vida de los nicaragüenses en 1990 había retrocedido a los niveles de 1950.

A los costos económicos se le añadirían las pérdidas en vidas humanas, así como las secuelas físicas y psicológicas de los sobrevivientes. El conflicto costó, en el lapso 1980-1988 aproximadamente 31 mil vidas. Alrededor de 20 mil personas fueron heridas y casi 10 mil secuestradas o capturadas en las zonas de conflicto. Alrededor de 350 mil personas fueron desplazadas de sus lugares habituales de asentamiento hacia distintas zonas del país y otros 200 mil debieron abandonar el país. A su conclusión, el enfrentamiento armado había afectado directamente a aproximadamente 1.200.000 personas, lo que representa aproximadamente el 31 por ciento de la población económicamente activa en la década de los ochenta.[8]

3
Antecedentes a la Constitución de la CIAV

EL PROCESO DE NEGOCIACION QUE CONDUJO A LA DESMOVILIZACION de los combatientes de la Resistencia Nicaragüense en 1990 tuvo como uno de sus actores principales a la comunidad internacional. Desde las propuestas de Contadora a partir de 1983, pasando por una variedad de propuestas de diversos actores internacionales entre 1983 y 1987 [9] hasta el Acuerdo de Esquipulas II en 1987, la influencia internacional fue decisiva en el proceso de pacificación nicaragüense. Las acciones propuestas por estos foros fijaron los tiempos y las modalidades del proceso de negociación, el diseño específico de los acuerdos y los mecanismos de verificación de los distintos aspectos de la crisis.

EL PROCESO DE NEGOCIACION A NIVEL REGIONAL

El 10 de enero de 1983, los cancilleres de México, Panamá, Colombia y Venezuela se reunieron en la isla de Contadora, Panamá, con el objeto de exhortar a los gobiernos de los países centroamericanos a iniciar urgentemente un diálogo para resolver el conflicto en la región. Esta instancia sería conocida en lo sucesivo como el "Grupo de Contadora" y constituiría la primera iniciativa de la comunidad internacional para la resolución pacífica del conflicto nicaragüense. El Consejo de Seguridad de la ONU reconoció la importancia de este esfuerzo en mayo de ese mismo año mediante la aprobación de la resolución 530, en la que se expresa el apoyo de ese organismo a los objetivos de Contadora.

Contadora ofreció un modelo de equilibrio político general para la región, adaptando una serie de iniciativas políticas sugeridas previamente por algunos de los países centroamericanos.[10] Dicho modelo, presentado en el Acta para la Paz y la Cooperación en Centroamérica en septiembre de 1984, intentó combinar tres áreas críticas de interacción entre Estados Unidos y Nicaragua: seguridad regional, estabilidad política y desarrollo económico. Con el objeto de afianzar su presencia entre los países latinoamericanos, Contadora invitó a otros países del hemisferio a respaldar las propuestas del grupo. De esa manera, a mediados de 1985, se conformó una instancia llamada "Grupo de Apoyo de Contadora" o "Grupo de Lima", integrado por los cancilleres de Brasil, Argentina, Perú y Uruguay, cuya función sería la de brindar apoyo a la negociación impulsada por Contadora, sin participar directamente en ella.

Las comisiones de trabajo formadas en el marco de Contadora sobre aspectos de seguridad regional, estabilización política y crecimiento precisaron aún más el modelo inicial, logrando, en opinión de un analista, "un impresionante detalle de restricciones al comportamiento político y militar de los países centroamericanos como condición de equilibrio regional".[11] El documento surgido de estas comisiones proponía, en política, la realización de elecciones libres, competitivas y observadas; en materia económica y social, la creación de un mercado común, la integración económica y la sanción de legislación laboral común y, en materia de seguridad, la eliminación de la relación partido-ejército, la supeditación del crecimiento del gasto militar al tamaño de la población, el territorio y el PIB y el sometimiento de los países del área a mecanismos de inspección y verificación en cuestión de armamentos y asesorías militares extranjeras.

El proceso de negociación auspiciado por Contadora evolucionó desde una fórmula aparentemente favorable a la consolidación del sandinismo, por la insistencia en cuestiones de seguridad estratégica, hasta una que cuestionaba la consolidación del mismo, por la insistencia en la democratización del área.[12] Si bien la firma del acta de Contadora, y la implementación de los mecanismos propuestos por la misma no se materializó, esta iniciativa deslegitimó la posibilidad de intervención directa de terceros países en el conflicto.[13]

Los Acuerdos de Esquipulas

A partir de los llamados Acuerdos de Esquipulas, el proceso de negociación para la solución de la crisis centroamericana pasaría del nivel suprarregional al nivel regional, asumiendo la responsabilidad del mismo los cinco presidentes centroamericanos. Estos últimos, bajo la inspiración del proceso promovido por Contadora y el Grupo de Apoyo, iniciaron una serie de contactos, consultas y encuentros bilaterales que culminarían el 25 de mayo de 1986 con una cumbre realizada en la ciudad de Esquipulas, Guatemala.

El proceso iniciado por Esquipulas conduciría primero a la apertura política y la desmovilización de los miembros de la Resistencia Nicaragüense en Nicaragua y posteriormente al proceso de negociación que desembocaría en la firma de los acuerdos de paz en El Salvador (1992) y en Guatemala (1996).

En el documento firmado en Esquipulas, conocido como Esquipulas I, los presidentes Vinicio Cerezo (Guatemala), José Napoleón Duarte (El Salvador), José Azcona (Honduras), Oscar Arias (Costa Rica) y Daniel Ortega (Nicaragua) declararían a Contadora como "la mejor instancia política" con que contaba Centroamérica para alcanzar la paz y la democracia y reducir las tensiones generadas en los países del área.

En los puntos principales del documento se acordó formalizar un mecanismo para la realización de reuniones periódicas entre los presidentes centroamericanos "como una instancia necesaria y conveniente" para analizar y resolver los problemas más urgentes de la región; asumir el compromiso de firmar el acta propuesta por Contadora y cumplir en su totalidad los compromisos y procedimientos incluidos en la misma.

En el documento, los firmantes expresaban además la necesidad de crear "un auténtico proceso democrático, pluralista y participativo" para alcanzar la paz en la región, así como de "revisar, actualizar y dinamizar" los procesos de integración económica y social existentes en el área. Asimismo, los mandatarios centroamericanos se comprometían a "promover e impulsar posiciones conjuntas del área frente a problemas económicos comunes", tales como la deuda externa, el deterioro de los términos de intercambio y la desigualdad en la transferencia tecnológica, así como a impulsar la creación del Parlamento Centroamericano.

Los Acuerdos de Esquipulas I constituirían el inicio de una serie de reuniones y acuerdos entre los distintos presidentes centroamericanos. Los más destacados serían los de Esquipulas II, Alajuela, Costa del Sol, Tela, San Isidro de Coronado y Montelimar (ver Cuadro 1).

Esquipulas II

Entre el 6 y 7 de agosto de 1987, los cinco mandatarios centroamericanos se reunieron por segunda vez en la Ciudad de Guatemala para discutir un plan de paz regional presentado por el gobierno de Costa Rica, el que sería luego conocido como el "Plan Arias para la democracia en Centroamérica".[14] El resultado de la reunión fue la firma del llamado "Procedimiento para Establecer una Paz Firme y Duradera en Centroamérica", conocido posteriormente como Esquipulas II. Este acuerdo estableció el mecanismo inicial para la resolución negociada de la crisis centroamericana. El espíritu del acuerdo fue recogido en la resolución 637 del Consejo de Seguridad de la ONU, en el que se "acogió con beneplácito" éste y otros acuerdos anteriores suscritos por los presidentes centroamericanos.

CUADRO 1

*Combres de los Presidentes Centroamericanos
(1986-1990) (1)*

FECHAS	LUGAR	CARATERISTICA
6-7 agosto 1987	Esquipulas (Guatemala)	Cumbre Plan Arias.
15-16 enero 1988	Alajuela (Costa Rica)	Cumbre de primera evaluación.
13-14 febrero 1989	Costa del Sol (El Salvador)	Cumbre para las elecciones en Nicaragua y otros compromisos relacionados.
5-7 agosto 1989	Tela (Honduras)	Cumbre para el caso de Nicaragua y la Resistencia Nicaragüense. Creación de la CIAV.
10-12 diciembre 1989	San Isidro de Coronado (Costa Rica)	Cumbre de emergencia para el caso de El Salvador. Solicitud de apoyo a la comunidad internacional.
2-3 abril 1990	Montelimar (Nicaragua)	Cumbre para evaluar el éxito de Esquipulas II. Decisión sobre el destino de las armas de la Resistencia.

(1) Posteriores encuentros presidenciales, realizados durante el año 1990, no están incluidas en este cuadro.

El Acuerdo de Esquipulas II giraba en torno a cinco compromisos simultáneos e inmediatos: 1) el otorgamiento de amnistías políticas; 2) la declaración de un cese al fuego; 3) la democratización interna de los países del área; 4) el cese de ayuda a las fuerzas irregulares o insurreccionales y 5) la prohibición del uso de territorio nacional para agredir a otros estados. El acuerdo establecía además el cese del apoyo extrarregional a los grupos de oposición armada en los países del área;[15] el levantamiento del estado de sitio donde correspondiere; el pleno restablecimiento de los derechos civiles y políticos; la apertura de negociaciones con la oposición armada; el establecimiento de diálogo con los grupos políticos de oposición y la convocatoria a elecciones de acuerdo a las disposiciones constitucionales de los respectivos países.

Para el seguimiento de lo estipulado en el acuerdo, los mandatarios centroamericanos establecieron un apretado calendario, acordando la creación de un mecanismo internacional de verificación y seguimiento denominado "Comisión Internacional de Verificación y Seguimiento" (CIVS). Según el acuerdo, la CIVS debía estar conformada por los Secretarios Generales de la OEA y de la ONU, así como por los cancilleres de los países centroamericanos, los cancilleres de los países del Grupo Contadora y los cancilleres de los países del Grupo de Apoyo.[16] Esta comisión estaría respaldada por las declaraciones que emitirían oportunamente los cinco mandatarios centroamericanos, a las que podían adherirse "todas las naciones interesadas en promover la causa de la libertad, la democracia y la paz en Centroamérica".[17]

Alajuela

De conformidad con lo estipulado en los Acuerdos de Esquipulas, los presidentes centroamericanos se reunieron los días 15 y 16 de enero de 1988 en Alajuela, Costa Rica, para una primera cumbre de evaluación.

La declaración de Alajuela expresó el reconocimiento por los esfuerzos y trabajos realizados hasta ese momento por los países del área, ratificando el "valor histórico" del Acuerdo de Esquipulas II. Ante el incumplimiento parcial de algunos de los compromisos contraídos, los mandatarios centroamericanos acordaron instrumentar, "inmediatamente en forma pública y evidente", dichos compromisos.

En esta misma cumbre se formó una comisión ejecutiva integrada por los cancilleres centroamericanos para ejercer la función de "verificación, control y seguimiento de todos los compromisos" contenidos en el Acuerdo de Esquipulas II y en la propia declaración de Alajuela.

Costa del Sol

Los días 13 y 14 de febrero de 1989, poco más de un año después de la última cumbre centroamericana, los presidentes de la región se reunieron nuevamente en el balneario de Costa del Sol, El Salvador, con el objeto de analizar el proceso de paz de la región y adoptar "las decisiones necesarias para su vigencia".

Entre otros compromisos, el presidente nicaragüense Daniel Ortega se comprometió a realizar reformas a la ley electoral e iniciar un proceso que condujera a la celebración de elecciones generales el 25 de febrero de 1990. Para la verificación del proceso electoral, el mandatario nicaragüense debía girar invitaciones a observadores internacionales, en especial a delegados de los Secretarios Generales de la OEA y la ONU. En lo que hace al proceso de apertura política, el gobierno de Nicaragua se comprometió a realizar cambios sustanciales en las normas que regulaban la actividad de los partidos políticos y los medios de comunicación.

Durante este encuentro se acordó además la liberación de presos políticos en Nicaragua, reiterándose a los gobiernos regionales o extrarregionales la solicitud de no proporcionar ayuda a las fuerzas irregulares o los movimientos insurreccionales que operaban en Centroamérica, con excepción de ayuda humanitaria. Asimismo, se hizo un llamado a los sectores involucrados en acciones insurreccionales a incorporarse a los procesos políticos institucionales de cada país.

Los presidentes centroamericanos se comprometieron también a elaborar, en un plazo no mayor de 90 días, un plan conjunto para la desmovilización de los miembros de la Resistencia Nicaragüense y la atención de sus familiares.

Tela

La tercera cumbre de presidentes centroamericanos se celebró en la ciudad de Tela, Honduras, los días 5, 6 y 7 de agosto de 1989.[18] Esta reunión sería decisiva para el afianzamiento del proceso de paz nicaragüense, ya que de ella surgiría el mandato para la creación de la CIAV.

El cumplimiento de los compromisos asumidos por el gobierno de Nicaragua en las cumbres presidenciales anteriores, posibilitó el establecimiento de tres puntos básicos, recogidos en igual número de documentos: un plan para la desmovilización de la Resistencia Nicaragüense; un acuerdo bilateral entre Honduras y Nicaragua relativo a la suspensión de la demanda interpuesta por este último país ante el Tribunal Internacional de La Haya por el uso del territorio hondureño para albergar y apoyar movimientos insurreccionales y una declaración de nueve puntos en la que se exhorta al gobierno de El Salvador a iniciar un proceso de negociación.

El plan para la desmovilización de los miembros de la Resistencia, conocido como "Plan Conjunto",[19] establece los mecanismos para la desmovilización, repatriación o reubicación voluntaria de los miembros de la Resistencia Nicaragüense y sus familiares, así como las condiciones materiales y de seguridad de los combatientes que optaran por acogerse a tales mecanismos. Para la ejecución del plan, el documento crea la Comisión Internacional de Apoyo y Verificación (CIAV), invitando a los Secretarios Generales de la OEA y la ONU a integrarla. Esta debía crearse dentro de los 30 días a partir de la fecha de subscripción del acuerdo.[20]

San Isidro de Coronado

Ocho meses después del encuentro de Tela, entre los días 10 y 12 de diciembre de 1989, los presidentes centroamericanos se reunirían, con carácter extraordinario, en San Isidro de Coronado, Costa Rica. El objetivo de la reunión sería el de examinar el proceso centroamericano, principalmente la situación presentada en El Salvador como consecuencia de la ofensiva militar del Frente Farabundo Martí de Liberación Nacional (FMLN).

Durante el encuentro, el presidente de Nicaragua reiteró un ofrecimiento hecho a la Resistencia Nicaragüense en Washington DC algunos meses antes, en el sentido de permitir el ejercicio del sufragio en las elecciones generales del 25 de febrero de 1990 a los combatientes que optaran por desmovilizarse o repatriarse antes del 5 de febrero del mismo año.

El gobierno de Nicaragua se comprometió además a contactar de inmediato a los representantes de la CIAV y la misión de las Naciones Unidas para Centroamérica (ONUCA) a fin de iniciar el proceso de desmovilización de las fuerzas de la Resistencia Nicaragüense, de conformidad a lo establecido en el Acuerdo de Tela.[21]

Los presidentes centroamericanos, por su parte, apoyaron al gobierno nicaragüense "a fin de que los fondos aprobados para la Resistencia Nicaragüense sean entregados (...) a la CIAV, con el propósito de ejecutar el proceso de desmovilización, repatriación o reubicación voluntaria (...) de los miembros de la Resistencia Nicaragüense y sus familiares". Los mandatarios hicieron también un llamado a la Resistencia "a cesar todo tipo de acción contra el proceso electoral y la población civil", a fin de que éste pudiera desarrollarse en un clima de normalidad, conforme al Acuerdo de Esquipulas II.

Los cinco mandatarios solicitaron además al Secretario General de la ONU ampliar el mandato de ONUCA, de forma que éste incluyera la verificación de los procesos de cese de hostilidades y desmovilización de las fuerzas irregulares. En este sentido, los gobernantes del área enfatizaron que el despliegue de los observadores militares de ONUCA era de "suma urgencia" para el cumplimiento de los compromisos contenidos en los Acuerdos de Esquipulas II.

La cumbre de San Isidro de Coronado sería la última cumbre de presidentes centroamericanos antes de las elecciones generales nicaragüenses del 25 de febrero de 1990. Con esta reunión se cerraría por lo tanto el ciclo de cumbres presidenciales para encontrar una salida negociada al conflicto nicaragüense.

Montelimar

La cumbre de Montelimar, realizada los días 2 y 3 de abril de 1990 en el balneario del mismo nombre en Nicaragua, cerró el proceso iniciado en Esquipulas II. A partir de Montelimar, las cumbres presidenciales centroamericanas perderían el carácter político, en virtud del cual se habían establecido los mecanismos de pacificación regional mencionados en este capítulo, para centrarse en aspectos de integración regional, cooperación externa y desarrollo económico.

La declaración de Montelimar, firmada pocas semanas antes de la asunción de la presidente electa nicaragüense, Violeta Barrios de Chamorro, celebró la consolidación de la democracia en la región mediante la realización de "procesos electorales limpios y honestos", destacando "la eficacia y el cumplimiento de los compromisos políticos asumidos en el marco de Esquipulas".

La declaración de Montelimar reiteró además la necesidad de que las fuerzas de la Resistencia se desmovilizaran de inmediato, de conformidad con el Plan Conjunto firmado en Tela y el Acuerdo de Toncontín, suscrito entre los representantes del nuevo gobierno y los líderes de la Resistencia el 23 de marzo de 1990 (ver Capítulo 2, Parte II). En este sentido, los presidentes centroamericanos ordenaban la destrucción in situ de las armas y pertrechos de guerra que entregarían los miembros de la Resistencia.

En este mismo encuentro, los presidentes centroamericanos instaron al gobierno de Estados Unidos a continuar respaldando la desmovilización de las tropas de la Resistencia y a canalizar los fondos aprobados para esta tarea a la CIAV, de forma que éstos pudieran ser usados para "la reintegración a la vida normal del país de los ex miembros de la Resistencia Nicaragüense que hayan entregado sus armas...".

EL PROCESO DE NEGOCIACION A NIVEL NACIONAL
Tal como se expresó anteriormente, a partir del Acuerdo de Esquipulas II se abrieron espacios interdependientes de negociación en cada uno de los países afectados por conflictos: uno a nivel regional y otro a nivel nacional. En este último nivel, el gobierno sandinista desarrolló en Nicaragua sendos procesos de negociación con la Resistencia Nicaragüense y con la oposición política.

La negociación con la Resistencia Nicaragüense
Con el fin de obtener un cese de fuego y la desmovilización de las fuerzas de la Resistencia, el gobierno sandinista inició un proceso de negociaciones con los representantes de esta organización en 1987, abandonando así su tradicional negativa a entablar un diálogo directo con los líderes contras. El intercambio se inició en diciembre de 1987, cuando los enviados de ambas partes se encontraron en Santo Domingo, República Dominicana, para sentar las bases del diálogo. Los encuentros subsiguientes se realizaron en San José, Costa Rica, los días 28 y 29 de enero de 1988; en Ciudad de Guatemala, Guatemala, los días 18 y 19 de febrero y en Sapoá, Nicaragua, entre los días 21 y 29 de marzo y los días 6 y 14 de abril. Finalmente, entre los meses de abril y junio del mismo año, se realizaron cuatro rondas de negociaciones en el Hotel Camino Real, en Managua (ver Cuadro 2).

En Sapoá, el entonces jefe del Ejército Popular Sandinista (EPS), Humberto Ortega, en representación del gobierno sandinista, y Adolfo Calero, Alfredo César y Arístides Sánchez, en representación de la Resistencia Nicaragüense, firmaron el llamado "Acuerdo de Sapoá para el Cese al Fuego Definitivo", lo que transformó a Nicaragua en el primer país firmante de Esquipulas II en lograr un acuerdo inicial de cese de fuego. Las negociaciones en Sapoá contaron como testigos al entonces Secretario General de la OEA, João Clemente Baena Soares, y al arzobispo de Managua, cardenal Miguel Obando y Bravo.

CUADRO 2

Negociaciones entre el Gobierno de Nicaragua y la Resistencia
(1987-1988)

FECHA	LUGAR	CARACTERISTICAS
3 -22 diciembre 1987 (1)	Santo Domingo (República Dominicana)	Rondas de diálogo indirectas, preparatorias para las rondas directas de negociación.
28-29 de enero 1988	San José (Costa Rica)	Primera ronda directa.
18-19 de febrero 1988	Guatemala (Guatemala)	Segunda ronda directa.
21 marzo - 14 abril 1988 (2)	Sapoá (Nicaragua)	Rondas de negociación en Nicaragua. Se acordaron distintos compromisos, entre otros: amnistía y cese de fuego.
15 abril - 17 junio 1988 (3)	Managua (Nicaragua)	Rondas directas en Managua. Durante la cuarta ronda, la Resistencia Nicaragüense suspendió unilateralmente las negociaciones.

(1) Tres reuniones diferentes: 3-4, 14-15 y 21-22 de diciembre de 1987.

(2) Cuatro reuniones diferentes: 21-23 y 28-29 de marzo y 6-8 y 14 de abril de 1988.

(3) Cuatro reuniones diferentes: 15-18 y 28-30 de abril, 25-27 de mayo y 7-9 de junio de 1988.

En el Acuerdo de Sapoá se contemplaba, entre otros puntos, el establecimiento de una tregua de 60 días a partir del primero de abril de 1988 como primer paso hacia un proceso de negociación que permitiera el establecimiento de un cese de fuego definitivo. A partir de ese momento, los combatientes de la Resistencia debían ubicarse en áreas de seguridad denominadas "zonas especiales", en las que la Resistencia se comprometía a recibir sólo ayuda humanitaria.[22]

El gobierno, por su parte, se comprometía a liberar a los presos políticos y los miembros de la ex Guardia Nacional que guardaban prisión a esa fecha; decretar una amnistía para los miembros de la Resistencia que optaran por deponer las armas y permitir que éstos últimos participaran directamente, o a través de delegados, en las instancias que se crearan para el proceso de negociación con los partidos políticos de oposición.[23]

A pesar de la rapidez con que se logró el primer acuerdo entre el gobierno sandinista y la Resistencia Nicaragüense para el establecimiento de un cese al fuego, las conversaciones posteriores celebradas en Managua fueron unilateralmente suspendidas por la comisión negociadora de la Contra.[24] Las negociaciones sólo se reanudarían luego de las elecciones generales del 25 de febrero de 1990, con los representantes del gobierno de Violeta Barrios de Chamorro (ver Capítulo 2, Parte II).

La negociación con la oposición política

De acuerdo a lo estipulado en Esquipulas II, el gobierno del presidente Daniel Ortega impulsó paralelamente un proceso de apertura política, disponiendo el levantamiento del estado de emergencia y la reforma de las leyes que normaban la actividad de los partidos políticos y el sistema electoral.

La nueva ley de partidos políticos, aprobada en octubre de 1988, acogió muchas de las iniciativas de los partidos de oposición. La ley electoral, por su parte, aprobada en abril de 1989, dispuso la ampliación de las garantías de competitividad, el acceso igualitario a los medios de comunicación, la aceptación de financiamiento externo y la invitación de observadores electorales. Ese mismo mes se aprobó una ley de medios de comunicación social, que ampliaba las garantías de acceso a la prensa de los partidos de oposición.

En el marco de apertura política dispuesto por el gobierno nicaragüense, en agosto de 1989 se inició una instancia de diálogo con los partidos políticos de oposición, conocida como Diálogo Nacional. El aumento de las libertades democráticas, y la creciente percepción de que era posible disputar el poder al sandinismo, revitalizaron y radicalizaron a las fuerzas opositoras, las que gradualmente convergieron en una amplia alianza opositora denominada Unión Nacional Opositora (UNO).[25] El adelanto de las elecciones de noviembre de 1990 a febrero del mismo año, pactado en los Acuerdos de Costa del Sol, aceleró el proceso de articulación de las fuerzas políticas de oposición.

El desarrollo de este proceso, sin embargo, no fue lineal. En más de una ocasión, los acuerdos alcanzados estuvieron a punto de romperse y se produjeron distintos hechos de confrontación. Sin embargo, finalmente prevaleció la voluntad de consenso iniciada en Esquipulas II. El clima a inicios de 1990 era de relativa paz, a pesar de la aguda polarización política.

EL MANDATO DE LA CIAV

Como se explicó anteriormente, la Comisión Internacional de Apoyo y Verificación (CIAV) fue creada por los presidentes centroamericanos en la cumbre de Tela con el objeto de hacerse cargo de la desmovilización, repatriación y reubicación voluntaria de los miembros de la Resistencia Nicaragüense.

Los detalles del mandato de la CIAV se encuentran contenidos en un anexo de la declaración emitida en esa oportunidad por los mandatarios centroamericanos, conocido como Plan Conjunto. En este documento se definen los mecanismos para la desmovilización, repatriación o reubicación voluntaria de los combatientes de la Resistencia; las condiciones materiales y de seguridad que debían brindarse a las personas que optaran por acogerse a los beneficios del plan y las funciones y facultades de la CIAV.

De acuerdo al Plan Conjunto, la CIAV era responsable por "todas las actividades que hagan posible la desmovilización, repatriación o reubicación voluntaria, incluyendo la recepción en los lugares de destino y la instalación de los repatriados". En este contexto, la CIAV debía velar para "que se den o, en su caso se mantengan, las condiciones que necesitan los repatriados para su incorporación plena a la vida ciudadana", estableciendo para ello los mecanismos de seguimiento y control que este proceso requiriera. El documento fijaba, entre otros aspectos, el establecimiento de "oficinas de seguimiento", de forma que los beneficiarios del plan pudieran exponer, cuando fuera necesario, "el incumplimiento que pudiera existir" a las garantías ofrecidas originariamente para la desmovilización, repatriación y/o reubicación voluntaria de los miembros de la Resistencia.

El personal de estas oficinas, según el Plan Conjunto, debía visitar periódicamente a los desmovilizados a fin de verificar el cumplimiento de las garantías ofrecidas en el documento, debiendo elaborar informes periódicos sobre el tema. Las oficinas debían funcionar el tiempo que la CIAV, en consulta con los gobiernos centroamericanos, lo considerara necesario.

En lo que hace al proceso de desmovilización y repatriación de los combatientes de la Resistencia, el documento de Tela reservaba a la CIAV las siguientes tareas: 1) visitar los campamentos de la Resistencia a fin de divulgar los alcances y beneficios del plan, informarse de los recursos humanos y materiales existentes en esos campamentos y organizar la distribución de ayuda humanitaria; 2) responsabilizarse, "hasta donde sea posible", de la distribución de víveres, atención médica, vestuario y otros implementos destinados a satisfacer las necesidades básicas de los combatientes y 3) realizar gestiones para la recepción en terceros países de quienes no desearan repatriarse. La CIAV debía, además, celebrar "las consultas y los acuerdos" que fueran necesarios para agilizar la ejecución del plan con las autoridades del gobierno nicaragüense, las autoridades de los otros gobiernos centroamericanos, los representantes de la Resistencia y los funcionarios de organismos humanitarios.

El Plan Conjunto facultaba además a la CIAV a establecer los procedimientos necesarios para la recepción de las armas, los equipos y los pertrechos militares de los miembros de la Resistencia, los que debían permanecer bajo custodia de la misión hasta tanto los presidentes decidieran el destino final de los mismos.

En lo que hace a la repatriación de los combatientes que se desmovilizaran en Honduras, el Plan Conjunto ordenaba el establecimiento de "centros de recepción" con capacidad para proporcionar servicios básicos, tales como primeros auxilios, orientación familiar, asistencia económica y transporte para las zonas de asentamiento. De acuerdo al documento, si las circunstancias así lo permitían, los repatriados debían ser conducidos directamente por la CIAV a los lugares de asentamiento definitivo que debían ser, en la medida de lo posible, los lugares de origen de los combatientes. Si esto no fuera posible, los ex miembros de la Resistencia debían ser conducidos a los lugares que sean escogidos de común acuerdo entre el gobierno de Nicaragua y la CIAV. A fin de cumplir con esta disposición, el Plan Conjunto facultaba a la CIAV a establecer "áreas de residencia temporal" bajo la supervisión y control de la misión, hasta tanto se determinara el lugar de asentamiento definitivo.

Las vías de salida e ingreso debían establecerse en los puestos fronterizos que, en común acuerdo, habilitaran los gobiernos afectados. En estos puestos, el gobierno nicaragüense, en presencia de representantes de la CIAV, debía otorgar la documentación necesaria para garantizar el pleno ejercicio de los derechos ciudadanos de los repatriados.

El plan indicaba además la necesidad de entregar tierras a los desmovilizados, de conformidad con las posibilidades del gobierno de Nicaragua, los montos disponibles para ese fin y la experiencia en el tema de los organismos internacionales especializados.

Con respecto a la conformación de la CIAV, el Plan Conjunto invitaba a integrarla a los Secretarios Generales de la Organización de los Estados Americanos y la Organización de las Naciones Unidas, quienes podían actuar a través de sus representantes. Los presidentes instaban a los miembros de la

Resistencia a aceptar la ejecución del plan en el curso de los 90 días posteriores a la constitución de la CIAV. Durante este período, el gobierno nicaragüense y la CIAV debían mantener contacto continuo con los miembros de la Resistencia a efectos de promover el retorno de estos últimos a Nicaragua y su integración al proceso político.

El punto final del plan otorgaba a la CIAV un amplio margen de discrecionalidad, ya que la facultaba a resolver "las situaciones no contempladas en este capítulo [del Plan] en consulta con los gobiernos centroamericanos e instituciones o personas involucradas".

Ampliación del mandato

El mandato establecido por el Acuerdo de Tela se extendió periódicamente hasta el 9 de junio de 1993, fecha en que la XXIII Asamblea General de la OEA, en respuesta a una petición formulada por el gobierno de Nicaragua, amplió el mandato de la CIAV a la verificación de los derechos y garantías de "todas las poblaciones afectadas por las secuelas de los conflictos".

En la resolución correspondiente (AG/RES. 1202/93), la Asamblea General facultaba también a la CIAV a participar "en las instancias conformadas por el gobierno de Nicaragua para promover los derechos humanos y la consolidación de la paz", así como en los programas encaminados al fortalecimiento de las instituciones democráticas del estado, particularmente en las esferas judicial, policial, electoral, de derechos humanos y educación para la paz.

La resolución establecía además la continuidad de los proyectos de desarrollo social iniciados por la misión en sus primeros tres años de existencia, tales como los programas de autoconstrucción de viviendas y escuelas, "para facilitar la creación de comunidades estables que provean empleos productivos".

4
Estructura y Organización de la CIAV

TAL COMO SE EXPLICO EN EL CAPITULO ANTERIOR, EN CONFORMIDAD con lo estipulado en el Acuerdo de Tela en agosto de 1989, los entonces presidentes centroamericanos solicitaron a los secretarios generales de la OEA y la ONU integrar la CIAV en forma conjunta. Sin embargo, debido a razones operativas, a inicios de 1990 se estableció la creación de dos misiones separadas: la CIAV-OEA, que estaría a cargo de la desmovilización de los combatientes de la Resistencia que eligieran deponer sus armas en territorio nicaragüense, y la CIAV-ONU, que se encargaría de esa misma tarea en Honduras.

En base a este acuerdo, la Secretaría General de la OEA conformó en septiembre de 1989 la Comisión Internacional de Apoyo y Verificación, con el objeto de hacerse cargo de la desmovilización de los miembros de la Resistencia Nicaragüense en Nicaragua. Durante sus siete años de existencia, la CIAV tuvo dos coordinadores generales: Santiago Murray (1990-1993) y Sergio Caramagna (1993-1997), ambos de nacionalidad argentina.

Instalación de la CIAV en Nicaragua
Si bien la CIAV se instaló formalmente en Nicaragua el 14 de febrero de 1990, ésta inició sus operaciones luego de la celebración de las elecciones generales del 25 de ese mismo mes. Las primeras oficinas de la misión fueron instaladas provisoriamente en la sede de la Misión de Observación Electoral de la OEA (OEA-OEN), que se encontraba en Nicaragua monitoreando el proceso electoral nicaragüense desde noviembre de 1989. El primer Jefe de Operaciones de la CIAV, Italo Mirkow, de nacionalidad colombiana, fue nombrado a mediados de abril.

Debido a problemas de restricción presupuestaria, los primeros oficiales internacionales de la misión arribaron al país los primeros días del mes de mayo con contratos de dos meses de duración. Para el reclutamiento de los mismos se establecieron contactos con diversas universidades del continente a fin de identificar graduados y/o estudiantes de los últimos años de carreras de humanidades que cumplieran ciertos requisitos básicos, tales como interés en procesos sociales y políticos, capacidad para evaluar situaciones complejas con objetividad y neutralidad y disponibilidad para viajar y trabajar en condiciones difíciles. Para el reclutamiento del personal internacional se utilizaron además los mecanismos formales de convocatoria de la OEA a través de las cancillerías de los países miembros.

El grupo inicial de oficiales internacionales estuvo compuesto por 68 personas provenientes en su mayoría de Argentina, Colombia, Uruguay y Chile. Este número disminuiría luego progresivamente a partir de agosto de 1990 hasta quedar reducido en un 50 por ciento.

La estructura y la organización de la CIAV

La estructura operativa de la misión se montó en base a una oficina central en Managua y cuatro oficinas regionales, ubicadas en las cabeceras departamentales de Matagalpa, Estelí, Chontales y la RAAN. Estas últimas contaban con una o dos subsedes departamentales, las que a su vez tenían "oficinas de avance" en distintos poblados o localidades.

El número y la composición de las oficinas regionales y las subsedes departamentales varió a lo largo de los siete años de existencia de la CIAV, de acuerdo a las características y la evolución del proceso de pacificación. En 1993, para atender a la población incluida en el nuevo mandato, se establecieron oficinas adicionales en los departamentos de Granada y León. En el período de mayor actividad, la misión llegó a contar con nueve oficinas regionales y quince subsedes departamentales.

Al momento de su instalación en Nicaragua, la CIAV contaba con los vehículos que habían pertenecido a la OEA-OEN. Los recursos logísticos de la misión durante el tiempo que duró su mandato variaron también de acuerdo a las alternativas del proceso de paz. En el momento de mayor expansión, la CIAV contó con 42 vehículos, igual número de motos y una lancha.

El personal local

El primer grupo de personal local no-administrativo fue contratado poco después de la instalación de la CIAV en Nicaragua. El mismo estaba compuesto por ex miembros de la Resistencia e individuos vinculados a organizaciones de derechos humanos que habían trabajado con los miembros de la Contra desde sus oficinas en Honduras y Costa Rica. Estos funcionarios fueron contratados por la misión con el objeto de facilitar el establecimiento de vínculos de confianza con la población que era objeto del mandato de la CIAV.

Posteriormente, la misión incorporó a sus filas a ex combatientes con el objeto de facilitar las tareas de repatriación y distribución de ayuda alimenticia. En el momento de mayor actividad, éstos llegaron a constituir un contingente de 700 personas, aproximadamente. Para la identificación de los individuos más adecuados, la misión solicitó la cooperación de los comandantes de la Resistencia, quienes recomendaron a personas que llenaban los requisitos establecidos por la misión, tales como conocimiento de la zona y los desmovilizados, capacidad organizativa y respaldo de los miembros de las comunidades beneficiadas (ver Capítulo 4, Parte II).

Asignación de recursos

Dadas las características del proceso de pacificación nicaragüense, la sede de la OEA en Washington DC confirió al coordinador general de la misión la facultad de asignar fondos a nivel local para la implementación de las accio-

GRAFICO 1

Ejecusión del Presupuesto de la Misión, 1990-1997.

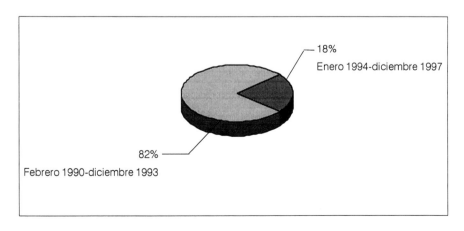

— 18%
Enero 1994-diciembre 1997

82% —
Febrero 1990-diciembre 1993

CUADRO 3

Ejecusión del Presupuesto de la Misión
(por rubro)

RUBRO	CANTIDAD (DOLARES)	% PRESUPUESTO GENERAL
Administración y Apoyo Logístico (1) (Incluye PSV hasta 1993)	15.293.692	24,39 %
Desmovilización, Repatriación y Asistencia Inmediata	21.949.304	35,00 %
Apoyo a la Producción (Etapa de Asistencia Inmediata)	3.176.134	5,06 %
Asistencia Inmediata a Lisiados	2.066.527	3,30 %
Programa de Bonificación Extraordinaria	976.357	1,56 %
Asistencia Médica a través de la Oficina de Managua	218.111	0,35 %
PSV (1993-1997)	6.360.684	10,14 %
Comisión Tripartita	319.603	0,51 %
Programas de Viviendas (2)	2.093.171	3,34 %
Programas de Impacto Agrícola (3)	1.973.258	3,15 %
Rehabilitación y Reinserción de Lisiados de Guerra	1.279.124	2,04 %
Area Social	325.638	0,52 %
Programa de Apoyo Institucional	3.105.142	4,95 %
Otros (4)	3.466.910	5,53 %
Costos de Cierre	105.339	0,17 %
TOTAL	**62.708.994**	**100 %**

(1) Incluye salarios personal local e internacional; alquiler de bodegas, oficinas, centros de recepción y tránsito; servicios de agua, luz, reparaciones; equipos automotrices, de comunicación, de oficina; combustible, seguros, teléfonos, correos, fletes, estibajes y auditorías.

(2) Incluye construcción y/o remodelación de escuelas, centros de salud y centros comunales y construcción y/o reparación de obras de infraestructura, tales como caminos y plantas de agua potable.

(3) Incluye programas de apoyo a la producción implementados con posterioridad a la etapa de asistencia inmediata.

(4) Incluye apoyo a misiones de negociación entre el gobierno y la Resistencia Nicaragüense; apoyo a instituciones oficiales, tales como el INRA y el Instituto Nicaragüense de Repatriación, apoyo a ONG locales. tales como el CENPAP. y apoyo a actividades no programadas, entre otros.

Fuente: Departamento de Servicios Financieros de la OEA.

nes que el proceso requiriera. En virtud de este mecanismo, la oficina central de Managua estuvo en condiciones de planificar el curso general de la misión de acuerdo a los imperativos del proceso de pacificación en las diferentes zonas de post conflicto, sin necesidad de depender de los procedimientos administrativos de la sede central de la OEA.

En un contexto caracterizado por rápidos y constantes cambios, la planificación y asignación de recursos a nivel local permitió a la misión responder inmediata y eficazmente a las circunstancias del momento, así como revisar y ajustar sus acciones.

El presupuesto de la misión

El costo total de la misión ascendió a un total de US$62.708.994. Durante el período de existencia de la misión se ejecutaron US$47.415.302 en programas de apoyo al proceso de pacificación. Los costos administrativos y logísticos equivalieron al 24,39 por ciento de los costos totales de la misión (ver Cuadro 3).

La fuente principal de fondos provino del gobierno de Estados Unidos, quién proveyó el 95,27 por ciento de los montos invertidos en el proceso. El resto de los fondos provino de la Unión Europea (UE) y los gobiernos de Italia y Alemania, entre otros (ver Cuadro 4).

CUADRO 4

Procedencia del Presupuesto de la Misión

DONANTE	MONTO APORTADO (DOLARES)	% DEL FINANCIAMIENTO TOTAL
Gobierno de Estados Unidos	59.748.238	95,2786%
Unión Europea	2.117.445	3,3766%
Fondo de Tesorería de la OEA	600.920	0,9583%
Gobierno de Italia	91.875	0,1465%
Otras fuentes	47.037	0,0750%
Fondo Vasco	34.244	0,0546%
Gobierno de Inglaterra	22.071	0,0352%
Gobierno de Alemania	19.997	0,0319%
Instituto de Promoción Humana (1)	10.263	0,0164%
Gobierno de Venezuela	10.000	0,0159%
Gobierno de Canadá	4.904	0,0078%
Gobierno de Chipre	2.000	0,032%
TOTAL	62.708.994	100 %

(1) Organismo No Gubernamental nicaragüense.

Fuente: Departamento de Servicios Financieros de la OEA.

CUADRO 5

Ejecución del Presupuesto de la Misión
(Por Período)

PERIODO	MONTO (DOLARES)
Febrero 1990-diciembre 1991	41.681.618
Enero 1992-diciembre 1993	9.622.144
Enero 1994-diciembre 1995	7.852.148
Enero 1996-diciembre 1997	3.553.084
TOTAL	62.708.994

Fuente: Departamento de Servicios Financieros de la OEA.

NOTAS PARTE I

1   La experiencia de la CIAV serviría luego de punto de referencia para la realización de otras misiones de paz en el continente. Las misiones de paz implementadas en El Salvador y Guatemala son algunos ejemplos.

2   Esta característica contrasta con el modelo tradicional de *peacekeeping* implementado por el *Department of Peace Keeping Operations (DPKO)* de la ONU, así como con las operaciones de paz de la *Organization of African Unity (OAU)*.

3   Entre los oficiales de la misión había abogados, licenciados en filosofía y sociología, antropólogos, arquitectos e ingenieros, entre otras profesiones.

4   Paradójicamente, las MILPAS habían nacido bajo el régimen de Somoza como estructuras armadas de apoyo al FSLN, significando entonces Milicias Populares Antisomocistas.

5   YATAMA es la sigla de Naciones Unidas de la Madre Tierra en mískito.

6   Al FDN, conformado por la Legión "15 de Septiembre" y las MILPAS, se le sumarían la Alianza Revolucionaria Democrática (ARDE) y las organizaciones militares indígenas MISURASATA, MISURA y Kisan.

7   ARDE fue fundada a finales de 1982 en Costa Rica por el ex comandante sandinista Edén Pastora.

8   Esta cifra incluye desplazados internos; repatriados; refugiados; ex combatientes de la Resistencia y sus familiares; miembros activos del EPS hasta 1990; emigrantes formales; personas que cumplieron el servicio militar; discapacitados producto de los enfrentamientos militares; huérfanos de guerra; personas muertas, heridas o secuestradas durante el conflicto y madres y viudas de víctimas de guerra. Esta estimación fue elaborada por la Sociedad Nicaragüense de Médicos por la Paz y la Defensa de la Vida (MEDIPAZ), en base a estimaciones de la CIAV, el UNICEF, el ACNUR, la Presidencia de la República, el Ejército Popular Sandinista, el Ministerio del Interior, la Federación de Organismos No Gubernamentales Nicaragüenses y el Instituto Nicaragüense de Seguridad Social y Bienestar (INSSBI).

9   Algunos de los más destacados fueron la Conferencia de Partidos Políticos de América Latina (COPPAL), la Internacional Socialista y la Internacional Liberal.

10 Algunas de éstas fueron la Propuesta de Paz de seis puntos de Honduras (23 marzo 1982) y la Propuesta de Paz de seis puntos de Nicaragua (19 de julio de 1983).

11 Herrera Zúñiga, René: *Nicaragua: el derrumbe negociado.* Colegio de México. México DF, 1994.

12 Herrera, *op cit.*

13 *Ibid.*

14 Llamado así por el ex presidente de Costa Rica, Oscar Arias, al cual se le asigna la paternidad de este plan. Dicha propuesta le valdría posteriormente el Premio Nóbel de la Paz.

15 Esta disposición suponía, para el caso de Nicaragua, el cese del financiamiento norteamericano a los grupos irregulares nicaragüenses y el desalojo de los campamentos ubicados en territorio hondureño.

16 Esta fue la primera vez que los Secretarios Generales de la OEA y la ONU actuaron como miembros de pleno derecho en una comisión internacional de verificación.

17 La CIVS se reunió mensualmente desde agosto de 1987 hasta enero de 1988, fecha en la cual los presidentes centroamericanos decidieron trasladar las funciones de ese organismo a una comisión integrada por los cancilleres de sus respectivos gobiernos.

18 En esta ocasión, José Napoleón Duarte, de El Salvador, fue sustituido por el presidente recientemente electo, Alfredo Cristiani.

19 El nombre completo del plan es "Plan conjunto para la desmovilización, repatriación o reubicación voluntaria en Nicaragua y terceros países de los miembros de la Resistencia Nicaragüense y de sus familiares así como de la asistencia para la desmovilización de todas aquellas personas involucradas en acciones armadas en los países de la región, cuando voluntariamente lo soliciten".

20 Según el Plan Conjunto, las tareas de la CIAV debían abarcar los procesos de El Salvador y Guatemala. En el Capítulo II de este documento se faculta a la CIAV a asistir a "todas aquellas personas involucradas en acciones armadas en los países de la región cuando voluntariamente lo soliciten (...), de

conformidad con los Procedimientos de Esquipulas II y las legislaciones e instancias internas del país afectado".

21 La ONUCA fue creada por la resolución 644 del Consejo de Seguridad de la ONU el 7 de noviembre de 1989 con el objeto de verificar el cumplimiento de los compromisos asumidos por los países centroamericanos en el sentido de poner fin a la ayuda a los grupos irregulares en la región y evitar que sus territorios sean utilizados para atacar a otros estados. Este mandato se ampliaría el 15 y el 27 de marzo de 1990 para permitir a ONUCA verificar los acuerdos de cese de hostilidades y desmovilización de las fuerzas irregulares en Nicaragua y recibir y destruir las armas y equipos bélicos entregados por la Resistencia Nicaragüense.

22 Inmediatamente después de la firma del mencionado acuerdo, el Congreso de Estados Unidos aprobó por amplia mayoría un paquete de 47.9 millones de dólares para ayuda humanitaria a la Resistencia Nicaragüense. Este comenzó a canalizarse tres semanas después mediante la Agencia de Cooperación Internacional de ese país (AID).

23 El gobierno nicaragüense cumplió estos compromisos. El 26 de marzo de 1988 decretó una amplia ley de amnistía para aquellos miembros de la Resistencia que decidieran deponer sus armas. Posteriormente, en los primeros días de abril de ese mismo año, fue liberado un importante contingente de presos políticos.

24 Entre los factores que llevaron a la ruptura de las negociaciones deben mencionarse una serie de desacuerdos internos en las filas de la Resistencia. Estos conflictos provocarían, entre otras consecuencias, la purga de dirigentes que propugnaban cambiar la composición del Directorio Político, a fin de otorgarle mayor representatividad a los componentes campesinos de la organización.

25 De los 24 partidos de oposición, 15 participaron de esta alianza.

Un combatiente de la Resistencia Nicaragüense monta guardia.

Combatientes de la Resistencia Nicaragüense arriban a uno de los campamentos para iniciar el proceso de desmovilización.

Voluntarios preparan paquetes de asistencia para los demovilizados.

El jefe del Ejército Popular Sandinista, Humberto Ortega, el representante del gobierno de Violeta Chamorro, Antonio Lacayo y el cardenal Miguel Obando y Bravo durante la firma del acuerdo de Cese de Fuego Efectivo.

Ejercicio de desmovilización en el campamento de El Almendro.

PARTE
II

LA DESMOVILIZACION,
LA REPATRIACION Y
LA ASISTENCIA HUMANITARIA

1
Panorama General

COMO SE DETALLO EN EL CAPITULO 4, PARTE I, DEBIDO A RAZONES operativas, la Comisión Internacional de Apoyo y Verificación se dividió en CIAV-OEA y CIAV-ONU, correspondiéndole a la primera la atención de los combatientes que eligieran desmovilizarse en territorio nicaragüense y a la segunda la atención de los que optaran por hacerlo en Honduras y Costa Rica. Esta división de tareas se basaba en parte en la creencia de que el mayor número de combatientes se desmovilizaría en Honduras. La CIAV-ONU, por lo tanto, tendría a su cargo el grueso de la tarea de desmovilización mientras que la CIAV-OEA se limitaría a atender a los pocos miles de combatientes que presumiblemente entregarían sus armas en Nicaragua.

La realidad, sin embargo, fue muy distinta. A principios de marzo de 1990, por razones que se detallarán más adelante en esta misma sección, el Estado Mayor de la Resistencia, que operaba desde una base en Yamales, Honduras, decidió que las tropas de la Resistencia se desarmarían en Nicaragua. En consecuencia, a mediados de ese mes, un promedio de 300 combatientes por día comenzó a cruzar la frontera con destino a las zonas de seguridad establecidas en territorio nicaragüense. Los contingentes recién llegados, sumados a las tropas que habían permanecido en Nicaragua durante las elecciones, comenzaron así a configurar rápidamente un ejército de insospechadas dimensiones, aún para los que habían arriesgado los cálculos más audaces.

Para los funcionarios de la CIAV, a las dificultades que presentaba el abultado número de combatientes que debía ser súbitamente desmovilizado en Nicaragua se le sumó la modalidad particular que asumió el desarme de las tropas de la Resistencia. A diferencia de lo ocurrido posteriormente en otros procesos de paz en el continente, donde el desarme fue progresivo y condicionado al cumplimiento de las promesas realizadas por el gobierno en los acuerdos de paz,[1] los combatientes de la Resistencia se desmovilizaron en masa y de manera inmediata.[2] Esta circunstancia obligó a los oficiales de la CIAV a desmovilizar a más de 22 mil combatientes en menos de un mes. En

Honduras, donde se suponía que se desmovilizaría el grueso de las tropas de la Resistencia, se desmovilizaron sólo 2.607 combatientes, la mayoría de los cuales era personal de apoyo, tales como correos, y lisiados.

La atención de este enorme contingente humano en un lapso excepcionalmente corto de tiempo planteó dificultades y obstáculos inéditos a los funcionarios de la CIAV, la gran mayoría de los cuales carecía de experiencia previa en este tipo de procesos. Las estructuras de la misión debieron por lo tanto adaptarse rápidamente a la nueva situación.

Papel cumplido por la CIAV

Como se señaló en el Capítulo 4, Parte I, la CIAV se involucró en el proceso de paz nicaragüense a partir de febrero de 1990. Entre esa fecha y el comienzo del proceso de desmovilización y repatriación de los ex combatientes, la misión actuó como facilitadora de las negociaciones entre representantes del nuevo gobierno y la Resistencia; como garante de los acuerdos firmados por ambas partes y como proveedora de seguridad para los negociadores.

Una vez firmados los acuerdos de paz, la CIAV concentró sus esfuerzos en la organización de los procesos de desmovilización y repatriación, dos etapas de crucial importancia para el proceso de paz. En el marco de esas tareas, los oficiales de la CIAV acondicionaron las zonas de seguridad, establecieron los mecanismos para el efectivo desarme de los combatientes, proporcionaron ayuda humanitaria y asistencia médica a los desmovilizados y repatriados y trasladaron a los ex combatientes a sus zonas de destino.

En los meses inmediatamente posteriores a la etapa de desmovilización y repatriación, la CIAV impulsó una serie de programas de asistencia inmediata, destinados a paliar las condiciones de indefensión y desamparo en que se encontraba la inmensa mayoría de la población desmovilizada. En muchos casos, estos programas llegarían a constituir la única alternativa con la que contaban los ex combatientes y sus familiares para su reincorporación a la vida civil luego de casi diez años de conflicto. El Programa de Asistencia Inmediata se encargó de continuar la distribución de la asistencia humanitaria iniciada durante la etapa de desmovilización; el Programa de Apoyo a la Producción intentó facilitar el retorno de los desmovilizados a las actividades agrícolas que cumplían antes de incorporarse a las filas de la Resistencia y el Programa de Atención Inmediata a Lisiados de Guerra se ocupó de satisfacer las necesidades de asistencia médica de los ex combatientes discapacitados.

2
La Desmovilización
y el Desarme

COMO SE EXPLICO EN EL CAPITULO 3, PARTE I, EL ACUERDO FIRMADO POR los presidentes centroamericanos en Tela, Honduras, el 7 de agosto de 1989, preveía la desmovilización de los miembros de la Resistencia Nicaragüense en el transcurso de los 90 días posteriores a la firma de ese documento.

El calendario establecido en Tela, sin embargo, no se cumplió debido, entre otros factores, a la decisión de la Resistencia de esperar hasta después de las elecciones para desmovilizarse. Los principales dirigentes de la Resistencia habían señalado que no depondrían las armas hasta tanto el gobierno sandinista no mostrara su voluntad de abrir el sistema político, condicionando de esta forma la desmovilización de sus efectivos a la democratización del país.

En este contexto, los presidentes centroamericanos se reunieron nuevamente el 12 de diciembre de 1989, "en forma extraordinaria", en San Isidro de Coronado, Costa Rica. Durante el encuentro, los mandatarios enfatizaron el nexo indisoluble existente entre el proceso de desmovilización de las fuerzas irregulares de la región y la democratización de los países del área, señalando que las declaraciones de Alajuela, Costa del Sol y Tela, y las disposiciones contenidas en el Plan Conjunto, conformaban "un todo común e indivisible".

La discusión en torno a la desmovilización de los miembros de la Resistencia, sin embargo, pasó a un segundo plano en Nicaragua en vista de la proximidad de las elecciones generales del 25 de febrero de 1990. Los dirigentes de la Resistencia reiteraron su posición de condicionar la desmovilización de sus combatientes a la democratización del país, manteniendo sus estructuras militares intactas durante el período pre electoral.

Una excepción que vale la pena mencionar la constituye la desmovilización espontánea de un grupo de nueve combatientes encabezados por el comandante "Johnson" (Luis Fley González) un mes antes de los comicios. Desde una base en Honduras, Johnson solicitó formalmente la protección de la CIAV para regresar a Nicaragua y participar del proceso electoral. En atención a esa solicitud, el Secretario General Baena Soares dispuso que un grupo de funcionarios de la OEA, que estaban en ese momento prestando servicio como observadores electorales, se encargara de asistir a Johnson y su grupo, prestándoles el apoyo jurídico y logístico que necesitaran para su regreso al país. A pesar de algunos altibajos, Johnson y su grupo se reincorporaron a la sociedad nicaragüense a principios de enero, transformándose así en los primeros desmovilizados del proceso de pacificación.

COMANDANTE JOHNSON:
PRIMER DESMOVILIZADO DEL PROCESO DE PAZ

Cuando Luis González Fley se incorporó a las filas de la naciente Contra, el 13 de junio de 1981, no imaginaba que ocho años y medio después se convertiría en el primer desmovilizado del proceso de paz nicaragüense. Fley se desmovilizó junto a ocho de sus hombres el 8 de enero de 1990, casi seis meses antes del proceso de desmovilización masiva de julio de ese mismo año, recibiendo para ello el apoyo y la protección de la CIAV.

En sus inicios, la historia de González Fley es similar a la de muchos otros campesinos del norte de Nicaragua que, después de haber combatido a Somoza del lado de los sandinistas, se alzaron en armas contra estos últimos como reacción a sus políticas económicas. Dada su capacidad de liderazgo, Fley llegaría a obtener el rango de "comandante", siendo conocido en las filas de la Resistencia como "Comandante Johnson".

Fley, en su carácter de miembro del Estado Mayor de la Resistencia, había participado en varias de las conversaciones entre esta organización y los organismos internacionales que propiciaban el proceso de paz, lo que le permitió conocer personalmente a varios de los funcionarios de la OEA. Así, cuando en diciembre de 1989 decidió participar *de una forma u otra* en las elecciones que se celebrarían en Nicaragua el 25 de febrero de 1990, sabía a quien dirigirse para desarmarse bajo la protección de un organismo internacional. En una comunicación dirigida al entonces Secretario General de la OEA, João Clemente Baena Soares, Fley solicitó los buenos oficios de la CIAV para obtener garantías de seguridad una vez que él y su grupo depusieran las armas. Con ese motivo, Fley requirió la presencia de un funcionario de la CIAV en una reunión a realizarse el 6 de enero en territorio hondureño entre el grupo rebelde y un representante personal del entonces presidente Daniel Ortega[3] con el objeto de discutir las condiciones en que se produciría el desarme.

Dado que la CIAV no estaba todavía formalmente implementada, el Secretario General instruyó a un funcionario de la misión de observación electoral de la OEA en Nicaragua para que asistiera a la mencionada reunión y le proporcionara a Fley y sus compañeros el apoyo logístico y jurídico necesario para su desmovilización. Debido a que los vuelos en Centroamérica estaban suspendidos por una huelga del personal de aeropuertos, el representante del Secretario General debió trasladarse al lugar de la reunión por vía terrestre desde Managua, a través de la zona de mayor conflicto bélico, con pocas o ninguna garantía de seguridad.

Las dificultades, sin embargo, no terminaron allí. El arribo de Fley y su grupo a la capital nicaragüense adquiriría, en palabras del primer jefe de operaciones de la CIAV, Italo Mirkow, *un cariz tragicómico*. Al no estar claramente definido el estatus jurídico de Fley y sus hombres, éstos llegaron al país bajo protección de la CIAV pero en carácter de repatriados, por lo que una vez en Nicaragua los vehículos de la OEA los condujeron a la sede del Alto Comisiondo de las Naciones Unidas para los Refugiados (ACNUR), organismo que debía tomarlos a su cargo. La llegada a las oficinas locales del ACNUR, sin embargo, fue caótica. *Para sorpresa nuestra y rechazo de los contras, encontramos que en las paredes había varios afiches de Daniel Ortega y la Revolución Sandinista, por lo que Fley y sus hombres, en un terrible estado de agitación y nerviosismo, exigieron salir de dichas oficinas de manera inmediata hablando abiertamente de que todo era una celada para asesinarlos*, cuenta Mirkow.

Para tranquilizarlos, los funcionarios de la OEA se vieron obligados a alojar al grupo durante varios días en sus propias oficinas, hasta conseguir *toda clase de garantías* del gobierno para alojarlos en un hotel de la capital y luego trasladarlos a sus lugares de origen, en los departamentos de Estelí,

Matagalpa y León. Alli, Fley y su grupo se integrarían activamente a la campaña política de la UNO.

El Comandante Johnson trabajaría luego con la CIAV durante la etapa de desmovilización masiva entre mayo y julio de 1990, apoyando tanto las tareas de transporte y distribución de alimentos como las de derivación de los desmovilizados a sus lugares de destino, poniendo su conocimiento de la estructura y composición de la Resistencia al servicio de la misión.

LOS ACUERDOS DE PAZ

La inesperada victoria de la candidata presidencial de la alianza opositora UNO, Violeta Barrios de Chamorro, en las elecciones del 25 de febrero, colocó el proceso de paz en un nuevo contexto, creando nuevas presiones para la inmediata desmovilización de los miembros de la Resistencia.

Para los sandinistas, que habían impulsado el proceso de pacificación asumiendo la victoria electoral de su partido, la permanencia de las estructuras de la Resistencia en el territorio nacional luego del traspaso del mando constituía una amenaza inaceptable. El todavía presidente Daniel Ortega amenazó incluso con una guerra civil si los cuadros de la Resistencia no se desarmaban antes del 25 de abril, la fecha prevista para la asunción del mando de Violeta Chamorro.[4] Los miembros de la coalición triunfante, por su parte, no deseaban asumir el mando con un ejército irregular intacto dentro de las fronteras del país, ya que a su juicio ello condicionaba la libertad de acción del nuevo gobierno. El jefe del equipo de transición de la presidenta electa, Antonio Lacayo, coincidió en este sentido con las exigencias de Ortega, al señalar que el desarme de los efectivos de la Resistencia era imprescindible para el logro de una "verdadera estabilidad y paz".[5] La jerarquía de la iglesia católica tomó actitudes similares, exhortando reiteradamente a la dirigencia de la Resistencia a desarmarse en el menor tiempo posible.

A nivel internacional, el desarme de los cuadros de la Resistencia se transformó también en una necesidad imperiosa. Tanto Estados Unidos como los presidentes iberoamericanos coincidieron en que los miembros de la Contra debían desmovilizarse de inmediato, a fin de facilitar el proceso de transición a la democracia.[6] El presidente Rafael Callejas de Honduras declaró por su parte que su país no estaba dispuesto a seguir facilitando su territorio como base de operaciones de la Resistencia por lo que los combatientes de esa organización que aún permanecían en territorio hondureño debían iniciar el retorno a su país lo antes posible.

Este panorama colocó a la dirigencia de la Resistencia ante un difícil dilema. Durante la campaña electoral, los combatientes de la Resistencia habían apoyado activamente la candidatura de Violeta Barrios de Chamorro, equiparando su triunfo al triunfo de la democracia. La permanencia de éstos como fuerza armada luego de los comicios resultaba, por lo tanto, políticamente insostenible. La continuidad de los mandos militares y policiales del régimen anterior, sin embargo, representaba, a los ojos de los miembros de la Resistencia, una seria amenaza para la seguridad e integridad personal de sus fuerzas. Atento a estas preocupaciones, el máximo líder del movimiento, el comandante "Franklin" (Israel Galeano), señaló a principios de marzo que sus tropas no se desmovilizarían hasta tanto los sandinistas no abandonaran el poder. A juicio de Franklin, los sandinistas "no eran confiables" ya que éstos eran capaces de "entregar el gobierno pero no el poder ni las armas" a los ganadores de los comicios.[7] Los comandantes de la resistencia exigían, por lo tanto, una "desmilitarización simétrica y verificable", tanto de las tropas del Ejército Popular Sandinista (EPS) como de los cuerpos especiales de seguridad del Ministerio del Interior (MINT).

A fin de negociar las condiciones del desarme desde una posición de fuerza, el Estado Mayor de la Resistencia había ordenado a sus tropas a concentrarse en territorio nicaragüense a principios de marzo. La desmovilización de las fuerzas de la Contra se transformó así en uno de los principales puntos de discordia del proceso de transición.[8]

Toncontín

Con este telón de fondo, una delegación del nuevo gobierno, encabezada por el jefe del equipo de transición, se reunió el 23 de marzo en el aeropuerto internacional de Toncontín, a pocos kilómetros de Tegucigalpa, con una delegación de la Resistencia, encabezada por Arístides Sánchez y el comandante "Rubén" (Oscar Sobalvarro).

En el acuerdo firmado en esa oportunidad, la Resistencia reconocía "la voluntad del pueblo nicaragüense de establecer un proceso de democratización", declarando su firme decisión de iniciar el proceso de desmovilización general de sus fuerzas. En este sentido, los representantes de la Resistencia se comprometían a observar un cese de fuego verificado por la OEA, la ONU y la Comisión del cardenal Obando y Bravo;[9] desplazar sus fuerzas dentro del territorio nicaragüense a las zonas de seguridad y comenzar el proceso de desmovilización de sus tropas en Honduras el 20 de abril, a más tardar. Los representantes del nuevo gobierno, por su parte, se comprometían a terminar toda acción militar; proteger a los heridos y lisiados de la Resistencia; establecer una comisión especial de transición integrada por miembros de ambas partes para observar el cumplimiento de los acuerdos y buscar ayuda humanitaria de otros gobiernos.

El cumplimiento de lo estipulado en Toncontín, sin embargo, resultó ser sumamente difícil. Entre otros aspectos, el 27 de marzo se había firmado el llamado Protocolo de Transición entre el gobierno y el ejército, en el que se aseguraba la continuidad de la estructura de mandos de las fuerzas de seguridad, provocando así la desconfianza entre los miembros de la Resistencia. El Acuerdo de Toncontín, además, no establecía claramente la fecha y las condiciones en que debía darse el proceso de desmovilización de las tropas de la Resistencia asentadas en territorio nicaragüense, fijando sólo de manera concreta el inicio de la desmovilización de los combatientes que permanecían en Honduras.

La desmovilización de las fuerzas de la Resistencia asentadas en Honduras se realizaría sin inconvenientes pocos días después del plazo previsto en Toncontín. Entre el 24 y 25 de abril, más de 2.600 combatientes entregaron sus armas en las localidades de Yamales, Danlí, Zacatal y Kiatara (ver Cuadro 6). El proceso de desmovilización de las fuerzas de la Resistencia en Nicaragua, sin embargo, se estancó debido, entre otras razones, a una serie de denuncias de supuestos ataques de tropas sandinistas, lo que a juicio de los comandantes de la Resistencia hacía imposible cumplir con lo estipulado en Toncontín. Los términos del desarme, declaró la dirigencia de la Resistencia, debían ser renegociados, "involucrando en ellos al propio sandinismo para garantizar el respeto a la integridad de las tropas".

Acuerdo de Cese de Fuego Efectivo

En vista de las dificultades surgidas, ambas partes acordaron reunirse nuevamente en Managua el 18 de abril, a fin de renegociar los términos del desarme de la Resistencia en Nicaragua. Tras largas negociaciones, se eligió el edificio de la OEA en Managua como sede de la nueva reunión.

La decisión de realizar el encuentro en Managua presentó un nuevo reto para los funcionarios de la CIAV, ya que la misma implicaba el desplazamiento de los comandantes a la capital nicaragüense por primera vez en la historia del conflicto. En consonancia con lo indicado en su mandato, la CIAV se hizo cargo de la seguridad de los comandantes durante su estadía en Managua, encargándose de su alojamiento y traslado.[10]

De la reunión en la sede de la OEA participaron el comandante Rubén en representación del Frente Norte, los comandantes "Leonel" (Luis Angel López) y "Minita" (Aquilino Ruiz) en representación del Frente Central y el comandante "Blas" (Osorno Coleman) en representación del Frente Atlántico. El gobierno electo, mientras tanto, estuvo representado por Lacayo y el gobierno saliente por el general Ortega.

En principio, los negociadores de ambas partes convinieron en realizar el desarme de los miembros de la Resistencia en Nicaragua entre el 25 de abril y el 10 de junio. Las conversaciones, sin embargo, se estancaron súbitamente debido a la falta de definición con respecto a la alimentación y atención de los combatientes que debían empezar a concentrarse, armados, en las zonas de seguridad a partir del día 22.[11] El recientemente designado coordinador general de la CIAV, Santiago Murray, en compañía del Jefe de Operaciones de la misión, Italo Mirkow, anunció entonces que la CIAV estaba lista para hacerse cargo de ese compromiso, lo que posibilitó la continuación de las negociaciones y la posterior firma del acuerdo, conocido como Acuerdo de Cese de Fuego Efectivo y Definitivo entre el Gobierno de la República de Nicaragua y la Resistencia Nicaragüense,[12] la madrugada del 19 de abril de 1990 (ver "De cómo renuncié a mi trabajo

CUADRO 6

Reuniones entre el Gobierno de Nicaragua y la Resistencia
(1990)

FECHA	LUGAR	CARACTERISTICAS
23 marzo 1990	Toncontín (Honduras)	Primera reunión entre la Resistencia Nicaragüense y el gobierno de Chamorro.
18 abril 1990	Managua (Nicaragua)	Acuerdo de Cese de Fuego Efectivo y Definitivo. Adéndum al acuerdo de Toncontín.
4 mayo 1990	Managua (Nicaragua)	Declaración de Managua.
30 de mayo 1990	Managua (Nicaragua)	Protocolo de Managua. Acuerdo sobre polos de desarrollo.

antes de empezarlo"). Entre otros aspectos, en este documento se definieron las primeras siete zonas de seguridad, en las que debían concentrarse los combatientes para su desmovilización, los lugares de asamblea dentro de esas zonas y las zonas desmilitarizadas (ver Mapa 3).

MAPA 3

Zonas de Seguridad para Desmovilización. 1990

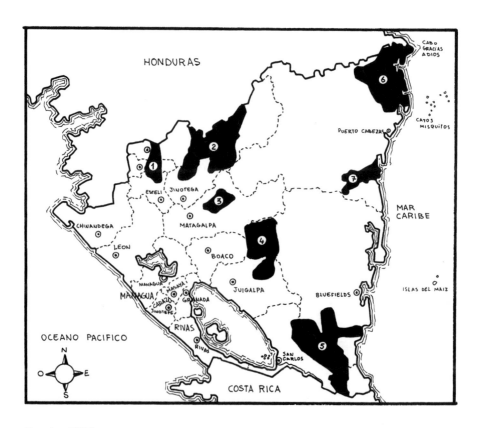

Fuente: CIAV

Con el objeto de verificar el cese de fuego, el 23 de abril comenzaron a arribar a las zonas de seguridad estipuladas en el acuerdo de Cese de Fuego Efectivo las tropas de ONUCA. Los primeros contingentes arribaron al campamento de El Amparo, en la zona de seguridad uno, ese mismo día, mientras que al área perteneciente a El Almendro, en la zona de seguridad cinco, lo hicieron entre el 8 y el 10 de mayo.

Una serie de circunstancias, sin embargo, obstaculizó nuevamente el comienzo de la desmovilización de las tropas de la Resistencia el 25 de abril. La dirigencia de la Resistencia declaró que el Protocolo de Transición dejaba a los sandinistas en el poder, denunciando la existencia de un virtual "pacto" o "cogobierno" entre el FSLN y el nuevo gobierno. Franklin señaló que se sentía "traicionado", anunciando que los combatientes de la Resistencia no entregarían sus armas hasta que no se desmantelara el ejército.

El 25 de abril, la fecha en que debía iniciarse el desarme, sólo se desmovilizó un combatiente.

"DE COMO RENUNCIE A MI TRABAJO ANTES DE EMPEZARLO"

La importancia de la CIAV en el proceso de pacificación nicaragüense se hizo evidente incluso antes de iniciado el desarme de los combatientes. Al asegurar la atención y la seguridad de los miembros de la Resistencia, con frecuencia en condiciones dramáticas, la misión contribuyó de manera decisiva a la firma de los acuerdos de paz.

Las conversaciones que desembocarían en la firma del primer acuerdo entre la Resistencia y el nuevo gobierno, conocido como Acuerdo de Cese de Fuego Efectivo, tuvieron lugar el 18 de abril en las oficinas de la OEA en Managua. Italo Mirkow, primer jefe de operaciones de la misión estaba presente. *Alrededor de las tres de la tarde, empezaron a llegar a las oficinas de la OEA los principales jefes de la Resistencia: el Comandante Rubén y sus asesores del Frente Norte, los comandantes Leonel y Minita, del Frente Central, y el Comandante Blas, de YATAMA, recuerda Mirkow. Un poco más tarde llegó Antonio Lacayo, el futuro ministro de la Presidencia; el cardenal Miguel Obando y Bravo, acompaña-*

do de varios asesores y por último el general Humberto Ortega, entonces Ministro de Defensa y Joaquín Cuadra, entonces comandante del
Ejército Popular Sandinista.

En las primeras horas, las negociaciones fueron largas y poco fructíferas. *El representante del gobierno electo exigía la presencia en la mesa del jefe de la Resistencia, el Comandante Franklin, insistiendo enfáticamente que doña Violeta no podía asumir la presidencia bajo la presión de un ejército en armas,* cuenta Mirkow.

Alrededor de las 10 de la noche, sin embargo, se llegó finalmente a un primer consenso en lo referente a las zonas de seguridad, los "lugares de asamblea" dentro de esas áreas y las zonas desmilitarizadas. A las 4 de la mañana, sin embargo, cuando se estaba por llegar a un acuerdo definitivo sobre la desmovilización de los efectivos de la Resistencia, la indefinición acerca de la instancia que se encargaría de la alimentación de los comba-tientes que llegaran armados a las zonas de seguridad estancó nueva-mente las negociaciones.

En esas circunstancias, el coordinador de la CIAV declaró que la misión estaba dispuesta y preparada para asumir esa responsabilidad a partir del mediodía de ese día. Mirkow recuerda la sorpresa que le causaron esas declaraciones. *Pocos días antes, yo había aceptado la designación como Jefe de Operaciones de la CIAV y tenía la certeza de que no contábamos ni con un grano de arroz o frijol para alimentar a las tropas cuyo número se estimaba, en ese entonces, en 8 mil combatientes, y ni siquiera sabíamos donde comprar los ingredientes del "gallo pinto", la comida nicaragüense por excelencia.* Sin dudarlo un momento, Mirkow se aproximó al entonces coordinador de la CIAV, Santiago Murray, le susurró al oído *¡en este mo-mento le estoy presentando mi renuncia al cargo!* y se retiró del salón. Mirkow recordaría luego este episodio como el momento en que presentó su renuncia aún antes de empezar su trabajo.

Murray, sin embargo, logró convencer posteriormente a Mirkow que la mi-sión contaría con el tiempo suficiente para cumplir con ese compromiso. *La verdad es que Murray y sus asesores eran unos habilidosos políticos y lo único que habían hecho era jugar una carta para facilitar la firma del acuer-do.* El histórico acuerdo se firmó finalmente a las 5:12 minutos de la maña-na del 19 de abril de 1990. *Era el inicio de la paz en Nicaragua.*

Declaración de Managua

Con el objeto de destrabar el estancamiento de las negociaciones, el gobierno invitó a la dirigencia de la Resistencia a una nueva ronda de conversaciones en Managua, la que desembocó en la firma de la llamada Declaración de Managua el 4 de mayo de 1990. En este documento, suscrito en el Centro de Convenciones Olof Palme, la presidenta Chamorro reiteró su compromiso de garantizar la integridad física de los combatientes de la Resistencia, comprometiéndose a disponer el retiro de armas en poder de civiles[13] y el inmediato repliegue de las tropas del ejército de las zonas de seguridad acordadas en el acuerdo del 18 de abril. La presidenta se comprometió, además, a dar a conocer un programa de reducción de las fuerzas armadas el próximo 10 de junio y a establecer los llamados "polos de desarrollo" para el 31 de mayo (ver Capítulo 1, Parte IV). A cambio, los dirigentes de la Resistencia se comprometían a efectivizar el proceso de desmovilización de sus tropas entre el 8 de mayo y el 10 de junio.

El nuevo calendario para la desmovilización se inició con un solemne acto en el campamento de El Almendro, en la zona de seguridad cinco, al que asistieron el Viceministro de Gobernación, los máximos jefes de la Resistencia, el coordinador general de la CIAV y un delegado del cardenal Obando y Bravo. Durante el mismo, Franklin, en nombre del Estado Mayor de la Resistencia, señaló que la guerra en Nicaragua no tenía justificación ya que con el triunfo de la UNO había ganado la democracia. Los combatientes debían pues entregar sus armas como muestra de su rechazo a la guerra.

La fragilidad del proceso de desmovilización, sin embargo, se puso nuevamente en evidencia a los pocos días de iniciado el desarme de los combatientes. El 18 de mayo la Resistencia suspendió la desmovilización argumentando que el gobierno no estaba cumpliendo con lo acordado en Toncontín, incluyendo la asistencia ofrecida a la población civil que había quedado en Yamales, Honduras. Los dirigentes solicitaban, además, el retiro de los principales jefes del ejército y la policía, al igual que la destitución de dirigentes sindicales pro sandinistas. Los dirigentes del Frente Sur, por su parte, denunciaron que sus tropas estaban siendo atacadas por efectivos del ejército, demandando la inmediata reducción de esa fuerza como condición para continuar con el proceso de desmovilización.

Si bien las negociaciones se reanudaron el día 22 de mayo, el 24 se denunció la realización de una supuesta masacre en Zinica (Matagalpa), en la que habrían perecido 14 desmovilizados y cinco civiles a manos de efectivos del

EPS. Si bien el coordinador general de la CIAV comprobó personalmente la falsedad de tales denuncias, las negociaciones quedaron estancadas nuevamente, por lo que ambas partes acordaron una nueva reunión.

LOS PRIMEROS OFICIALES DE PROTECCION

Las alternativas del proceso de negociación conducentes a la firma del Protocolo de Managua representarían una dura prueba para los funcionarios de la CIAV.

En virtud de lo establecido en su mandato, la CIAV se había encargado de trasladar a los miembros de la comisión negociadora de la Contra desde la zona de seguridad de El Almendro a Managua e instalarlos en el Hotel Las Mercedes. *Una de nuestras tareas en esa época era transportar, alojar y proteger a los comandantes de la Resistencia,* subraya el entonces coordinador general de la misión, Santiago Murray.

Las negociaciones en la capital nicaragüense, sin embargo, serían suspendidas abruptamente por la dirigencia de la Resistencia el 22 de mayo de 1990. *Estábamos en plena negociación cuando alguien de pronto anunció que se había producido una masacre en Zinica,* recuerda Murray. *Como resultado, se creó un ambiente tenso: los comandantes de la Resistencia dijeron que los habían engañado y que por lo tanto se suspendían las negociaciones.*

Como le correspondía por mandato, la CIAV inició inmediatamente una investigación de los supuestos hechos. *A la mañana siguiente salimos al lugar en helicóptero con los delegados del cardenal Obando y Bravo, el coronel Maldonado de la ONUCA y el Comandante Invisible, en representación de la Resistencia.* Una vez en el lugar, sin embargo, los miembros de la comitiva comprobaron que la denuncia era falsa, dando a conocer inmediatamente sus conclusiones en una improvisada conferencia de prensa.

En el hotel en Managua donde se alojaban los miembros de la Resistencia, sin embargo, se había creado una situación sumamente tensa. Apenas suspendidas las negociaciones, la Policía Nacional había procedido a acordonar el hotel con sus tropas especiales (conocidas como "boinas negras"), impidiendo la salida de la delegación de la Resistencia por "razones de seguridad". La decisión de las fuerzas policiales, sin embargo, había sido resistida violentamente por los comandantes contras, quienes, tras forzar la salida hasta el parqueo del hotel, anunciaron la realización de una huelga de hambre para protestar contra la medida policial, la que a juicio de éstos los hacía sentirse "rehenes". Los intentos de impedir la salida de los comandantes del hotel por parte de la policía había generado varios altercados, incluyendo peleas a golpes de puño.

Cuando regresé a Managua los comandantes contras, unos veinte en total, estaban vestidos de pinto, tirados en el suelo del parqueo del hotel, recuerda Murray. *Se había creado un fuerte clima de tensión: la ciudad parecía que iba a incendiarse.*

Ante lo delicado de la situación, los oficiales de la CIAV mediaron inmediatamente ante los representantes del gobierno para obtener el retiro de las fuerzas policiales. El Ministro de Gobernación cedió a la petición de la misión con la condición de que ésta se hiciera responsable de la seguridad de los comandantes y no permitiera que éstos abandonaran el hotel. *Asumimos la responsabilidad,* cuenta Murray. *Todos los miembros de la misión nos colocamos la camiseta de la CIAV y nos pusimos a hacer guardia alrededor del hotel las 24 horas.* Dado el exiguo número de funcionarios que se encontraba en ese momento en Managua, hasta el personal administrativo de la misión debió vestir la camiseta azul con grandes letras blancas de la CIAV y hacer guardia en el hotel. Estos serían virtualmente los primeros oficiales de protección de la misión.

Poco días después, el 26 de mayo, se reanudaron las negociaciones, las que eventualmente desembocarían, sin otros incidentes, en la firma del Protocolo de Managua, el 30 de mayo de 1990. *Hasta los sucesos del hotel, muchos nos consideraban simplemente 'los choferes' de la Contra,* concluye Murray. *A partir de entonces, todos empezaron a mirarnos con respeto.*

El Protocolo de Managua

El fruto de la nueva reunión entre los representantes del gobierno y del Estado Mayor de la Resistencia fue la firma del llamado Protocolo de Managua, suscrito en la Casa de la Presidencia por la presidenta Barrios de Chamorro, el comandante Franklin y el cardenal Obando y Bravo. En este documento, firmado el 30 de mayo, se ofrecían mayores garantías de seguridad a los efectivos de la Resistencia, la creación de los llamados "polos de desarrollo", la creación de una "policía de orden interno" integrada por miembros de la Resistencia, una ayuda económica mínima a cada uno de los ex combatientes y la presencia de un representante de los desmovilizados en los ministerios que tuvieran que ver con asuntos relacionados a los ex combatientes, tales como el Instituto Nicaragüense de Reforma Agraria (INRA), el Ministerio de Salud y el Ministerio de Trabajo. La Resistencia, a cambio, se comprometía a desmovilizar 100 hombres por día en cada una de las zonas de seguridad.

La firma del Protocolo de Managua destrabó los últimos obstáculos para la desmovilización. A partir de la firma de este documento, los combatientes de la Resistencia acudieron en masa a las zonas de seguridad estableci-

---

CUADRO 7

Acuerdos entre el Gobierno de Nicaragua y la Resistencia (1990)

ACUERDO	PRINCIPALES COMPROMISOS
Toncontín	Se establece el 20 de abril como fecha límite para iniciar la desmovilización de tropas en territorio hondureño. Cese de fuego efectivo con verificación internacional. Concentración de efectivos de la Resistencia en zonas de seguridad.
Cese de fuego Efectivo y Definitivo. Adéndum al Acuerdo de Toncontín.	Cese de fuego y actividades militares. Se definen las condiciones de desmilitarización y verificación y las zonas de seguridad. En un adéndum se fija la desmovilización para el período 25 de abril -10 de junio.
Declaración de Managua	Se establece el 8 de mayo como fecha para el inicio de la desmovilización. La presidente se compromete a anunciar un plan para la reducción del Ejército y la creación de los Polos de Desarrollo.
Protocolo de Managua	La Resistencia se compromete a desmovilizar 100 efectivos por día por campamento. Se definen los "polos de desarrollo", la distribución de una ayuda económica mínima para cada desmovilizado y la creación de una policía de orden interno como inicio de un proceso de incorporación a las estructuras de seguridad pública de ex combatientes de la Resistencia.

das para su desmovilización, superando con frecuencia el límite de 100 establecido en el documento.

De acuerdo a lo establecido en el Protocolo, la desmovilización de los efectivos de la Resistencia concluyó oficialmente el 27 de junio en la localidad de San Pedro Lóvago, con un acto del que participó la presidenta de la República, el arzobispo de Managua y el coordinador general de la CIAV. En esa oportunidad, los integrantes del Estado Mayor de la Resistencia depusieron sus armas ante un equipo de ONUCA, siendo acreditados formalmente como desmovilizados por la CIAV. El coordinador general de la CIAV, en nombre de la misión, agradeció a los participantes del acto, señalando que correspondía ahora a los desmovilizados aportar a la construcción de la democracia desde el ámbito civil.

Ese día se desmovilizaron 171 combatientes, incluidos los miembros del Estado Mayor y el Comando Superior que acompañaban a Franklin.

"MISION CUMPLIDA"

Si bien los combatientes seguirían desmovilizándose hasta finales de septiembre de 1990, el proceso de desmovilización de la Resistencia concluyó oficialmente el 27 de junio de ese año, con un acto celebrado en el poblado chontaleño de San Pedro de Lóvago, a unos 250 kilómetros al oriente de Managua.

Con el objeto de asistir a la ceremonia, los integrantes del estado mayor de la Resistencia, encabezados por el Comandante Franklyn, se trasladaron al lugar desde la zona de seguridad 5, donde tenían su campamento, bajo la protección de la CIAV. Franklyn y el resto de los comandantes entregarían sus armas a los oficiales de ONUCA y recibirían sus respectivos carnets de desmovilizados de parte de los funcionarios de la CIAV en un acto al que asistieron la presidenta Violeta Barrios de Chamorro, el cardenal Miguel Obando y el coordinador general de la CIAV, Santiago Murray.

Al hacer uso de la palabra, Murray, en nombre del Secretario General de la OEA, João Clemente Baena Soares, agradeció al pueblo y al gobierno de Nicaragua por haber permitido la participación de la OEA *en este gran proyecto de paz*, recalcando que los miembros de la Resistencia se estaban desmovilizando *para convertirse en ciudadanos con todas las obliga-*

ciones, derechos y responsabilidades inherentes. Como tales, añadió Murray, los ex combatientes tenían ahora la responsabilidad y la obligación de efectuar aportes efectivos conducentes a la reconstrucción del país.

El diario *Barricada*, en su edición del 28 de junio de 1990, se referiría al acto como un "punto final a la guerra". En un artículo titulado "Franklyn y jefes contras entregan sus fusiles", el matutino sandinista señalaba que *la guerra terminó oficialmente ayer al entregar el jefe militar de los contras, Israel Galeano (Comandante Franklyn), su fusil a la presidenta Violeta Chamorro, que dijo que lo conservará en su museo personal.* Franklin, relata el matutino, exclamó *misión cumplida* tras entregar su arma. La presidenta Chamorro, a su vez, señaló que se sentía feliz *como madre y como nicaragüense, porque los muchachos terminaron de entregar sus armas para vivir en paz.* Unos 18 mil irregulares, agregaba el matutino, que durante más de nueve años habían combatido al gobierno, habían dejado las armas en las últimas semanas ante los observadores de la ONU y delegados de la OEA en las siete zonas de seguridad.

Al recoger las impresiones de algunos de los representantes de las organizaciones internacionales asistentes al acto, *Barricada* señalaba lo siguiente: *El representante de la OEA en Nicaragua para el proceso de desmovilización, Santiago Murray, dijo ahora que los excombatientes tienen el deber de fortalecer el ejercicio de la democracia. El general Agustín Quezada de España, jefe de los observadores de la ONU, dijo que el final de la lucha fratricida en Nicaragua ha producido alegría en todo el mundo.*

Los casos de los frentes Atlántico y Sur

La desmovilización de los integrantes de los frentes Atlántico y Sur asumió características particulares, que la distinguen claramente del proceso de desmovilización de los integrantes de los frentes Norte y Central.

Los representantes del Frente Atlántico firmaron un acuerdo separado para la desmovilización de sus efectivos el mismo día de la firma del Acuerdo de Cese de Fuego Efectivo, estableciendo para ello las zonas de seguridad seis y siete, correspondientes a los campamentos de Bilwaskarma y

Alamikamba. Las tropas del Frente Atlántico ingresaron a estas áreas en el período comprendido entre el 26 de abril y el 8 de mayo de 1990 y procedieron ordenadamente a su desmovilización.

LAS NACIONES UNIDAS DE LA MADRE TIERRA

Los conflictos entre los pobladores de la Costa Atlántica y el gobierno sandinista tuvieron sus primeras manifestaciones en los levantamientos populares que se produjeron en Bluefileds, Puerto Cabezas y las comunidades indígenas de las riberas del Río Coco en 1981. Estas manifestaciones de descontento, producidas como reacción al violento choque cultural entre la visión urbana de los representantes sandinistas provenientes de la zona del Pacífico y las tradiciones de los pobladores de la Costa Atlántica, se verían agravadas por la represión militar y la política de reasentamiento forzoso que afectó a las comunidades mískitas.

La operación militar denominada "Navidad Roja", en diciembre de 1981, dio como resultado la quema de 28 poblados mískitos ubicados en las márgenes del Río Coco. En enero de 1982, cerca de 8.000 miembros de estas comunidades indígenas fueron objeto de varios programas de reubicación forzosa, que los obligaron a dejar su hábitat natural por asentamientos ubicados en las cercanías de Puerto Cabezas y los departamentos de Matagalpa y Jinotega. El más importante de estos reasentamientos sería "Tasba Pri" en la RAAN, que en mískito significa, irónicamente, "Tierra Libre".

La reacción de los mískitos a estas acciones sería la de huir a territorio hondureño o incorporarse a alguna de las agrupaciones armadas que empezaban a luchar contra el gobierno en ese entonces. En diciembre de 1984, un total de 15.477 mískitos se había refugiado en los campamentos de ACNUR en Honduras. Otros varios miles integraban las agrupaciones insurgentes conocidas como MISURASATA, MISURA, y Kisan.

MISURASATA sería la primera organización de este tipo en alzarse contra el gobierno sandinista, después de haber apoyado al FSLN durante su lucha contra la dictadura de Anastasio Somoza. De hecho, la sigla

MISURASATA proviene de la contracción de los nombres "mískitos, sumos, ramas y sandinistas". En esa época no teníamos ninguna clase de recursos, sostiene el comandante "Blas" (Osorno Coleman). *Sólo contábamos con machetes y flechas, pero teníamos una buena preparación física y conocíamos la selva.*

Divisiones internas de MISURASATA producirían el nacimiento de MISURA primero y el de Kisan después, hasta su reunificación en 1987 bajo el nombre de YATAMA. YATAMA, que en mískito significa "Naciones Unidas de la Madre Tierra" conformaría el Frente Atlántico de la Resistencia y como tal participaría en la firma del Cese de Fuego Efectivo el 19 de abril de 1990, procediendo a la desmovilización de sus efectivos en las zonas de seguridad de Bilwaskarma y Alamikamba. En estas áreas, entre los meses de mayo y julio, se desmovilizarían 1.956 combatientes.

El proceso de desmovilización del Frente Sur, por su parte, presentó una serie de particularidades. Debido a que el proceso de negociación con las autoridades del gobierno fue monopolizado por los dirigentes del Frente Norte, los representantes del Frente Sur no participaron en las negociaciones que culminaron con la firma de los acuerdos de Toncontín y de Cese del Fuego Efectivo. Por esta razón, tanto el número de combatientes que integraban este frente como las condiciones en que aceptarían desmovilizarse eran desconocidas para los funcionarios de la CIAV.

Dos semanas después de la firma del Acuerdo de Cese de Fuego Definitivo, los máximos líderes del Frente Sur, los comandantes "Ganso" y "Navegante", llegaron a Managua por sus propios medios. Sin embargo, luego de largas y accidentadas negociaciones, sólo Navegante firmó un acuerdo idéntico al que habían firmado los representantes de los otros frentes, en el que se determinó la zona de seguridad de Yolaina, en la RAAS, para la desmovilización de sus fuerzas.

LA DIFICIL PAZ CON EL FRENTE SUR

El llamado Frente Sur de la Resistencia fue una incógnita permanente para los sectores involucrados en el proceso de desmovilización, tanto en lo referido a su número y composición como en lo referente a su disposición a desmovilizarse.

Los cálculos en torno al número de los efectivos del Frente Sur oscilaban, de acuerdo a las diferentes fuentes, entre los 500 y los más de 1.500 combatientes. La agrupación, que había mantenido de manera permanente una actitud de intransigencia, firmaría el cese de las hostilidades el 13 de junio de 1990, aunque el día previsto para la finalización de la desmovilización era el 10 de junio de ese mismo año.

La desmovilización de los miembros del Frente Sur implicaría para los funcionarios de la CIAV largas, difíciles y hasta rocambolescas negociaciones. La CIAV había iniciado contactos con el Frente Sur dos semanas después de firmado el acuerdo de cese de fuego entre el gobierno y la Resistencia. Los dos máximos líderes de esa agrupación, los comandantes "Ganso" (Pablo Lara) y "Navegante" (José Guerrero), habían hecho contacto radial, afirmando que estaban dispuestos a viajar a Managua a firmar el respectivo acuerdo de paz y la correspondiente entrega de las armas.

En vista de estas circunstancias, la CIAV se preparó para otorgarles protección oficial durante su estadía en la capital nicaragüense. *Durante tres días consecutivos estuvimos yendo al aeropuerto de Managua a recoger a los presuntos viajeros y todas las veces llegaron los oficiales de ONUCA con sus helicópteros vacíos, comunicándonos que los famosos jefes no se habían hecho presentes en los sitios de la selva en donde se habían concertado los encuentros,* recuerda el entonces jefe de operaciones de la CIAV, Italo Mirkow.

Mirkow sería sorprendido al cuarto día con la noticia que cuatro comandantes del Frente Sur se hallaban alojados en un hotel de la capital, adonde habían llegado por sus propios medios. *De inmediato me dirigí al lugar, tanto para ofrecer la protección correspondiente, como para tratar de organizar las negociaciones entre ellos y el gobierno,* cuenta el jefe de operaciones. *El líder del grupo era el Comandante Ganso, un muchacho de unos 25 años, alto, curtido por la vida en la selva y con una cara de pocos amigos que producía miedo de entrada. Altanero y convencido que el gobierno estaba aterrorizado de su poder, me entregó un papel escrito para Doña Violeta, en el cual exigía cambios radicales en el EPS, la destitución inme-*

diata del general Humberto Ortega y de los miembros de la Corte Suprema de Justicia. Si bien Mirkow explicó que las exigencias del grupo resultarían inaceptables para el gobierno, éste se comprometió a transmitir las demandas al Ministerio de Gobernación.

Cuando Mirkow regresó con un mensaje del ministro de Gobernación, Carlos Hurtado, en el que se informaba a Ganso que, en esos términos, "no había negociación posible", el comandante contra lo esperaba en uniforme de combate y armado con su pistola calibre 45.

Cuando le informé que el gobierno no estaba dispuesto a negociar con él, salvo el desarme y desmovilización de sus hombres, reaccionó con extrema violencia y me dijo que ponía su vida y la de sus acompañantes en mis manos y que me daba hasta esa noche a las ocho para sacarlo del país en un helicóptero de ONUCA, o que si no, saldrían uniformados y armados por las calles de Managua hasta encontrarse con el ejército y ¡terminar en medio de las balas!, recuerda Mirkow.

Los oficiales de ONUCA informaron a Mirkow que no podían volar de noche y que además se habían cansado del "juego del escondite" de Ganso y sus hombres. A las nueve de la noche, Mirkow regresó al hotel para ofrecer a los comandantes los vehículos de la CIAV para trasladarlos, junto con sus hombres, a sus bases de operaciones en el sur del país.

Esto era lo menos que podíamos hacer puesto que jurídicamente se encontraban bajo nuestra protección. Para mi sorpresa, Ganso ya se había esfumado. Nunca lo volví a ver. Posteriormente los servicios de inteligencia del gobierno me informaron que había retornado a su base en Costa Rica.

Dos días después de este episodio, el compañero de Ganso, el comandante Navegante, firmaba un acuerdo de cese de fuego idéntico al que habían suscrito los comandantes de los otros frentes. Las tropas del Frente Sur se desmovilizarían en la zona de seguridad de Yolaina, definida especialmente para este frente. El número de desmovilizados registrados en esta área de seguridad sería de 1.745 hombres.

LA DESMOVILIZACION

Según lo establecido en los acuerdos firmados entre los representantes del gobierno nicaragüense y de la Resistencia, la desmovilización de los combatientes de este último movimiento debía realizarse en las llamadas zonas de seguridad.

La ubicación y delimitación de estas zonas fue el producto de una larga serie de consultas y negociaciones, iniciada en 1988 en Sapoá (ver Capítulo 3, Parte I). Los criterios establecidos para la ubicación y delimitación de las zonas de seguridad tomaron en cuenta, entre otros factores, su accesibilidad por carretera (tanto en la estación seca como en la húmeda), su cercanía a helipuertos y puntos de abastecimiento de combustible y su relativo aislamiento de concentraciones o cooperativas administradas por grupos sandinistas. Por razones de seguridad se decidió que estas zonas no debían establecerse en áreas contiguas a carreteras troncales que unieran un departamento con otro.

Las primeras siete zonas de seguridad se establecieron en el acuerdo del Cese del Fuego Efectivo del 18 de abril. En ese documento se disponía la creación de tres zonas de seguridad en la Región VI, dos en la Región Autónoma del Atlántico Norte (RAAN), una en la Región V y una en el departamento de Río San Juan. Posteriormente se estableció una zona de seguridad adicional en la RAAS para posibilitar la desmovilización de los integrantes del Frente Sur y otra en la Región VI para la desmovilización de correos y personal de apoyo del Frente Norte.

Las zonas de seguridad se designaban con un número. Las zonas denominadas del uno al cinco correspondían al Frente Norte y Central, las zonas seis y siete al Frente Atlántico y la ocho al Frente Sur. De acuerdo a la extensión de las zonas, al Frente Norte le correspondieron 2.315 kilómetros cuadrados, al Frente Central 1.200, al Frente Atlántico 2.012 y al Frente Sur 100.

Cada zona de seguridad estaba rodeada de una "zona desmilitarizada" de 20 kilómetros. Como su nombre lo indica, éstas eran áreas libres de tropas, milicias, cuerpos de seguridad o puestos de artillería, lo que permitía que los combatientes de la Resistencia ingresaran a las zonas de seguridad sin peligro de ataque por parte de las tropas del EPS. Los cuarteles o unidades militares ubicadas dentro de los 20 kilómetros de las zonas desmilitarizadas eran considerados "zonas de exclusión" y como tal puestas bajo control de ONUCA.

La recepción, alojamiento y desarme de las tropas de la Resistencia en cada una de las zonas de seguridad se realizó en los llamados "lugares de asamblea" o "campamentos", levantados a tal efecto por los miembros de la CIAV y la ONUCA en parajes o caseríos considerados estratégicos. En estos campamentos se instalaban las carpas que servían de oficinas, las que servían de consultorios médicos y/u hospitales, las que servían de depósitos y las que servían de lugares de habitación o dormitorios.

El campamento correspondiente a la zona uno se ubicó en el Amparo (Jinotega), el correspondiente a la zona dos en Kubalí (Matagalpa), el correspondiente a la zona tres en San Andrés de Boboque (Matagalpa), el correspondiente a la zona cuatro en La Piñuela (Chontales), el correspondiente a la zona cinco en El Almendro (Río San Juan), el correspondiente a la zona seis en Bilwaskarma (RAAN), el correspondiente a la zona siete en Alamikamba (RAAN) y el correspondiente a la zona ocho en Yolaina (RAAS). Este último comenzó a funcionar el 18 de junio, utilizándose para su montaje el personal y la infraestructura utilizada anteriormente en La Piñuela. Además de estos campamentos, se erigió un centro de desmovilización para el personal de apoyo del Frente Norte en Los Cedros, a 11 kilómetros de San José de Bocay, en el departamento de Jinotega.

El Estado Mayor General de la Resistencia se instaló en la zona de seguridad uno, en una finca ubicada cerca de Yalí, en el departamento de Jinotega, conocida como "El Destino". El lugar fue elegido debido a su posición estratégica ya que estaba ubicado en el centro de los principales puntos de concentración de las fuerzas de la Resistencia. El Destino, sin embargo, pese a la importancia estratégica ya señalada, fue abandonado posteriormente por los comandantes de la Resistencia al trasladarse Franklin al campamento de El Almendro, en la zona de seguridad cinco, donde se planeaba implementar los polos de desarrollo.

La ubicación, el diseño y la construcción de los campamentos

La ubicación, el diseño y la organización de los campamentos fue determinada en forma conjunta por representantes del gobierno, la Resistencia, la CIAV y la ONUCA. Para la ubicación de los mismos se tuvo en cuenta, entre otros factores, las condiciones de accesibilidad del paraje o caserío elegido, la cercanía a vías de comunicación, la existencia de fuentes de agua, la proximidad de poblados pequeños y las condiciones topográficas, de suerte que los mismos no se inundaran por lluvias o crecidas de ríos.

Una vez determinado el lugar donde se ubicaría el campamento, funcionarios de la CIAV y la ONUCA efectuaban un reconocimiento del terreno, el que podía realizarse en vehículos de tracción o en helicópteros. Posteriormente se hacía un croquis, en el que se delimitaban las áreas que ocuparía cada organismo, los sectores para oficinas y los sitios para comer y dormir, procediéndose de inmediato al montaje del mismo. Dada la exigüidad de los plazos establecidos en el acuerdo de Cese del Fuego Efectivo, el acondicionamiento de los campamentos debía realizarse, por lo general, en 24 horas.

Por razones de seguridad, se convino con el jefe del grupo de observadores de la ONUCA que sus tropas serían las primeras en entrar en cada una de las zonas de seguridad previamente acordadas, seguidas en un período de dos horas por los funcionarios de la CIAV y el personal sanitario de la OPS.

Dado que el personal militar de la ONUCA estaba acampado en Honduras, se determinó que la primera zona de seguridad a ser establecida formalmente sería la zona de seguridad uno, cuyo campamento estaba ubicado en El Amparo, un pequeño caserío a pocos kilómetros de la frontera con ese país. Así, la ONUCA ocupó sus posiciones en El Amparo al atardecer del día 23 de abril, iniciando de inmediato la construcción del campamento. Los primeros camiones de la CIAV arribaron a la madrugada del día siguiente.

CUADRO 8

Armas Entregadas a la ONUCA

ARMAS	HONDURAS	NICARAGUA	TOTAL
Pequeño calibre	512	14.408	14.920
Ametralladoras pesadas	2	2	4
Morteros livianos y medianos	28	106	134
Lanzadores de granadas	83	1.182	1.265
Granadas de todo tipo	570	740	1.310
Minas de todo tipo	4	134	138
Misiles (1)	30	82	112
TOTAL	1.229	16.654	17.883

(1) Datos parciales al 29 de junio de 1990 (fuente: ONUCA).

El funcionamiento de los campamentos

El proceso de desmovilización de los miembros de la Resistencia se realizó de acuerdo al procedimiento descripto en los siguientes párrafos.

En primer lugar, los combatientes entregaban sus armas y demás pertrechos militares a los oficiales de la ONUCA, quienes elaboraban una ficha conocida como "la ficha rosa" por el color del papel. En ésta se asentaban los datos personales del desmovilizado y el número y la calidad de los pertrechos entregados, preparándose luego una constancia de entrega de armas. Las armas, proyectiles y demás artefactos bélicos recibidos por los oficiales de la ONUCA eran destruidos *in situ* por un equipo de expertos. Dos soldados se encargaban de partir con sopletes de acetileno los fusiles y otros tipos de armas largas, mientras que las granadas, misiles y proyectiles eran destruidos con explosivos por un grupo de cuatro o cinco especialistas. El resto del utilaje militar, tales como radios, uniformes y mochilas eran incinerados en grandes hoyos cavados al efecto. Los oficiales de la ONUCA tenían la capacidad para destruir 400 armas por día en cada una de las zonas de seguridad. La cantidad de armas destruidas por jornada, sin embargo, varió conside-

---

GRAFICO 2

Desmovilizados con Armas y sin Armas (1)
(Cifras hasta el 29 de junio de 1990)

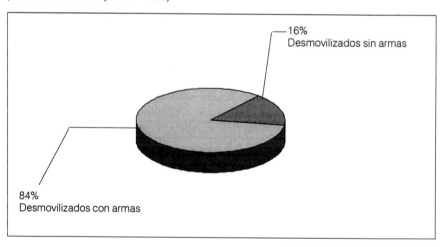

—16%
Desmovilizados sin armas

84%
Desmovilizados con armas

(1) Sobre un total de 19.256 desmovilizados. Las cifras corresponden a datos oficiales suministrados por ONUCA el 29 de junio de 1990, es decir, un día después de concluida oficialmente la desmovilización. Según el reporte de ONUCA, el número de armas entregadas por los miembros de la Resistencia, tanto en Nicaragua como en Honduras, ascendió a 17.883 (ver Cuadro 4).

rablemente. En algunos días (como en los últimos días de abril) no se destruyó ninguna mientras que en otros (como a mediados de junio) se llegó a desbaratar un promedio de 1.500.

Luego de la entrega de las armas, los ex combatientes quedaban bajo responsabilidad de los funcionarios de la CIAV, quienes procedían a identificarlos, consignar sus datos personales y los de su familia en sendas fichas, tomar sus fotografías y entregarles un carnet en el que la CIAV certificaba que el individuo en cuestión era un desmovilizado de la Resistencia y, como tal, sujeto a la verificación de sus derechos y garantías por parte de la OEA. Seguidamente se les hacía entrega de un juego de ropas civiles, consistente en una camisa sport, calzoncillos, pantalones *blue-jeans*, un par de calcetines y botas impermeables y se los remitía al área sanitaria, donde el personal de la Organización Panamericana de la Salud (OPS) les practicaba un examen médico. En esta instancia se les abría una historia clínica y se les administraban medicinas antiparasitarias, finalizando la tarea con la expedición de una hoja de alta si se lo había encontrado en buenas condiciones físicas. En caso contrario se los recluía en un hospital de campaña contiguo a las dependencias médicas. Finalmente, en las carpas que servían como depósitos, se les hacía entrega de una bolsa plástica con alimentos para un mes.

Los oficiales de la CIAV tomaban los datos personales del desmovilizado en una ficha y la de los familiares directos en otra. La primera recogía información estadística básica, tales como el nombre de guerra y el código de identificación del desmovilizado, la fecha y el lugar de nacimiento, el estado civil, el último domicilio en Nicaragua, el nivel de escolaridad y el oficio anterior, además de información sobre el lugar donde planeaba reubicarse y las probables perspectivas laborales. La segunda ficha recogía información básica de los familiares directos que debían recibir la asistencia de la CIAV. Dado que los desmovilizados incluían por lo general entre sus familiares a una amplia gama de parientes, se definió como familiares directos sólo a las esposas o compañeras, los hijos menores de 16 años, los hermanos menores de 16 años y los padres y/o abuelos a cargo del desmovilizado. Terminada esta tarea, los desmovilizados eran trasladados en vehículos de la CIAV a los lugares que habían elegido para reasentarse en compañía de los oficiales de la misión, denominados a partir de entonces "oficiales de protección".

Cabe acotar que entre los desmovilizados se encontraban individuos que no portaban armas, pero que habían servido como correos o desempeñado otras tareas de apoyo logístico. A éstos se les daba el mismo tratamiento que a los miembros armados de la Resistencia, luego de que el comandante asignado a la zona de seguridad correspondiente certificara que éste pertenecía a la organización.

LA VIDA EN LOS CAMPAMENTOS

El trabajo de los oficiales de protección en las zonas de seguridad abarcaba una amplia gama de tareas. Los miembros de la misión asignados a los campamentos debían encargarse desde las actividades puramente administrativas en las carpas que servían como oficinas hasta el transporte de los desmovilizados a su lugar de destino, pasando por la entrega de alimentos y la atención de las necesidades cotidianas de los desmovilizados.

Todas estas tareas tenían, sin embargo, un rasgo en común: carecían de horario fijo. *Se podía estar terminando de desmovilizar a 500 personas y a la media hora llegaba un camión transportando combustible y había que trasegarlo, o preparar las raciones de alimento para el día siguiente, o llegaba gente que pedía ser reubicada y a quien se tenía que atender así fueran más de las 10 de la noche*, recuerda uno de los oficiales de protección que se desempeñó en el campamento de El Almendro. *Por ello se decía que un oficial de protección nunca se levantaba, porque nunca se acostaba.*

El día de un oficial de protección empezaba normalmente a las cinco de la mañana. Si un oficial quería tomar un baño, tenía que hacerlo en algún río cercano, al igual que los habitantes de la comunidad y los miembros de la Resistencia acantonados en las zonas de seguridad. En cuanto al desayuno, este consistía, casi siempre, en "gallo-pinto", plato típico nicaragüense consistente en una mezcla de arroz y frijoles.

Si bien los oficiales de protección tenían sus propias carpas, sus propias zonas de comedor y sus propias cocinas, la prisa con la que se habían montado los campamentos hacía que las condiciones sanitarias no siempre fueran las mejores. Las tiendas de los oficiales de protección eran sumamente simples. *Eran tiendas de campaña que ante la emergencia ha-*

bíamos comprado a toda velocidad en Miami, recuerda uno de los funcionarios de la CIAV.

Las anécdotas de lo sucedido en los campamentos no escasean. *Muchos de los oficiales de protección no sabían nadar*, recuerda uno de los encargados del campamento de Bilwaskarma, en la RAAN. *Los meses de junio y julio son de pleno invierno en la Costa por lo que el río Coco esta particularmente caudaloso. Esta situación provocó situaciones cómicas y dramáticas. A veces las pangas se volcaban y como muchos oficiales viajaban con grandes botas de hule, éstas se llenaban de agua hasta las rodillas, complicando el proceso de rescate.*

Los problemas de comunicación entre los funcionarios internacionales y los combatientes causarían también numerosos incidentes. En una oportunidad, recuerda otro de los oficiales asignados a Bilwaskarma, un grupo de funcionarios de la CIAV se quedaría a solas, sin alimentos y sin traductores, con un grupo de 300 mískitos a la espera de una caravana de camiones, que debía trasladarlos a sus comunidades de origen. Cuando estos últimos empezaron a exigir comida, los funcionarios de la CIAV tuvieron que mostrarles las bodegas vacías y convencerlos, mediante gestos, que ni ellos tenían que comer.

Los problemas de lenguaje también incidirían en las tareas de llenado de fichas y formularios. En más de una ocasión, este proceso se demoró debido a problemas de comunicación entre los encargados de la desmovilización y los desmovilizados. Los primeros tenían dificultades para entender los modismos nicaragüenses propios del campo mientras que los segundos tenían dificultad para entender los acentos de los funcionarios de la CIAV y la ONUCA, provenientes en su mayoría de países sudamericanos.

Los funcionarios de la misión compensarían las dificultades propias de su trabajo con dedicación y solidaridad. *Cuando uno está en esto, no se da cuenta de la trascendencia de su trabajo porque vale más lo cotidiano, porque uno se acostumbra a las actividades diarias, a dormir con agua y barro dentro de la carpa, a andar con la ropa húmeda*, comenta uno de los oficiales de protección. *Una vez que uno está en esto, nunca se deja de ser oficial de protección.*

La compra de víveres e indumentaria

La adquisición de vestuario, alimentos, calzado y otros elementos para los combatientes concentrados en las zonas de desmovilización constituyó un importante reto para los funcionarios de la CIAV. A la falta de experiencia sobre el tema se le sumó la situación de desabastecimiento imperante en Nicaragua como consecuencia del bloqueo económico decretado por Estados Unidos y la existencia de situaciones imprevistas que obligaron a la realización de importantes compras en circunstancias excepcionales, tales como la adquisición masiva de alimentos, vestuario y calzado en terceros países durante los feriados de Semana Santa.

Como se señaló anteriormente, durante las negociaciones previas a la firma del acuerdo sobre el Cese de Fuego Efectivo, el coordinador general de la CIAV asumió el compromiso de brindar asistencia alimenticia inmediata a todos los miembros de la Resistencia que ingresaran a las zonas de seguridad, aunque éstos no se desmovilizaran de inmediato. Si bien este compromiso posibilitó la firma de ese histórico acuerdo, la súbita necesidad de contar con cantidades masivas de alimentos tomó de sorpresa a los funcionarios encargados de las operaciones logísticas. Al momento del compromiso, los depósitos de la CIAV estaban literalmente vacíos, lo que obligó a la realización de febriles gestiones en Costa Rica y Panamá.

DE COMPRAS EN SEMANA SANTA

Si bien el repentino compromiso de la CIAV de proporcionar alimentos a los miembros de la Resistencia que ingresaran armados a las zonas de seguridad permitió a la misión desbloquear la firma del acuerdo de Cese de Fuego Efectivo, el mismo sorprendió a los oficiales de protección con las bodegas vacías. Esta circunstancia obligaría a la CIAV a una frenética actividad, encaminada a asegurar la satisfacción de las necesidades de alimentación y vestido de los combatientes de la Resistencia.

La compra de alimentos y ropas se realizó en un contexto triplemente difícil. Por un lado, la misión no disponía de dinero en efectivo. Por otro, Nicaragua padecía graves problemas de abastecimiento por causa de la guerra. Y por si todo esto fuera poco, la fecha en que debían efectuarse las compras coincidía con las vacaciones de Semana Santa.

Este último aspecto presentaría las mayores dificultades ya que la llegada de la Semana Santa implica, en los países del istmo centroamericano, la paralización total de las actividades comerciales y financieras. Así, cuando los funcionarios de la CIAV llegaron a Costa Rica a comprar, a crédito, toneladas de alimentos y ropa, más de un comerciante costarricense pensó que se trataba de una broma de mal gusto o una desmesurada extravagancia.

En estas circunstancias, los funcionarios de la CIAV no sólo tuvieron que realizar un minucioso trabajo de detectives para localizar a los empresarios que se encontraban de vacaciones en las diferentes playas de ese país sino que, una vez que los encontraron, tuvieron que convencerlos que interrumpieran su descanso en aras de contribuir al mantenimiento de la paz en Nicaragua. Uno de los funcionarios de la CIAV lograría incluso que el Banco Central de Costa Rica abriera sus puertas el Domingo de Resurrección para atenderlo y así poder firmar los certificados de exportación de los alimentos.

La urgencia con que se realizaron estas tareas, y la falta de experiencia de los funcionarios de la misión en esta área, provocaron algunos errores en la selección de los ocho mil blue jeans y las ocho mil camisas que se compraron en un primer momento. Las tallas mayores y menores de los pantalones, por ejemplo, debieron desecharse ya que las mismas no correspondían a la contextura de los combatientes, moldeada por la continua actividad física y el duro entrenamiento militar. El calzado seleccionado, por su parte, consistente en botas de hule compradas en Panamá fue abiertamente rechazado por los miembros de la Resistencia, acostumbrados a las excelentes botas militares de fabricación estadounidense que componían su uniforme de combate.

La adquisición de *blue-jeans* del mismo tipo, camisas del mismo corte y tela y botas de hule del mismo color terminó además uniformando a los miembros de la Resistencia. *Los desmovilizados terminaron cambiando su uniforme pinto estadounidense por un uniforme civil, lo que los convertía en sujetos fácilmente reconocibles como ex contras*, recuerda uno de los oficiales de la CIAV.

Afortunadamente, esta circunstancia no trajo consecuencias lamentables para los desmovilizados. En futuras compras el error se enmendaría, escogiéndose modelos, diseños y colores de diverso tipo, de acuerdo al gusto e indicaciones del alto comando de la Resistencia.

La incertidumbre inicial con respecto al número de combatientes que depondrían sus armas en Nicaragua constituyó un serio problema para la compra de alimentos, ya que la cantidad de víveres debía calcularse de alguna manera. Finalmente, los cálculos se hicieron en base a 18 mil personas, lo que resultó bastante aproximado a la realidad.

La financiación de las compras de alimentos, vestuarios e implementos básicos constituyó otro problema, ya que las partidas destinadas a sufragar los gastos correspondientes a esta fase llegaron por lo general con atraso. Esta circunstancia obligó a la dosificación de las compras y al uso de letras de cambio a un plazo de 30 días como medio de pago.

Los enormes problemas logísticos, y algunos accidentes, causaron problemas en diversas oportunidades, como el accidente de uno de los camiones alquilados por la misión el mediodía del 23 de abril en el camino al campamento de El Amparo, cuando se debía ejecutar el primer ejercicio de desmovilización.

LA PRIMERA CENA DE LOS DESMOVILIZADOS

Al mediodía del 23 de abril de 1990, los funcionarios de la CIAV, los representantes de ONUCA, los delegados del cardenal Obando y Bravo, los miembros del gobierno y los comandantes del Estado Mayor de la Resistencia se trasladaron a la zona de seguridad de El Amparo para presidir el primer ejercicio de desmovilización, de acuerdo a lo estipulado en el acuerdo de Cese de Fuego Efectivo.

Dado que la alimentación era una cuestión de suma importancia, los miembros de la Resistencia se interesaron inmediatamente por las provisiones de la misión. Los funcionarios de la CIAV les informaron entonces que los camiones transportando la preciada carga estaban en camino y que dentro de muy poco tiempo llegarían los primeros víveres.

Las provisiones, sin embargo, no llegaban, por lo que pronto se generó un clima de gran tensión y nerviosismo. Dado que la situación se volvía cada vez más crítica, los oficiales de la CIAV optaron por salir al encuentro de los camiones por el camino que supuestamente debían estar transitando.

Los camiones, sin embargo, habían optado por dirigirse a El Amparo utilizando una vía secundaria, más corta pero más tortuosa. Como producto del mal estado de la carretera, a escasos 15 kilómetros de distancia, el primer camión del convoy se había volcado, obstaculizando el libre tránsito de la caravana con los alimentos. El conductor del camión, su esposa y otras personas habían resultado heridas.

Los funcionarios de la CIAV, ignorantes de la suerte corrida por la caravana, se habían dirigido a Yalí, donde procedieron a adquirir febrilmente todos los víveres que pudieron encontrar en ese poblado, incluyendo ganado vacuno, el que fue sacrificado inmediatamente.

Para tranquilidad de todos, la caravana llegaría finalmente al día siguiente.

Violaciones al cese de fuego

Al inicio del operativo de desarme se registraron varios casos de violaciones al acuerdo de cese de fuego. Esto se debió en parte a que las tropas del EPS no habían recibido instrucciones precisas sobre la conducta que debían seguir en las zonas desmilitarizadas. El hecho de que las tropas de la Resistencia se dirigían armadas hacia las zonas de seguridad causó también incidentes, ya que ese desplazamiento causaba por lo general sorpresa y temor entre los miembros de las cooperativas sandinistas, los que tradicionalmente estaban armados. El número de bajas ocurrido a raíz de estos incidentes, sin embargo, fue insignificante.

La tarea de la OPS

Según un acuerdo firmado en Washington DC entre la OEA y la OPS, esta última se hizo cargo de la atención de la salud de los combatientes de la Resistencia durante la etapa de desmovilización y repatriación. Para esta tarea, la OPS utilizó 144 funcionarios entre médicos, paramédicos y personal administrativo.

En total, se practicaron 17.771 exámenes o chequeos médicos integrales, incluyendo tratamientos anti-maláricos y antiparasitarios; 17.674 consultas médicas y 4.624 consultas odontológicas. En lo que hace a las tareas de laboratorio, se practicaron 22.589 pruebas de laboratorio para enfermedades infecciosas (incluyendo las pruebas del SIDA y la sífilis) y se aplicaron 12.178 dosis de toxoide tetánico (VTT). Las unidades de salud de la OPS atendieron y hospitalizaron, además, a 291 pacientes de ambos sexos provenientes de las zonas de seguridad, trasladando a 177 individuos a centros de mayor complejidad ya que en tales unidades no era posible brindarles la atención médica adecuada. Cabe acotar que un porcentaje de consultas y hospitalizaciones correspondió a pobladores del lugar, que no tenían vinculación directa con la Resistencia. La OPS, sin embargo, atendió esos casos por razones humanitarias.

De acuerdo al informe de la OPS, la población desmovilizada "no reveló un alarmante estado de mala salud", aunque se detectó una alta frecuencia de patologías tales como la leishmaniasis y la parasitosis intestinal. Los

CUADRO 9

Evolución del Proceso de Desmovilización en Nicaragua
(1990)

ZONA	NOMBRE	MAYO	JUNIO	JULIO (1)	TOTAL	% ZONA
Uno	El Amparo	410	1.879	605	2.894	12,91 %
Dos	Kubalí	204	1.427	40	1.671	7,46 %
Tres	San Andrés	648	1.669	702	3.019	13,47 %
Cuatro	La Piñuela	1.145	1.975	44	3.164	14,12 %
Cinco	El Almendro	586	5.479	561	6.626	29,56 %
Seis	Bilwaskarma	260	988	537	1.785	7,96 %
Siete	Alamikamba	8	153	0	171	0.76 %
Ocho	Yolaina	0	1.463	282	1.745	7,79 %
Nueve	Los Cedros	0	224	1.114	1.338	5,97 %
TOTAL		3.271	15.257	3.885	22.413	
% MES		14,55%	68,07%	17,33%		

(1) En esta casilla se incluyen las desmovilizaciones registradas durante los meses de agosto y septiembre.

médicos y técnicos de la organización encontraron también una preocupante susceptibilidad al sarampión. El hecho de que éste hubiera provocado incluso algunas muertes revelaba, a juicio de la OPS, una mala cobertura general de inmunizaciones. De acuerdo al documento de la OPS, la baja escolaridad de los desmovilizados era de por sí un indicador de riesgo.

En total, la OPS ocupó 72 tiendas de campaña en las ocho zonas de seguridad. Para la conservación de los productos biológicos y las muestras de laboratorio se utilizaron refrigeradoras de 12 pies cúbicos que funcionaban con gas propano. Los técnicos de la OPS se encargaron además de construir once baterías de letrinas, seleccionar las fuentes de agua para consumo humano y contratar personal local para la excavación de depósitos de basura y el mantenimiento y la limpieza de los campamentos.

Para la adquisición de medicinas, la OPS tomó en cuenta el listado de fármacos elaborado por el Ministerio de Salud nicaragüense. La mayoría de los medicamentos utilizados (calculados en base a la atención de 3.000 personas al mes) fueron adquiridos en Nicaragua, comprándose en el exterior sólo productos especializados.

LAS CIFRAS DE LA DESMOVILIZACION

Entre el 25 de abril y finales de septiembre, los oficiales de la CIAV desmovilizaron a 22.413 personas. El grueso de los combatientes (15.257 personas, lo que equivalía al 68,10 por ciento del total) se desmovilizó en el mes de junio. En el período inmediatamente anterior, es decir, entre el 25 de abril y el 30 de mayo, se desmovilizaron 3.271 combatientes (lo que equivalía al 14,55 por ciento del total) mientras que en el período inmediatamente posterior, es decir desde el 1 de julio hasta finales de septiembre, se desmovilizaron 3.885 (lo que equivalía al 17,33 por ciento del total). Cabe acotar que no obstante haberse concluido oficialmente el desarme el 27 de junio, el proceso de desmovilización continuó durante los meses de julio, agosto y septiembre (ver Cuadro 9).

Como se hizo notar anteriormente, la mayor cantidad de combatientes se desmovilizó luego de la firma del Protocolo de Managua, cuando los comandantes de la Resistencia se comprometieron a desarmar a 100 perso-

CUADRO 10

Proceso de Desmovilización en Honduras

BASE	DESMOVILIZADOS
Yamales	1.457
Danlí	456
Zacatal	399
Kiatara	295
TOTAL	2.607

nas por día. En contraposición, entre el 25 de abril (fecha del inicio de la desmovilización establecida en Toncontín) y el 8 de mayo (fecha del inicio de la desmovilización establecida en la Declaración de Managua) sólo se habían desmovilizado 10 combatientes.

3
Programa de Repatriación

EL PLAN CONJUNTO APROBADO POR LOS PRESIDENTES CENTROAME-
ricanos en Tela en agosto de 1989 preveía, además de la desmovilización de
los miembros de la Resistencia, la repatriación de los combatientes y sus
familiares residentes en Honduras y Costa Rica. De acuerdo a lo estipulado
en ese documento, a la CIAV le correspondía hacerse cargo de "todas las actividades" que hicieran posible el regreso de los ex combatientes y sus familiares a su país, incluyendo la recepción, la atención, el traslado y la instalación de los mismos en sus lugares de destino.

A fin de cumplir con esta tarea, el Plan Conjunto facultaba a la CIAV a
poner en marcha un programa de repatriación voluntaria, que previera, entre otros aspectos, el establecimiento de "centros de recepción" o "áreas de
residencia temporal" con capacidad para proporcionar asistencia básica a los
repatriados, tales como primeros auxilios, orientación familiar, asistencia
económica y transporte para las zonas de asentamiento. Aquellos que no optaran por la repatriación podían solicitar ser reubicados en terceros países,
para lo que las autoridades nicaragüenses, con la cooperación de la CIAV, debían facilitar la documentación necesaria.

La CIAV debía, además, "velar para que se dé, o en su caso se mantengan,
las condiciones que necesitan los repatriados para su incorporación plena a
la vida ciudadana". Para ello, los funcionarios de la CIAV debían establecer
un sistema que permitiera el seguimiento del proceso de reubicación de los
repatriados, de forma que éstos pudieran, en caso de ser necesario, exponer
sus quejas con respecto al cumplimiento, o falta de cumplimiento, de las garantías ofrecidas originalmente para la repatriación.

Inicio del programa

El programa de repatriación de la CIAV se inició el 5 de julio de 1990 y fina-
lizó el 28 de noviembre de ese mismo año. En ese lapso se repatriaron
18.179 personas, de las cuales el 98,78 por ciento provino de Honduras.

CUADRO 11

Composición de los Repatriados (1)

RELACION	PORCENTAJE
Desmovilizados en Honduras	9,79 %
Ex combatientes	1,07 %
Familiares directos del desmovilizado (2)	51, 43 %
Familiares lejanos del desmovilizado	6,28 %
Otros	31,43 %

(1) En base a un registro de 13.819 repatriados (76% del total).

(2) Incluye abuelos, padres, hijos, hermanos, esposos, compañeros y nietos.

Dada la división territorial acordada entre los secretarios generales de la OEA y la ONU –de acuerdo a la cual a esta última le correspondía la atención de los desmovilizados asentados en Honduras–, el programa de repatriación de los miembros de la Resistencia se llevó a cabo en forma coordinada con la CIAV-ONU y ACNUR. Según los acuerdos establecidos con la misión, estas últimas se encargaron de la identificación del universo de posibles beneficiarios del programa, el establecimiento del grado de parentesco entre los desmovilizados residentes en el exterior y sus allegados[14] y el traslado de los mismos de los países donde se encontraban asentados a los centros establecidos por la CIAV en Nicaragua.

De acuerdo a un censo realizado por oficiales de ACNUR, el número de ex combatientes y familiares asentados en Honduras ascendía a 36.424. Esta cifra incluía a combatientes desmovilizados por la CIAV-ONU en Honduras, lisiados, familiares y personas desplazadas de sus lugares de residencia habituales en Nicaragua por la guerra (ver Cuadro 11).

Con respecto al traslado de los repatriados desde los países donde se encontraban temporalmente asentados hacia Nicaragua, se acordó que ACNUR realizaría dos repatriaciones semanales de 250 personas por contingente durante los meses de julio y agosto para luego aumentar a tres, de 300 personas por contingente, durante los meses subsiguientes.

La existencia de fenómenos meteorológicos, conflictos sociales como huelgas y tomas de carreteras y/o ausencia de interesados los días que partían los contingentes de ACNUR desde Honduras, ocasionaron fluctuaciones en la frecuencia semanal de repatriados, la que sin embargo se mantuvo, en líneas generales, dentro de lo previsto por la misión y ACNUR.

La fecha de cierre del programa fue decidida en común acuerdo entre la CIAV y ACNUR tras evaluar la progresiva merma de solicitudes de repatriación a partir de los meses de septiembre y octubre. Con el objeto de difundir la fecha de cierre entre la población interesada, en los últimos meses se realizó una intensa campaña publicitaria en las zonas donde estaba concentrado el mayor número de ex combatientes.

Características del programa

Para la recepción, la atención y el traslado de los repatriados a sus lugares de destino, la CIAV organizó una red nacional de centros de recepción y centros de tránsito. En los primeros, los contingentes provenientes de los países limítrofes eran formalmente recibidos en Nicaragua por funcionarios de la misión antes de ser trasladados a sus destinos finales dentro del país. Si estos últimos se encontraban particularmente alejados, o eran de difícil acceso, el traslado de los repatriados se realizaba en dos o más etapas, para lo cual se utilizaban los centros de tránsito.

En los centros de recepción los repatriados recibían alojamiento, alimentación, atención médica, indumentaria y artículos de aseo personal. En los centros de tránsito sólo se proveía alojamiento, alimentación y asistencia médica, aunque del mismo tipo y calidad que la provista en los centros de recepción. Casi la mitad de los beneficiarios del programa de repatriación (el 49,8 por ciento) pasó por alguno de los centros de tránsito montados por la CIAV.

Ubicación de los centros

La ubicación y la capacidad de los centros de recepción y de tránsito se decidieron en función de los datos disponibles en cuanto al origen y el posible destino de los refugiados. Los centros de repatriación se ubicaron en San Ramón (Estelí), Jalapa (Nueva Segovia), Condega (Estelí) y Managua mientras que los centros de tránsito se establecieron en Matagalpa (Matagalpa), Juigalpa (Chontales), Wiwilí (Jinotega) y Puerto Cabezas (RAAN). Cada uno de estos centros estaba dirigido por un funcionario internacional.[15] El resto del personal, alrededor de 30 empleados administrativos por sede más el personal de apoyo, era de origen nicaragüense.

Los centros ubicados en las localidades de San Ramón, Jalapa y Condega se encargaron de recibir a los contingentes provenientes de Honduras mientras que el centro instalado en la ciudad de Managua se hizo cargo de los refugiados provenientes de Costa Rica.

El centro de San Ramón, ubicado sobre la carretera panamericana a dos kilómetros al norte de la ciudad de Estelí, tenía capacidad para alojar a 380 personas. Por él pasaron los contingentes provenientes de las áreas urbanas de Honduras, tales como Danlí, El Paraíso, Tegucigalpa y Choluteca. Este fue el centro de recepción más transitado, ya que recibió el 44,4 por ciento de los beneficiarios del programa.

El centro de Jalapa, ubicado a 25 kilómetros de la frontera con Honduras, tenía capacidad para atender a 300 personas. El mismo recibió a los repatriados provenientes de las zonas rurales de Honduras, tales como Yamales, Los Trojes y Capíres. El centro de Jalapa se cerró el 26 de septiembre debido a la existencia de fallas estructurales en el local, siendo sustituido en octubre por el centro de Condega, que ofrecía una serie de ventajas comparativas, tales como mayor capacidad operativa, cercanía a redes viales y existencia de infraestructura sanitaria.

En virtud de un convenio firmado con el EPS, el centro de Condega se instaló en la escuela militar "Reinerio Tijerino", situada en una base militar en la localidad del mismo nombre. Aunque este centro tenía capacidad para

---

CUADRO 12

Evolución del Proceso de Repatriación
(1990)

CENTRO DE RECEPCION	JULIO	AGO.	SEPT.	OCT.	NOV.	TOTAL	% CENTRO
San Ramón	805	3.393	2.096	1.393	393	8.080	44,45%
Jalapa	907	2.675	2.656	0	0	6.238	34,31%
Condega	0	0	0	2.437	650	3.087	16,98%
Managua	509	17	0	0	248	774 (1)	4,26%
TOTAL	2.221	6.085	4.752	3.830	1.291	18.179	
% MES	12,22%	33,47%	26,14%	21,07%	7,10%		

(1) Incluye los repatriados llegados de Costa Rica vía el centro de tránsito de Juigalpa y 232 repatriados mískitos vía el centro de tránsito de Puerto Cabezas.

atender a 700 personas por semana, el promedio de repatriados atendidos en estas instalaciones apenas sobrepasó las 300 personas semanalmente. En total, por los centros de Jalapa y Condega ingresó el 51,29 por ciento de los repatriados.

El centro de Managua, ubicado en el centro "Gaspar García Laviana" del Instituto Nicaragüense de Seguridad Social y Bienestar (INSSBI), se utilizó en sólo una oportunidad debido a la escasa demanda del programa por parte de los posibles beneficiarios residentes en Costa Rica. Los repatriados procedentes de ese país que llegaron luego de la fecha de cierre del centro fueron atendidos en el centro de tránsito ubicado en Juigalpa, por ser el más meridional del país (ver Cuadro 12).

En lo que hace a los centros de tránsito, los repatriados con destino a localidades situadas en la Región I, VI y la RAAN se alojaron en el centro situado en Matagalpa, mientras que los refugiados con destino a poblaciones en la Región V, la RAAS y el departamento de Río San Juan se instalaron en el centro ubicado en Juigalpa. Los repatriados que se dirigían a lugares situados en las regiones atlánticas, mientras tanto, se ubicaron en el centro de tránsito de Puerto Cabezas. El centro de Wiwilí, que no se había contemplado en un primer momento, se montó para agilizar el tránsito de quienes se dirigían a las comunidades ubicadas en la ribera del Río Coco (ver Cuadro 13).

La estadía en los centros de recepción o de tránsito se extendía por lo general entre uno y dos días. Una excepción la constituyó el caso de los repatriados mískitos atendidos en el centro de tránsito de Wiwilí, quienes permanecieron allí por 58 días antes de ser trasladados definitivamente a sus lugares de destino (ver "Sesenta días para llegar a casa").

CUADRO 13

Personas Atendidas por los Centros de Tránsito

CENTRO	REPATRIADOS
Matagalpa	5.287
Wiwilí	2.893
Juigalpa	552
Puerto Cabezas	232
TOTAL	8.964 (49,31%)

Los locales alquilados para servir de albergues se acondicionaron especialmente para cumplir esas tareas, poniéndose especial énfasis en la salubridad y la comodidad de los mismos a fin de evitar la contaminación y el hacinamiento. Para este fin se trabajó en forma conjunta con técnicos sanitaristas de la OPS.

SESENTA DIAS PARA LLEGAR A CASA

La repatriación de los refugiados mískitos que se encontraban en el campamento de "Las Vegas", en Honduras, representó grandes dificultades para los encargados del programa de repatriación de la CIAV. Casi sesenta días fueron necesarios para trasladar este grupo a su destino final, en localidades ubicadas en las márgenes del río Coco.

Los repatriados mískitos componían un grupo de 512 personas, que antes del conflicto vivían en las localidades de Raití, Aniwás, Walakitán, Waislaska y San Andrés de Bocay, en la llamada Mosquitia nicaragüense.

La Mosquitia es una sección de la costa atlántica hondureña y nicaragüense de aproximadamente 16.300 kilómetros cuadrados, habitada por indígenas pertenecientes a las etnias mískita, sumo y rama. Esta región se caracteriza por la existencia de vegetación selvática, un gran número de rios y un suelo con poco potencial para la agricultura. Los mískitos, la etnia más importante, fueron los más afectados por el conflicto bélico de los años ochenta. Muchos de ellos debieron refugiarse por esta circunstancia en la parte hondureña de la Mosquitia.

La repatriación de este contingente se produjo a través del centro de recepción de San Ramón, en el departamento de Estelí. De ahí, los mískitos pasaron al centro de tránsito de Wiwilí, en el departamento de Jinotega, a la espera de las condiciones necesarias para ser transportados a sus lugares de origen. Las particulares condiciones de la región, en la que prácticamente no existen vías de comunicación, agravada por la crecida de los ríos en los últimos meses del año, obligaron a los mískitos a esperar durante 58 días en este último centro, conocido como "La Casa Roja", en condiciones sumamente desfavorables desde el punto de vista sanitario.

Para poder llevarlos a su destino final, en la isla de Wuasulutara, en el río Coco (RAAN), la CIAV tendría que contratar los servicios de cinco helicópteros de la Fuerza Aérea Sandinista (FAS). Los primeros 36 mískitos llegaron a esta isla de tres manzanas de extensión, aproximadamente, el miércoles 7 de noviembre de 1990 con el objeto de iniciar las tareas de limpieza y preparación del terreno para permitir la llegada del resto del contingente. Los 476 mískitos restantes llegarían al día siguiente en 17 vuelos, acompañados de 150 quintales de enseres y 102 perros. Los mískitos estaban dispuestos a abandonar varias de sus pertenencias pero no los perros. Para transportarlos por vía aérea, cada animal era contabilizado, a los efectos del cálculo de la carga, como equivalente a un niño menor de 10 años. *Un indio mískito sin perro, en la selva, no tiene posibilidad de comer carne: cusuco, chancho de monte, venado,* señala el capitán Pereira, uno de los pilotos de los helicópteros de la FAS. En total, los helicópteros completarían más de 40 horas de vuelo, a un precio de 26 mil dólares.

Las secuelas de la guerra eran fácilmente apreciables en los pobladores de la zona, que huían apenas escuchaban pasar los helicópteros. *Desde el aire sólo se veían chozas desiertas. Al día siguiente la gente nos comentaría que los habitantes del lugar se habían escondido porque pensaban que los helicópteros iban a bombardearlos,* recuerda el oficial de protección de la misión que acompañó a los mískitos durante su repatriación.

Para el oficial de protección a cargo del operativo de transporte de los mískitos, antropólogo de profesión, el haber presenciado el reencuentro de los indígenas con su hábitat natural compensaría todas las dificultades. *Todos los mískitos, lo primero que hicieron apenas llegaron fue bañarse en el Río Coco, como buscando o encontrándose con un amigo perdido.*

Recepción y traslado de los repatriados

Tras su llegada a los centros de recepción, los repatriados recibían de inmediato una muda de ropa, incluyendo ropas de niños o pañales en los casos que fuera pertinente, un vaso, un plato, un juego de cubiertos y una frazada. En materia de alimentación, las raciones proporcionadas a los repatriados incluían arroz, frijoles, carne vacuna o porcina, verduras, frutas, huevos, queso, sopas, tortillas, café y refrescos.

Los recién llegados eran inmediatamente censados para facilitar tanto la identificación personal de los beneficiarios del programa como la organización de la entrega de asistencia posterior en sus lugares de destino. Con esta última finalidad, cada jefe de familia recibía una ficha de asistencia, similar a la utilizada durante la etapa de desmovilización, la que servía de ficha de control para la distribución de la asistencia inmediata proporcionada por la misión en los meses posteriores a la repatriación (ver Capítulo 4, Parte II).

Para el traslado de los repatriados desde los centros de recepción hacia sus destinos finales, o hacia los centros de tránsito que correspondieran, se contrató una flota de 70 camiones. Los mismos fueron seleccionados teniéndose en cuenta los requisitos básicos para el traslado de contingentes humanos por varias horas en caminos que con frecuencia se hallaban en pésimo estado de conservación. Los modelos elegidos eran por lo general nuevos, provistos de bancas, barandas laterales y lonas cubretechos.

Para lograr la efectiva reubicación de los repatriados de origen mískito, y otros que se ubicaron en comunidades situadas en las márgenes del Río Coco, la misión empleó helicópteros, contratados a la Fuerza Aérea Sandinista (FAS), "pangas" [16] y otros medios de transporte fluvial.

GRAFICO 3

Destino de los Repatriados

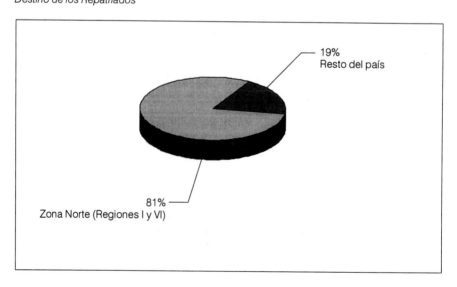

19%
Resto del país

81%
Zona Norte (Regiones I y VI)

La OPS

La dispensión de atención médica en los centros de recepción y de tránsito fue coordinada con la OPS. Esta coordinación permitió realizar exámenes de VIH (SIDA) y VDRL (sífilis); vacunación contra la poliomielitis, sarampión, BGC y DPT; pruebas para la detección de embarazos riesgosos y control prenatal a la totalidad de las embarazadas. Entre otras afecciones, el trabajo con la OPS posibilitó la detección de casos de desnutrición, enfermedades de las vías respiratorias, enfermedades venéreas y otras sintomatologías variadas. Los respectivos informes se remitieron al Ministerio de Salud para el seguimiento y la atención de los pacientes una vez que éstos se reinsertaran en sus respectivas comunidades.

La coordinación con la OPS permitió además desarrollar, durante el tiempo en que se ejecutó el programa, un extenso trabajo en materia educativa. El mismo consistió en la organización de una serie de charlas educativas sobre higiene personal y prevención del SIDA y otras enfermedades de transmisión sexual.

Origen y destino de los repatriados

El grueso de los repatriados (el 54,5 por ciento) llegó a Nicaragua proveniente de zonas rurales en Honduras. El contingente menor estaba formado por los repatriados provenientes de Costa Rica, los que representaron apenas el 1,22 por ciento del total. El resto provenía de zonas urbanas o suburbanas del territorio hondureño.

La gran mayoría de los repatriados buscó asentarse en la zona norte de Nicaragua, en las Regiones I y VI, desmintiendo así la creencia previa de que la Región V sería la privilegiada por los beneficiarios del programa. Esta preferencia explica el papel central jugado por el centro de tránsito de Matagalpa y el relativamente bajo perfil desempeñado por el centro de tránsito de Juigalpa. La preferencia de los repatriados por la zona norte del país obligó a abrir un centro de tránsito en Wiwilí a finales de agosto.

Mientras que la Región V recibió menos del cuatro por ciento del total de los repatriados, en las Regiones I y VI se ubicó más del 80 por ciento del total de repatriados (46 y 35 por ciento, respectivamente). El resto se repartiría sin diferencias significativas en otras zonas del país (ver Cuadros 14 y 15 y Gráfico 3).

Nota sobre el universo de repatriados

Como se expresó al comienzo de esta sección, de acuerdo a la información suministrada por ACNUR, el universo de posibles beneficiarios del programa de repatriación de la CIAV ascendía a mediados de 1990 a 36.424. Si se tiene en cuenta que mediante el mecanismo implementado por la CIAV se repatriaron 18.179 personas, aproximadamente la mitad de los posible sujetos repatriables permaneció por alguna razón en Honduras luego de la finalización del programa.

CUADRO 14

Destino de los Repatriados
(Por Región)

REGION	REPATRIADOS	%
Región I	8.371	46,05%
Región VI	6.366	35,02%
Región II	926	5,09%
RAAN	836	4,60%
Región V	714	3,93%
Río San Juan	430	2,37%
Región III	407	2,24%
Región IV	73	0,40%
RAAS	56	0,31%
TOTAL	18.179	100%

De acuerdo a lo constatado por los oficiales de la CIAV, un porcentaje difícil de precisar regresó a su país por sus propios medios, al margen del mecanismo implementado por la CIAV. Un importante porcentaje, se calcula, decidió postergar su retorno debido a razones económicas (coincidencia de la fecha del programa con la del levantamiento de cosechas o de siembra) o sociales (falta de coincidencia de la fecha del programa con las fechas de culminación de las clases o ciclo lectivo anual).

La CIAV acordó con ACNUR que las solicitudes de repatriación que se recibieran con posterioridad a la fecha de cierre del programa serían atendidas por esta última institución a través de su Programa de Indocumentados.

CUADRO 15

Destino de los Repatriados
(Comunidades Privilegiadas)

COMUNIDAD	REGION	REPATRIADOS
Wiwilí	VI	1.735
Quilalí	I	1.183
Jalapa	I	995
Ocotal	I	840
Wamblán	VI	793
Somoto	I	592
San José de Bocay	VI	574
Estelí	I	569
El Jícaro	I	453

Cabe señalar que todas aquellas personas que de una u otra forma arribaron al país después de la fecha de cierre del programa, y portaban el carnet de ACNUR que los identificaba como desmovilizados o familiares de un desmovilizado de la Resistencia, eran automáticamente amparados por los programas de asistencia inmediata de la CIAV (ver capítulo siguiente).

4
La Asistencia Humanitaria

TRAS LA FINALIZACION DE LOS PROCESOS DE DESMOVILIZACION Y
repatriación, los ex combatientes y sus familiares arribaron a sus comunidades de origen luego de diez o más años de ausencia en condiciones similares o peores a las que se habían marchado. La casi totalidad de los recién
llegados carecía de empleos o perspectivas ciertas de empleo a corto plazo,
así como de hogares y/o viviendas. Si bien el 71,21 por ciento de los ex combatientes era de origen campesino, el 76,30 por ciento carecía de tierras. En
algunos casos, los desmovilizados sólo contaban con la bolsa de plástico con
alimentos para un mes que habían recibido de manos de los oficiales de
CIAV en las zonas de seguridad.[17]

Con el objeto de aliviar las condiciones de extrema precariedad e
indefensión en que se encontraba la mayoría de los ex combatientes tras el
proceso de desarme, la CIAV ejecutó y/o coordinó, entre julio y agosto de
1992, una serie de programas de asistencia directa. Los mismos tenían como
meta posibilitar la subsistencia inmediata de los desmovilizados y repatriados hasta tanto los compromisos asumidos por el gobierno en los diferentes
acuerdos de paz comenzaran a implementarse, principalmente los referidos
a los "polos de desarrollo".

Dadas las dificultades del gobierno para involucrarse activamente en el
proceso de reinserción de los ex combatientes, los programas de asistencia
humanitaria de la CIAV comenzarían a evolucionar, a partir del segundo año
de la misión, hacia programas de reinserción más articulados, que buscaban
brindar a la población desmovilizada beneficios de mayor profundidad y
sustentabilidad (ver Capítulo 4, Parte IV). Durante la etapa inicial de
reasentamiento, sin embargo, los programas de asistencia humanitaria de la
CIAV llegarían a constituir la única alternativa real de reinserción para un significativo porcentaje de los desmovilizados y repatriados de la Resistencia.

El principal programa ejecutado por la CIAV en esta etapa fue el llamado
Programa de Asistencia Inmediata. Inicialmente, este programa fue concebido para posibilitar la distribución de alimentos, ropa, artículos de uso per-

sonal y utensilios de cocina entre los desmovilizados mientras éstos se reasentaban en sus comunidades de origen. Sin embargo, en la medida en que la misión extendía su presencia en Nicaragua, y los organismos del gobierno permanecían al margen del proceso de reinserción de estos sectores, el mismo evolucionó hacia la distribución de semillas, aves, cabezas de ganado, fertilizantes, láminas de zinc y herramientas agrícolas, entre otros elementos. Si bien esta segunda fase tuvo como objetivo facilitar la gradual reinserción social de los desmovilizados, la misma compartía las características generales de los programas de asistencia humanitaria, tales como la universalización o estandarización de la ayuda y los beneficios. Por esta razón, ambas fases son tratadas en esta sección. La primera se denomina Programa de Asistencia Inmediata propiamente dicho mientras que la segunda se engloba bajo el nombre de Programa de Apoyo a la Producción.

Otros de los programas característicos de esta etapa fueron el Programa de Atención Inmediata a los Lisiados de Guerra, el Programa de Bonificación Extraordinaria, el Programa de Asistencia Directa a través de la Oficina Central y el Programa de Distribución de Medicinas.

EL PROGRAMA DE ASISTENCIA INMEDIATA

El objetivo del Programa de Asistencia Inmediata fue el de dar continuidad a la distribución de asistencia humanitaria entre los ex combatientes iniciada durante la etapa de desmovilización y repatriación. Inicialmente, este programa debía extenderse hasta febrero de 1991, cubriendo aproximadamente a unos 73 mil beneficiarios. En la práctica, el mismo funcionó hasta agosto de 1992 y atendió a más de 120 mil individuos (ver Cuadro 16).

La necesidad de hacer llegar ayuda humanitaria a los lugares donde se habían reasentado los desmovilizados y repatriados obligó a la CIAV a diseñar un amplio y complejo sistema de distribución. Esta estructura se convertiría con el tiempo en una pieza fundamental para el mejor desarrollo de los otros componentes de la misión, incluido el programa central de la CIAV, el Programa de Seguimiento y Verificación (PSV) (ver Capítulo 3, Parte III). La estructura montada para la distribución de alimentos operaría luego como una red de comunicación de primer orden, lo que permitiría a la misión estrechar el contacto con los sujetos del mandato, conocer de primera mano sus problemas, expectativas y necesidades y disponer de información de manera inmediata sobre posibles conflictos o posibles violaciones de lo estipulado en los acuerdos de paz.

CUADRO 16

Personas Atendidas por el Programa de Asistencia Inmediata
(julio de 1991)

CATEGORIA	CANTIDAD	PORCENTAJE
Familiares de Desmovilizados	58.789	52,73 %
Familiares de Repatriados	24.031	21,56 %
Desmovilizados	21.392	19,19 %
Repatriados	7.269	6,52 %
TOTAL	111.481 (1)	100 %

(1) Este es el total de las personas registradas formalmente por el Programa de Asistencia Inmediata en julio de 1991. La cifra continuaría incrementándose hasta superar los 120.000 individuos.

Sobre la logística montada para la implementación del Programa de Asistencia Inmediata se organizaron también otros proyectos de impacto directo, tales como el Programa de Distribución de Raciones Frías (donadas por el gobierno de Estados Unidos) y el Programa de Distribución de Medicinas.

Organización del sistema
Para la implementación del Programa de Asistencia Inmediata, inicialmente se pensó en utilizar la infraestructura y la logística montada por ENABAS, la empresa estatal de comercialización de granos básicos. La misma contaba con una red nacional de acopio de granos, incluyendo depósitos para almacenaje, lo cual la convertía en un medio ideal para la implementación del programa. En un principio, representantes de ambas instituciones acordaron firmar un contrato según el cual ENABAS se encargaría del traslado y almacenaje de los paquetes de ayuda inmediata por un determinado monto de dinero. Sin embargo, luego de un mes de negociaciones, los directivos de la empresa declinaron la firma del convenio ya que los trabajadores de ENABAS, de extracción mayoritariamente sandinista, se negaban a trabajar en un programa destinado a beneficiar a ex miembros de la Resistencia, aunque éste fuera de carácter eminentemente humanitario.[18]

El fracaso de las negociaciones con ENABAS obligó a la CIAV a organizar una estructura de acopio y distribución propia. La misma constaba de una bodega central (ubicada en Managua); seis bodegas regionales (ubicadas en Managua, Estelí, Juigalpa, Matagalpa y las dos Regiones Autónomas del Atlántico); once bodegas de derivación y 232 bocas de distribución. La coordinación de las actividades logísticas estaba a cargo de un grupo de oficiales internacionales, quienes se desempeñaban como responsables regionales en la sede central de la CIAV. La verificación de las operaciones de distribución y entrega de los paquetes de asistencia, mientras tanto, estaba a cargo de un grupo de funcionarios nacionales, quienes se dividían en coordinadores zonales y responsables locales. Estos últimos eran propuestos por los cuadros dirigentes de la Resistencia y por lo general eran asistidos por personal auxiliar local, contratado temporalmente de acuerdo a las necesidades del programa. Un amplio cuadro de personal de apoyo, perteneciente a la Resistencia pero sin vínculo contractual con la CIAV, también se involucró activamente en el proceso.

Para la distribución de los paquetes de asistencia se determinó un cronograma de entregas mensuales. La bodega central hacía llegar los alimentos y los enseres correspondientes a las diferentes bodegas regionales, desde donde éstos eran transportados a las bodegas de derivación o directamente a los puntos de distribución. Una vez en las bocas de distribución, los paquetes eran entregados directamente a los beneficiarios bajo la supervisión de los responsables locales. Esta tarea era por lo general organizada por la propia población beneficiaria, quien elegía las juntas directivas que se encargaban de coordinar las entregas con los funcionarios nacionales de

---

CUADRO 17

Distribución Geográfica de Personas atendidas por el Programa de Asistencia Inmediata (julio de 1991)

REGION	CANTIDAD	PORCENTAJE
Región VI	42.681	38,29 %
Región I	26.787	24,03 %
Región V	22.468	20,15 %
RAAN	13.846	12,42 %
Resto del País	5.699	5,11 %
TOTAL	111.481	100 %

la misión. En esta etapa participaban por lo general alrededor de veinte personas, entre coordinadores, funcionarios y personal de apoyo.

Los paquetes de asistencia inmediata eran entregados a los jefes de familia, quienes debían presentar el carnet que los acreditaba como desmovilizados por la CIAV. Para asegurarse que los beneficiarios recibieran puntualmente la asistencia, los responsables locales mantenían una lista de los desmovilizados que debían ser atendidos en los puntos de distribución correspondientes a sus jurisdicciones. Estos listados, luego de ser depurados en base a los padrones mantenidos en cada una de las oficinas regionales, eran periódicamente remitidos al responsable nacional del programa, quien se encargaba de coordinar los pedidos de mercancías.

La magnitud de la tarea de distribución implicó un crecimiento significativo del plantel de personal de la misión, el que en un determinado momento llegó a comprender alrededor de 700 personas. De éstas, un gran número eran desmovilizados. La política de empleo de ex miembros de la Resistencia permitió a la misión no sólo paliar los altos índices de desocupación entre los desmovilizados sino también disminuir el número de personal internacional empleado por la CIAV. La incorporación de ex combatientes contribuyó además a efectivizar la reinserción de los antiguos protagonistas del conflicto ya que la misma aseguraba empleo y un salario a quienes habían regresado a Nicaragua con las manos vacías. Los empleados desmovilizados proveían además el conocimiento del área geográfica y la población beneficiaria, lo que resultaba de gran utilidad para el cumplimiento de las tareas de la misión.

La distribución de los paquetes de ayuda entre los beneficiarios se vio dificultada en numerosas oportunidades por la continua movilidad de estos últimos. Los permanentes desplazamientos de los desmovilizados en búsqueda de un lugar donde asentarse producían desfases en la cantidad de alimentos anticipados y los efectivamente requeridos. La dispersión de los desmovilizados, que se habían reubicado en diferentes comunidades a lo largo del territorio nacional aunque privilegiando la zona norte, aumentó la complejidad de la tarea.

Contenido del paquete

La asistencia alimentaria estaba calculada para proporcionar un total de 2.800 calorías diarias por persona. Los alimentos entregados incluían arroz, frijol, pinolillo,[19] sal, azúcar, harina, leche, café y aceite. El paquete de asis-

CUADRO 18

Gastos del Programa de Asistencia Inmediata
(Incluye asistencia durante la desmovilización y repatriación)

RUBRO	MONTO	% PRESUPUESTO ASISTENCIA INMEDIATA	% PRESUPUESTO GENERAL
Transporte	3.106.509,00	14,15 %	5,13 %
Alimentos	9.828.555,00	44,78 %	16,23 %
Vestimenta	1.164.038,00	5,30 %	1,92 %
Utensilios de Cocina	422.455,00	1,92 %	0,70 %
Artículos de Aseo Personal	216.458,00	0,99 %	0,36 %
Materiales y Herramientas de Construcción	4.373.073,00	19,92 %	7,22 %
Distribución y Entrega Fase II (1)	405.216,00	1,85 %	0,67 %
Organización Panamericana de la Salud	2.433.000,00	11,08 %	4,02 %
TOTAL	21.949.304,00	100 %	36,25 %

(1) Se refiere a costos del programa y nueva asistencia entregada desde febrero 1991 hasta agosto de 1992

tencia estándar de la misión incluía también un juego de ropa interior, un pantalón o vestido, una camisa y un par de botas. Cada miembro de la familia recibía también un cepillo de dientes, un tubo de pasta de dientes y dos unidades de jabón. A cada jefe de familia se le entregaban raciones calculadas para grupos familiares de cuatro personas, excepto en la Costa Atlántica, donde las raciones se calculaban en base a familias de seis individuos.

Los implementos de cocina eran una cuchara, un plato y un vaso plástico por persona, además de un molino de maíz, una olla, un balde, una jarra y un cucharón por familia. Los materiales de construcción consistían en clavos y láminas de zinc y las herramientas de trabajo en machetes, limas, martillos y serruchos (en el caso de los desmovilizados asentados en zonas urbanas) y machetes, limas, azadones y hachas (en el caso de los desmovilizados asentados en zonas rurales). A diferencia de la asistencia alimentaria, que tenía carácter mensual, la ayuda en vestimenta y utensilios varios se entregó sólo una vez.

El valor del paquete de asistencia humanitaria oscilaba entre US$10,89 y US$54,24 dependiendo del tamaño del núcleo familiar.

Resultados del programa

El Programa de Asistencia Inmediata entregó de manera sostenida asistencia alimentaria a desmovilizados, repatriados y familiares directos hasta julio de 1991. Al cierre del mismo se había distribuido un total de 390 mil quintales de alimentos, más de 425 mil implementos de cocina, un millón 50 mil unidades de artículos de higiene personal, 183 mil herramientas de trabajo, 433 mil láminas de zinc y 562 mil libras de clavos. En lo que hace a la indumentaria, mediante este programa se distribuyeron más 370 mil prendas de vestir (ver Cuadro 19).

La estructura montada para implementar el Programa de Asistencia Inmediata sirvió también para distribuir 25.250 cajas de raciones frías donadas por el gobierno de Estados Unidos, las que fueron hechas llegar a los

---

CUADRO 19

Insumos Entregados por el Programa de Asistencia Inmediata
(Incluye asistencia durante la desmovilización y repatriación)

RUBRO	PRODUCTOS	CANTIDAD
Alimentos	Arroz, frijol, pinolillo, sal, azúcar, harina de maíz, harina de trigo (1), leche en polvo (2), café, aceite vegetal, sopas nutricionales.	390.000 qq
Vestimenta	Ropa interior, pantalón o vestido, camisas, botas, frazadas.	370.000 unidades
Utensilios de cocina	Cuchara, platos, vasos, molinos para maíz, ollas, baldes, picheles, cucharones.	425.000 unidades
Artículos de aseo personal	Jabón, cepillo dental, pasta dental.	1.050.000 unidades
Materiales y herramientas de Construcción y trabajo	Zinc Clavos	433.000 láminas 562.000 libras
	Machetes, limas, azadones, hachas, serruchos, martillos.	183.000 unidades

(1) Unicamente para la Costa Atlántica.
(2) Para mujeres embarazadas.

desmovilizados durante el período diciembre 91-septiembre 92. Esta estructura ayudó también a implementar el Programa de Distribución de Medicinas, mediante el que se repartieron, hasta marzo de 1992, botiquines en 150 comunidades de Chontales, Jinotega, Matagalpa, Chinandega y la Costa Atlántica, beneficiando así a más de 20 mil individuos (ver descripción de este programa en este mismo capítulo).

APOYO A LA PRODUCCION

El objetivo del Programa de Apoyo a la Producción fue el de posibilitar a los beneficiarios faltos de recursos económicos, o sin acceso a préstamos bancarios, el retorno a las actividades productivas que desarrollaban antes de la guerra. Como se indicó en la introducción a este capítulo, mediante estas iniciativas la misión pretendía generar entre los desmovilizados niveles mínimos de subsistencia mientras los planes de gobierno pergueñados en los distintos acuerdos de paz proporcionaban a esta población beneficios de mayor profundidad y sustentabilidad.

Atendiendo al hecho de que el 71,21 por ciento de los desmovilizados eran de origen campesino, y que el 69,97 por ciento había manifestado durante la etapa de desmovilización su intención de dedicarse a las actividades agropecuarias, los proyectos del Programa de Apoyo a la Producción pusieron el énfasis en esta área. La misión tuvo además en cuenta el hecho de que los compromisos adquiridos por el gobierno en materia de reinserción se centraban en la promesa de entrega de tierras a los desmovilizados y la creación de "polos de desarrollo".

En el marco de este programa, la CIAV apoyó una serie de proyectos para la identificación de las tierras que podían ser repartidas entre los ex combatientes, distribuyendo al mismo tiempo semillas, insumos, animales y herramientas entre los desmovilizados que ya se encontraban en posesión de terrenos o fincas. De acuerdo a la concepción del programa, la producción obtenida mediante la utilización de estos últimos elementos debía servir para conformar un fondo revolvente, que permitiera ampliar el número de beneficiados en una segunda fase, asegurando así la sostenibilidad y la continuidad de los proyectos en el tiempo. Debido a dificultades derivadas de la precariedad de los títulos de tenencia de la tierra, la incidencia de factores naturales como sequías y el hecho de que muchas de las tierras eran sembradas por primera vez, esta meta no se cumplió en todos los casos.

Para la formulación y ejecución de los proyectos del Programa de Apoyo a la Producción, la CIAV presupuso la disponibilidad de los diferentes órganos del gobierno a apoyar esas iniciativas, ya que ello aseguraría la continuidad de las operaciones una vez que la misión se retirara. En este esquema, el gobierno, a través de los ministerios o instituciones competentes, debía brindar apoyo y capacitación mientras que la misión, conjuntamente con el Centro Nacional de Planificación y Administración de los Polos de Desarrollo (CENPAP),[20] actuarían como ejecutores y administradores de los fondos.

Los órganos del gobierno, sin embargo, tuvieron dificultades para asumir plenamente los compromisos adquiridos con la Resistencia en los diversos acuerdos de paz. Esta circunstancia, sumada a la lejanía de muchos de los lugares elegidos para implementar los polos de desarrollo y las restricciones existentes en dichos enclaves, tales como la mala calidad de la tierra, las dificultades de acceso y la inexistencia de infraestructura y servicios, provocaron a la larga el fracaso de esta iniciativa, tal como había sido conceptualizada durante la firma de los acuerdos. Los desmovilizados que se habían desplazado hasta esas regiones empezaron por lo tanto a retornar a sus lugares de origen, dispersándose por amplias zonas del país.

A pesar de las dificultades, el impacto logrado por el Programa de Apoyo a la Producción llegaría en algunos casos a repercutir a nivel macroeconómico. El apoyo prestado a la siembra de granos básicos en el período 90-91, por ejemplo, llegó a estabilizar el precio de los mismos y a detener la importación de frijol rojo desde Honduras. En total, la misión invirtió en este programa US$3.176.133 (ver Cuadro 20).

Apoyo a la identificación de tierras

Con el objeto de acelerar el proceso de entrega de tierras a los desmovilizados, la misión impulsó, en el marco del Programa de Apoyo a la Producción, un programa para la identificación de los terrenos que podían ser cedidos a los ex miembros de la Resistencia.

Entre otras actividades, los funcionarios de la CIAV trabajaron junto a excombatientes y personal del Instituto Nicaragüense de Reforma Agraria (INRA) en la identificación y la medición de las tierras disponibles para los desmovilizados, así como en la determinación del estátus legal de esas propiedades. Para facilitar esta tarea, la misión financió la elaboración de un "censo agroecológico" de las propiedades entregadas por el gobierno a la Resistencia.

Los datos obtenidos mediante estos procedimientos constituirían luego la base del Programa Nacional de Catastro Titulación y Registro (PNCTR), impulsado por el INRA, con financiamiento del Banco Mundial.

CUADRO 20

Inversión en Proyectos de Apoyo a la Producción
(Período de Asistencia Inmediata)

PROYECTO	MONTO INVERTIDO (DOLARES)	% DEL PRESUPUESTO DE PRODUCCIÓN	% DEL PRESUPUESTO GENERAL
Apoyo a la identificación de tierras	15.721	0,495 %	0,025 %
Herramientas (1)	2.402.432	75,640 %	3,831 %
Proyectos de siembra (2)	154.281	4,858 %	0,246 %
Proyectos avícolas	57.051	1,796 %	0,091 %
Proyectos porcinos	62.935	1,981 %	0,100 %
Proyectos ganaderos (3)	185.995	5,856 %	0,297 %
Proyectos aserraderos	145.760	4,589 %	0,232 %
Pesca (4)	151.958	4,784 %	0,242 %
TOTAL	3.176.133	100 %	5,065%

(1) Incluye proyectos de mecanización agrícola.

(2) También se emplearían para siembra algunos de los granos básicos repartidos como alimento por el Programa de Asistencia Inmediata.

(3) Incluye animales de tiro y carga distribuidos por la misión.

(4) Incluye proyectos de autoconstrucción de pangas.

Entrega de animales, herramientas e insumos

Con el objeto de facilitar el inicio del trabajo en las parcelas de tierra entregadas por el gobierno, la misión distribuyó herramientas, semillas, fertilizantes y animales de granja por un monto de US$3.014.653 (ver Cuadros 20 y 21).

Herramientas y maquinarias agrícolas. En lo que hace a herramientas y maquinarias agrícolas, la misión continuó con el plan de entrega masiva de machetes, hachas, azadones y otros implementos agrícolas iniciado durante el Programa de Asistencia Inmediata, impulsando al mismo tiempo proyectos de mecanización agrícola dirigidos a dotar a las fincas asignadas a la

Resistencia de arados y sembradoras de tracción animal. En julio de 1991, la misión destinó también fondos para cubrir el 20 por ciento de un préstamo otorgado a un grupo de beneficiarios de la Región III para la compra de equipos agrícolas. El préstamo fue utilizado para adquirir cinco tractores, cuatro arados y tres sembradoras, lo que benefició a 320 familias.

Semillas y granos. Para la siembra del período noviembre-diciembre 1990, la misión entregó semillas de frijol negro, maíz y arroz, lo que benefició a un universo aproximado de 20 mil desmovilizados mientras que para el período de siembra correspondiente a abril-mayo de 1991 se entregaron semillas de hortalizas, granos básicos, tubérculos y musáceas.[21] Al cierre formal del

CUADRO 21

Insumos entregados en Proyectos de Apoyo a la Producción
(Período de Asistencia Inmediata)

PROYECTO	INSUMOS	CANTIDAD
Proyectos agrícolas	Arroz (23.250 manzanas sembradas)	23.250 qq
	Frijol (29.100 manzanas sembradas)	20.185 qq
	Maíz (51.300 manzanas sembradas)	16.992,05 qq
	Sorgo (350 manzanas sembradas)	108 qq
Herramientas	Machetes	49.044
	Hachas	23.117
	Azadones	22.716
	Hachuelas	40
	Yuntas	31
Proyectos avícolas	Pollos	47.325
	Concentrado	250 qq
	Iniciador	260 qq
Proyectos ganaderos	Novillos	303
	Vacas	220
	Bueyes	208
	Vaquillas	114
	Toros	24
	Caballos	7
	Mulas	7
Proyectos porcinos	Cerdos	1.100

programa, la CIAV había entregado la mayor parte de los 76 mil quintales de semillas distribuidos por la misión durante su estadía en Nicaragua en el marco de sus programas de apoyo a las actividades de siembra.

En el período 1990-1993, la producción de granos básicos en los proyectos atendidos por la misión alcanzó las 82.000 toneladas, lo que generó recursos por más de 17 millones de dólares.[22] Parte de los beneficios se utilizaron para ampliar el área de siembra, lo que permitió multiplicar la ayuda inicial. La producción alcanzada con la asistencia de la misión representó un impulso decisivo para los desmovilizados en el proceso de retorno a la actividad productiva.

Sector pecuario. En el sector pecuario, la misión distribuyó ganado vacuno, porcino, animales de tiro y aves de corral, brindando paralelamente capacitación y asistencia técnica. Con el objeto de incentivar la crianza casera de aves de corral, de forma que los desmovilizados pudieran establecer una fuente sostenida de producción de huevos y carne de ave, la misión distribuyó 47.325 aves de corral. Durante 1991 la misión entregó también aves de corral, con alimento e iniciadores, para la producción avícola y rollos de alambre para gallineros a distintos proyectos avícolas en todo el país.

En lo que hace al sector ganadero, la misión distribuyó novillos, vacas, bueyes, vaquillas, toros, caballos y mulas en fincas con proyectos ganaderos en diferentes zonas del país. Entre estos proyectos se destacó la creación de dos "escuelas de bueyes", destinadas al entrenamiento de yuntas para el trabajo agrícola en los diferentes proyectos de producción. Una de estas escuelas, ubicada en la finca Masapía, en el departamento de Chontales, fue asignada a un grupo de lisiados de guerra, como parte de un proyecto de reinserción social para este sector (ver Capítulo 4, Parte IV). La misión distribuyó también cerdas reproductoras y verracos en diferentes proyectos porcinos ubicados en fincas entregadas a los desmovilizados por el gobierno.

Pesca. En lo que hace al sector pesquero, la misión proporcionó asistencia técnica y económica para el transporte y reparación de 20 barcos de pesca de origen soviético, de propiedad del gobierno, que se encontraban anclados en el puerto de Corinto. Los mismos fueron transportados desde la costa del océano Pacífico a la costa atlántica, donde fueron entregados a ex combatientes del grupo YATAMA con el objeto de fomentar la industria pesquera regional. Con este mismo objetivo, la misión entregó a desmovilizados de este grupo, que se habían constituido en una empresa, una planta para hacer hielo y una planta generadora diesel de 60 KW para el mantenimiento, embalaje y comercialización de pescados y mariscos en Puerto Cabezas. Asimismo, se entregaron 25 motores fuera de borda y se acondicionó un taller para la construcción de pangas en Waspán (RAAN) para ser utilizadas en el transporte de pasajeros y de carga en el Río Coco.

PROGRAMA DE ATENCION INMEDIATA A LISIADOS DE GUERRA

La atención médica de los lisiados de guerra de la Resistencia constituyó una de las preocupaciones centrales de los oficiales de la CIAV durante el período inmediatamente posterior a la desmovilización.

Al momento de la desmovilización, los lisiados de la Resistencia de mayor gravedad estaban siendo atendidos en dos centros especializados financiados por la Agencia Internacional para el Desarrollo, de Estados Unidos (AID) en Honduras (Rancho Grande) y Costa Rica (La Fábrica). La firma de los acuerdos de paz entre el gobierno nicaragüense y la Resistencia, sin embargo, determinó el cierre de estas instalaciones por lo que los pacientes que estaban recibiendo tratamiento en esos centros debieron ser trasladados a Nicaragua.

Con el objeto de satisfacer las necesidades de atención médica a los lisiados provenientes de esos centros, la misión contrató los servicios de la con-

CUADRO 22

Procedencia y Caracterización de los Residentes en el Centro de El Oyate

PROCEDENCIA	BENEFICIARIOS	DEPENDIENTES	TOTAL
Rancho Grande (Honduras)	196	93	289
La Fábrica (Costa Rica)	60	21	81
Remitidos por la Resistencia	25	5	30
Remitidos por la CIAV	5	0	5
Repatriados	0	20	20
Llegados por cuenta propia	7	0	7
TOTAL	293	139	432

sultora estadounidense Creative Associates International, Inc (CAII). De acuerdo al convenio entre ambas instituciones, ésta última debía encargarse de proporcionar transporte, alimentación, alojamiento, cuidados y seguimiento médico a los lisiados de la Resistencia, así como rehabilitación, asesoría laboral y apoyo a su reinserción social. El programa se ejecutó entre julio de 1990 y febrero de 1991, por un costo total de 2.066.527,00 dólares.

En ese lapso se atendieron 293 pacientes en un centro acondicionado a tal efecto en El Oyate, en el departamento de Chontales. En septiembre, con el objeto de atender a los lisiados que habían pertenecido al Frente Atlántico, se estableció un centro adicional en Puerto Cabezas, el cual atendió a 26 pacientes.

La atención posterior de los lisiados necesitados de asistencia médica especializada, calculado en unas 2.000 personas, se realizó en el marco del Programa de Rehabilitación y Reinserción de Lisiados de Guerra, establecido por la misión en coordinación con la Fundación Panamericana para el Desarrollo (FUPAD) y la misma CAII (ver Capítulo 4, Parte IV).

El centro de El Oyate

La selección y acondicionamiento del local para trasladar a los lisiados que estaban siendo atendidos en los centros de Honduras y Costa Rica presentó numerosos inconvenientes y se transformó luego en una constante fuente de quejas y reclamos por parte de los beneficiarios del programa. El lugar elegido fue una propiedad abandonada cedida por el ministerio de Gobernación, ubicada en El Oyate, a 17 kilómetros al sudeste de Juigalpa, en el departamento de Chontales. Dado que la misma se encontraba en un deplorable estado de conservación, debieron realizarse urgentes tareas de reacondicionamiento, tales como la construcción de duchas, baños, consultorios y plantas de luz y agua potable.

El traslado de los 256 lisiados que estaban siendo atendidos en Rancho Grande y La Fábrica (196 en el primer centro y 60 en el segundo) se realizó entre el 23 de julio y el 1 de agosto.

Aunque la mayoría de los pacientes de El Oyate provenían directamente de los centros arriba mencionados, en estas instalaciones también fueron atendidos lisiados remitidos por dirigentes de la Resistencia y oficiales de la CIAV, así como lisiados que llegaron por sus propios medios (ver Cuadro 22).

La mayoría de los pacientes de El Oyate eran parapléjicos y/o tenían amputaciones o incapacidades graves, tales como ceguera. El promedio de edad era menor de 26 años. Las pobres condiciones del centro, sobre todo si se las comparaba con las que los pacientes y sus familiares habían gozado en Honduras y Costa Rica, fueron motivo de numerosos incidentes, incluyendo huelgas y toma de rehenes.

La rehabilitación y reinserción de los lisiados
El programa para la atención de los lisiados se dividió en dos grandes áreas: rehabilitación y reinserción.

El área de rehabilitación cubría las necesidades fisiológicas y psicológicas de los pacientes, incluyendo seguimiento médico, terapia física y tratamiento psicológico, tanto a nivel individual como grupal. Al cierre del programa se habían realizado 134 consultas, se había dispensado terapia física a 84 pacientes y se habían entregado 62 prótesis (incluidos seis aparatos ortopédicos y 29 pares de zapatos especiales).

El área de reinserción, por su parte, intentaba fomentar la capacidad de los beneficiarios para producir y competir en la vida civil mediante la organización de talleres de capacitación laboral, el acceso a servicios, viviendas y beneficios y la provisión de servicios tales como orientación vocacional y ubicación laboral. Paralelamente, se organizaron talleres de capacitación en las áreas de agricultura, artesanía, soldadura, carpintería, mecánica, sastrería y zapatería, muchas veces en coordinación o con el apoyo de instituciones u organizaciones locales. También se capacitó a un grupo de lisiados en la conformación y planificación de microempresas.

Al término del programa, el 51 por ciento de los pacientes atendidos en El Oyate regresó a sus comunidades de origen, donde buscaron reinsertarse mediante la ayuda de sus familiares. El resto sería incorporado a diferentes programas de reinserción impulsados por la misión en forma conjunta con CAII a partir de abril de 1991 en el marco del Programa de Rehabilitación y Reinserción de Lisiados de Guerra (ver Capítulo 4, Parte IV).

PROGRAMA DE BONIFICACION EXTRAORDINARIA
De acuerdo a lo estipulado entre el gobierno nicaragüense y los representantes de la Resistencia en el Protocolo de Managua, firmado en la capital nicaragüense el 30 de mayo de 1990, el primero se comprometía a entregar a

cada uno de los miembros de la Resistencia una ayuda económica mínima fijada en 50 dólares.

Ante la imposibilidad del gobierno de cumplir con ese compromiso, la presidente Violeta Barrios de Chamorro solicitó expresamente al Secretario General de la OEA que la CIAV se hiciera cargo de esa tarea. En vista de esa solicitud, la misión diseñó y ejecutó el denominado Programa de Pago de Bonificación extraordinaria de 50 Córdobas Oro a Desmovilizados[23] entre los meses de septiembre y octubre de 1990, utilizando para ello un millón de dólares de su presupuesto. En ese lapso se hizo entrega de 968.300 córdobas (equivalentes a igual cantidad de dólares) a un total de 19.366 desmovilizados y se obtuvo o actualizó numerosa información sobre la ubicación y las características de la población desmovilizada.

Mecanismo y resultados

El millón de dólares arriba mencionado fue depositado por la CIAV en el Banco Central de Nicaragua (BCN), quien se encargó de transferirlo al Banco Nacional de Desarrollo (BANADES). Esta última institución fue seleccionada por tener sucursales en la gran mayoría de las regiones del país, lo que disminuía los riesgos y dificultades del transporte del dinero en efectivo a las zonas de entrega.

La entrega de la bonificación se realizó en 30 ciudades ubicadas en cinco regiones (las regiones I, III, V, VI, RAAS y RAAN). Cada región estaba atendida por un grupo de trabajo designado por la misión expresamente para esta tarea. El mismo estaba conformado por un oficial pagador, que actuaba a la vez como responsable del grupo; un operador de computadoras; un encargado de la identificación de los desmovilizados y un chofer. Adicionalmente, un miembro de la Resistencia se encargaba de recoger información básica de los desmovilizados, lo que permitió actualizar el registro de ex combatientes de la CIAV.

El oficial pagador retiraba de las sucursales del BANADES una cantidad de efectivo definida por día y zona según un cronograma de trabajo. Durante el día de entrega, el dinero era guardado en cajas fuertes adquiridas especialmente para esa operación y entregado personalmente por el oficial pagador a cada desmovilizado.

Para recibir la bonificación, los desmovilizados debían presentar el carnet de la CIAV, que era cuidadosamente revisado y cotejado con el padrón de desmovilizados elaborado por la misión durante la etapa de desarme. Para ello, cada grupo de trabajo disponía de una computadora, lo que permitía mayor seguridad y velocidad en la identificación del beneficiario, dificultando el cobro duplicado. El trámite para recibir la bonificación era estrictamente personal. Los casos extraordinarios (muerte, incapacidad o pérdida del carnet de la CIAV) fueron atendidos en una segunda etapa durante el mes de octubre. Los 19.336 desmovilizados que retiraron el pago representaron el 96,83 por ciento del universo estimado de beneficiarios.[24]

La totalidad del proceso fue auditada por la empresa estadounidense Price Waterhouse, quien señaló en su informe final que la tarea cumplida por la misión se había realizado satisfactoriamente, en conformidad con los procedimientos previamente establecidos.

El operativo montado para implementar este programa permitió actualizar y mejorar el padrón de ex combatientes confeccionado por la CIAV durante la etapa de desmovilización. Durante el proceso se retiraron 67 carnets en poder de personas que no habían pertenecido a la Resistencia, se depuraron 334 carnets duplicados y se incorporaron 11 desmovilizados que no aparecían en el padrón. La información obtenida durante el proceso sirvió para optimizar el desarrollo de los proyectos que la misión impulsaría en etapas posteriores.

ASISTENCIA INMEDIATA A TRAVES DE LA OFICINA CENTRAL
El Programa de Asistencia Inmediata a través de la Oficina Central en Managua fue implementado para atender los problemas médicos de los desmovilizados que, por distintas razones, no podían ser atendidos a nivel regional o eran rechazados en los hospitales de la capital.[25]

En el marco de este programa, la misión instaló y equipó una clínica de 15 camas, que funcionó en propiedades alquiladas específicamente para ese fin entre octubre de 1990 y febrero de 1992. En estas instalaciones, conocidas como la Clínica de Managua, se atendió inicialmente a un promedio de 500 pacientes mensuales provenientes de todas las regiones del país. Cuando los casos lo ameritaban, los pacientes eran transferidos a hospitales de mayor complejidad, donde éstos continuaban recibiendo seguimiento médico por parte del equipo médico de la misión. Con el fin de facilitar el tratamiento de los pacientes en esos hospitales, la CIAV proporcionaba los instrumentos y las medicinas necesarias para la atención de dichos pacientes.

El equipo encargado del programa estuvo compuesto por dos médicos, tres paramédicos y una trabajadora social. La oficina central también atendió a los desmovilizados que padecían problemas de visión, arreglando exámenes de vista y proporcionando anteojos cuando era necesario.

En el marco de este programa, la CIAV estableció además un mecanismo de asistencia directa destinado a atender los problemas de diverso tipo que enfrentaban los desmovilizados y/o sus familiares cuando se trasladaban a la capital del país para efectuar diversos trámites, tales como la gestión de pensiones. Además de proporcionarles ayuda económica para el transporte, el hospedaje y la alimentación durante su estadía en Managua, los oficiales adscriptos a este programa actuaban por lo general como gestores, facilitando la obtención de tales beneficios. En los casos de fallecimientos, la oficina central proporcionaba ataúdes y contribuía a los gastos de los funerales.

Con la colaboración del Ministerio de Repatriación, se prestó también ayuda a los familiares de combatientes caídos durante la guerra que solicitaban asistencia para la ubicación de los restos de sus seres queridos en las ex zonas de combate. La asistencia prestada en estos casos consistía en la entrega de pequeñas sumas de dinero para el traslado y subsistencia de los familiares que se desplazaban a esas áreas y la provisión de los ataúdes o cajas.[26] Con la ayuda proporcionada por la oficina central, se logró ubicar los restos de más de 300 combatientes.

PROGRAMA DE DISTRIBUCION DE MEDICINAS

Entre octubre de 1991 y marzo de 1992, la CIAV impulsó también un Programa de Distribución de Medicinas a través de la oficina central. El mismo, desarrollado en estrecha colaboración con la OPS, pretendía paliar, de manera modesta, el déficit de medicamentos que padecían los miembros de la Resistencia.

En el lapso de existencia del programa se distribuyeron 131 botiquines, conteniendo cada uno un total de 38 medicamentos e insumos médicos. Este material se hizo llegar a la población desmovilizada a través de los puestos de salud existentes en las regiones de asentamiento de los ex combatientes.

Estos botiquines beneficiaron a más de 20 mil personas residentes en más de 150 comunidades en los departamentos de Chontales, Jinotega,

Matagalpa y Chinandega y las dos regiones de la Costa Atlántica. Algunas de las comunidades beneficiadas fueron Puerto Cabezas, las áreas del Río Coco y litoral sur de la RAAN, Waslala, Chilamate Kum, Kurasma, El Naranjo, Bluefields, Tasbapauni, Laguna de Perlas, Bocana de Paiwas, El Boquerón, San Bartolo, El Ayote, Wamblán, Río Blanco, San Pedro del Norte, El Toro, Bocay, Ayapal, La Sirena, Plan Grande, Somotillo y Chinandega. Para la administración de los medicamentos en las comunidades cubiertas por el programa, la misión se encargó de capacitar a 16 paramédicos.

NOTAS PARTE II

1   El proceso de desmovilización de las fuerzas del Frente Farabundo Martí de Liberación Nacional (FMLN) en El Salvador es un caso típico.

2   Las características de la desmovilización de los miembros de la Resistencia pueden ser atribuidas, entre otras razones, a la escasa capacidad de negociación de la dirigencia Contra, la existencia de fuertes presiones externas y un exceso de confianza de los combatientes en el nuevo gobierno.

3   Daniel Ortega Saavedra, "Comandante de la Revolución" y máximo líder del FSLN fue presidente de Nicaragua entre 1984 y 1990 y candidato por el FSLN a la Presidencia de la República para las elecciones de 1990.

4   *Barricada*, 9 de marzo de 1990.

5   *El Nuevo Diario*, 23 de marzo de 1990.

6   El ex presidente estadounidense Jimmy Carter, el entonces vice presidente Dan Quayle, el entonces presidente venezolano Carlos Adrés Pérez y el entonces primer ministro español Felipe González fueron algunas de las figuras internacionales que llamaron públicamente a los miembros de la Resistencia a desarmarse.

7   Cable de *Associated Press* citado por *La Prensa*, 3 de marzo de 1990.

8   Los otros grandes puntos de controversia durante el proceso de transición fueron el régimen de propiedad y la inamovilidad de las estructuras de mando del ejército y la policía.

9   Esta comisión fue creada por el Arzobispado de Managua para verificar la desmovilización de los miembros de la Resistencia.

10 Como norma, los comandantes de la Resistencia eran trasladados desarmados en los vehículos de la misión.

11 Los miembros de la Resistencia no se desarmaban inmediatamente tras ingresar a las distintas zonas de seguridad. Para algunos sectores, éstos debían recibir asistencia alimenticia sólo una vez que se hubieran registrado y desmovilizado.

12 En adelante, este acuerdo se menciona en el texto sólo como Acuerdo de Cese de Fuego Efectivo.

13 Numerosos campesinos de filiación sandinista, que por lo general estaban organizados en cooperativas, poseían armas, lo que representaba una amenaza para la seguridad personal de los miembros de la Resistencia.

14 El establecimiento del grado de parentesco era importante para determinar la cantidad de asistencia que debía otorgársele a cada desmovilizado.

15 La única excepción fue el centro ubicado en Wiwilí, que fue dirigido por un funcionario nacional.

16 Botes pequeños equipados con motores fuera de borda, utilizados por lo general en la zona de la Costa Atlántica para el transporte fluvial.

17 Otros no contaban ni siquiera con esos recursos ya que, tal cual lo constataron los oficiales de la CIAV, muchos vendieron inmediatamente esos víveres.

18 La imposibilidad de emplear estructuras locales pre existentes por razones político-ideológicas constituye un importante indicativo del grado de dificultades que debían afrontar los oficiales de la CIAV durante el desempeño de sus tareas.

19 Mezcla de maíz, cacao y azúcar que se toma como bebida.

20 El CENPAP era una institución integrada por ex miembros de la Resistencia cuyo objetivo era el de ocuparse de aspectos relativos al proceso de reinserción de los ex combatientes.

21 El frijol negro, un producto no tradicional, fue sembrado para fomentar las exportaciones nicaragüenses a los mercados de Guatemala, Costa Rica y Honduras.

22 Las cifras se refieren fundamentalmente al período 1990-1991.

23 Cincuenta córdobas oro equivalían a 50 dólares.

24 El reducido porcentaje de desmovilizados que no se presentó a retirar la bonificación estaba conformado por aquéllos que abandonaron el país o vivían en zonas aisladas.

25 El personal de algunos de los hospitales de Managua se negaba a atender a individuos que habían pertenecido a la Resistencia.

26 La misión adquiría los ataúdes o las cajas en los talleres de carpintería administrados por lisiados de guerra. De esta forma se ayudaba también a este último sector.

Preparación de comida para repatriados y sus familiares.

Bueyes de carga provistos por la CIAV a desmovilizados.

Lisiados de guerra pendientes de recibir su prótesis u otros servicios médicos.

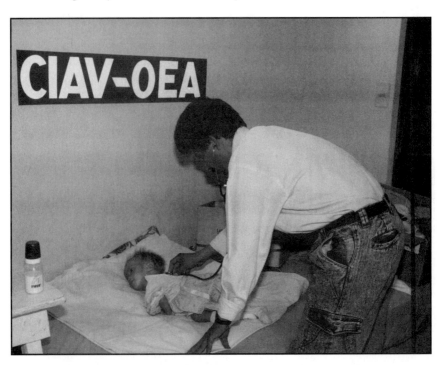

Revisión médica en una clínica de la CIAV.

El cardenal Miguel Obando y Bravo y la presidenta Violeta Barrios de Chamorro durante un acto de conmemoración de un año de la firma de los acuerdos de paz

Reunión de negociación entre funcionarios del gobierno y líderes de la Resistencia, asistidos por funcionarios de la CIAV.

Monitoreo del cumplimiento de los acuerdos de paz.

Funcionarios de la CIAV asisten como mediadores a una ronda de negociación entre funcionarios del gobierno y líderes de la Resistencia.

El comandante "Indomable" en una de las rondas de negociación con autoridades del gobierno y funcionarios de la CIAV.

Un grupo de combatientes "recontras" arriba a uno de los campamentos para proceder a su desmovilización.

PARTE
III

EL SEGUIMIENTO DE DERECHOS Y GARANTIAS

1
Introducción

UNA VEZ CONCLUIDA LA ETAPA DE DESARME Y DESMOVILIZACION, LA protección de los derechos y garantías de los desmovilizados y repatriados de la Resistencia se convirtió en la tarea central de la CIAV.

La implementación de un mecanismo de seguimiento y verificación que otorgara garantías de seguridad a los ex combatientes una vez finalizado el proceso de desmovilización fue establecido en el Plan Conjunto suscrito por los presidentes centroamericanos en Tela el 7 agosto de 1989. De acuerdo a este documento, la CIAV debía velar "para que se dé, o en su caso se mantengan, las condiciones que necesitan los repatriados para su incorporación plena a la vida ciudadana y llevará a cabo el seguimiento y control que los procesos requieran".

La naturaleza del mandato, limitado a la verificación de sólo una de las partes del conflicto, tuvo diversas consecuencias en la implementación de las tareas de verificación. Por un lado, esta circunstancia permitió a la misión concentrar su trabajo sobre un sector claramente definido de la población, lo que posibilitó la focalización de las energías y los recursos disponibles. Por otro lado, esta situación creó una inevitable sensación de sesgo en el sector no beneficiado, lo que a los ojos de algunos sectores políticos privó a los informes de la misión de visión de conjunto para encarar o propiciar acciones de fondo sobre las causas de las violaciones de los derechos humanos de los desmovilizados.

El Acuerdo de Tela carecía además de parámetros concretos en cuanto al alcance y los mecanismos para la implementación del mandato de verificación, lo que generó controversias sobre la legitimidad de algunas de las actividades desarrolladas por la misión. El documento de Tela tampoco preveía mecanismos para hacer cumplir lo estipulado en el mismo, por lo que el mandato se limitaba a la simple verificación de la existencia de violaciones.[1] La falta de un ente que centralizara la implementación de los acuerdos en el seno del gobierno dificultó también el trámite de las denuncias sobre violaciones ya que no existían canales de comunicación claramente definidos.

La comunidad internacional, por su parte, tendió, en buena medida, a desinteresarse por la situación de los derechos y garantías de los desmovilizados de la Resistencia, estigmatizados a nivel internacional como "somocistas". Por esta razón, los crímenes cometidos en contra de estos últimos recibieron comparativamente menor atención que crímenes similares cometidos en otras partes del mundo.[2] A esta situación debe sumársele el hecho de que los informes de la CIAV no eran públicos, lo que le restó capacidad a la misión para ejercer presión sobre los órganos de gobierno. Estas circunstancias contribuyeron a limitar la eficacia de la CIAV como mecanismo internacional de verificación.

Esta situación se revirtió parcialmente mediante la creación de la llamada Comisión Tripartita, formada en 1992 con el objeto de analizar, revisar y evaluar las denuncias sobre violaciones a los derechos y garantías de los desmovilizados. Este organismo, integrado por representantes de la CIAV, la Comisión de Verificación del Cardenal Obando y Bravo y el gobierno, brindó a la misión la oportunidad de ventilar algunos de los casos más flagrantes de violaciones. Si bien la mayoría de sus recomendaciones no se cumplieron, o se cumplieron parcialmente, el trabajo de la misma tuvo un impacto positivo ya que llamó la atención pública sobre la situación de los derechos humanos de los desmovilizados.

A pesar de las dificultades señaladas, la actividad de la CIAV en materia de derechos humanos generó entre la población desmovilizada la percepción que existía un canal de comunicación en el que podían confiar. El monitoreo efectuado en las áreas de conflicto tuvo además como consecuencia la disminución progresiva de actos de violencia contra los desmovilizados y/o sus familiares.

Dado el conocimiento de la misión de las áreas de conflicto, y la confianza generada entre la población desmovilizada, la misión se convirtió en el mediador natural en los casos de conflicto entre el gobierno y los diferentes grupos de rearmados a partir de 1991.

2
El Contexto
de la Verificación

LA LABOR DE PROTECCION DE LOS DERECHOS Y GARANTIAS DE LA POBLA-
ción desmovilizada tuvo lugar en un contexto caracterizado por la persistencia de hechos de violencia y la aparición de grupos rearmados.

LA PERSISTENCIA DE HECHOS DE VIOLENCIA

A diferencia de lo ocurrido en otros procesos de paz, la desmovilización de
los insurgentes no fue acompañada por un proceso simultáneo y coordina-
do de reestructuración de las instituciones de seguridad. En la práctica, esto
implicó que mientras los combatientes de la Resistencia entregaban sus armas, la estructura militar que los había combatido durante casi diez años
permanecía intacta. Paralelamente, en el marco de su estrategia de "defensa de las conquistas revolucionarias", el FSLN había alentado, en los días
posteriores a su derrota electoral, el armamento de civiles, lo que había resultado en la multiplicación del número de armas de fuego en manos de simpatizantes sandinistas.

Esta situación alentaría recurrentes violaciones de los derechos humanos
de los ex miembros de la Resistencia, muchas veces desde las propias estructuras del estado. Esta situación crearía entre los desmovilizados un sentimiento de inseguridad general y dificultaría la labor de verificación de la misión, la que en ocasiones se convertiría en una presencia incómoda para determinados sectores del gobierno.

La polarización política y las disputas en torno a la tierra contribuirían a
aumentar la tensión entre los diferentes actores del proceso de pacificación.
En virtud de este fenómeno, la reinserción de los ex combatientes sería concebida como un proceso de sustitución de un actor por otro, lo que derivaría
en continuos enfrentamientos colectivos.

La ausencia del estado

La persistencia de episodios de violencia durante el proceso de pacificación se derivó en parte de la ausencia del estado en las zonas donde se reinsertarían los ex combatientes de la Resistencia. Este fenómeno se manifestaría principalmente en la ausencia de mecanismos públicos y legítimos para la resolución de conflictos.

Ante la ausencia de las funciones judicial y policial, la población de las zonas de conflicto tendió con frecuencia a recurrir a la justicia por mano propia o a conferir esa facultad a pequeños grupos rearmados, quienes se percibían a sí mismos como sustitutos del estado y la justicia, gozando por lo general de impunidad. La ausencia del estado provocaría además la violación de derechos humanos por parte de las fuerzas de seguridad asentadas en esas áreas, las que en ocasiones actuaban al margen del control de sus mandos superiores.

La ausencia del estado en las zonas de reinserción de los desmovilizados, sumada al aislamiento geográfico, la existencia de tensiones en torno a la tenencia de la tierra y la presencia de altos índices de pobreza extrema, ayudaría a mantener niveles de conflictividad históricamente altos, los que a su vez reforzarían el desarrollo de una cultura de la guerra, basada en la lógica de la confrontación y la intolerancia.

La labor de verificación de los derechos y garantías de los desmovilizados estaría dificultada además por una serie de factores coyunturales, tales como la falta de una estrategia para la reinserción de la población de postguerra, la insuficiencia de los acuerdos de paz firmados entre el gobierno y la Resistencia y el incumplimiento de algunas de las promesas efectuadas por el gobierno a los ex combatientes.

LA APARICION DE GRUPOS REARMADOS

A principios de 1991, algunos de los ex combatientes de la Resistencia, que se habían desmovilizado pocos meses antes, comenzaron gradualmente a reorganizarse en pequeños grupos armados. Los mismos tenían sus bases de operaciones en las regiones donde se había reasentado la gran mayoría de los desmovilizados, tales como los departamentos de Matagalpa y Jinotega, y constituían inicialmente grupos dispersos, sin estructuración orgánica o mando militar conjunto. La cohesión de los grupos rearmados –que pronto comenzarían a ser conocidos como "recontras"– giraba fundamentalmente en torno a la personalidad del líder, la experiencia y las lealtades militares e ideológicas forjadas durante la época del conflicto y la existencia de reinvindicaciones comunes.

Las expresiones más visibles de este fenómeno fueron los comandantes "Dimas" (Francisco Valdivia), "Tigrillo" (Encarnación Valdivia) e "Indomable" (Angel Morán), quienes, al mando de pequeños grupos de ex desmovilizados, protagonizaron acciones militares de significativo impacto en los primeros meses de 1991, tales como tomas de poblados y ataques a puestos policiales y cooperativas sandinistas.[3] Si bien el número de desmovilizados que se incorporó a los grupos rearmados fue pequeño,[4] el conocimiento del área rural montañosa y el apoyo de la población campesina, les permitió extender rápidamente su radio de acción de los departamentos de Matagalpa y Jinotega a las regiones atlántica, central y sur del país, incluyendo las comunidades de Siuna, Rosita y Bonanza, en la RAAN.

Antecedentes

El rearme de ex combatientes de la Resistencia tuvo lugar en un marco de generalizadas expresiones de protesta protagonizadas por desmovilizados durante los meses inmediatamente posteriores a la desmovilización, tales como marchas y tomas de fincas, carreteras y edificios públicos. Si bien estas acciones no tuvieron inicialmente carácter militar, en la mayoría de los casos culminaron con elevados números de ex combatientes heridos, detenidos y/o muertos.

La toma de la carretera a El Rama, que une el departamento de Chontales con la RAAS, a fines de 1990, representó el primer levantamiento serio protagonizado por los ex miembros de la Resistencia, marcando de alguna manera el clima de violencia que se avecinaría en los meses siguientes (ver "Toma de la carretera a El Rama"). En el mismo período, 200 ex miembros de la Resistencia, junto a pobladores del área, tomaron el poblado de Waslala (RAAN), escalando los niveles de violencia en la macroregión central. Hechos similares se produjeron en Jalapa (Nueva Segovia), Río Blanco (Matagalpa), Corinto Finca (Jinotega), Waslala (RAAN) y Sébaco (Matagalpa).

La actuación de las fuerzas de seguridad en estos casos fue por lo general ambigua, oscilando en forma permanente entre la disposición a negociar y la predisposición al uso de la fuerza. La ausencia de negociadores del gobierno con niveles de gestión o de decisión agravó la situación, ya que ello provocó el endurecimiento de las posiciones, favoreciéndose así la opción por las salidas violentas.

TOMA DE LA CARRETERA A EL RAMA

Los meses que precedieron a la desmovilización de los miembros de la Resistencia no se caracterizaron por la calma. La paz recién alcanzada no tuvo tiempo para consolidarse y empezó a diluirse de inmediato en violentos conflictos sociales, cuya principal manifestación fueron las tomas de tierra de parte de desmovilizados de la Resistencia.

La mayoría de estos episodios, sin embargo, se sucederían en zonas aisladas de la capital, por lo que su impacto a nivel nacional no fue evidente inicialmente. La situación cambiaría drásticamente a partir de noviembre de 1990, cuando los ex miembros de la Resistencia bloquearon la carretera al puerto fluvial de El Rama. El movimiento, articulado en parte por expresiones políticas de la UNO, paralizaría el centro sur de Nicaragua durante casi tres semanas.

La toma de la carretera a El Rama se inició el 1º de noviembre de 1990. *El Ministro de Gobernación, Carlos Hurtado, me llamó en la madrugada para solicitarme que nos hiciéramos presente en el lugar*, recuerda el entonces coordinador general de la CIAV, Santiago Murray. *La toma de la carretera había sido protagonizada por la mayoría de la población.*

Las demandas de los ex miembros de la Resistencia incluían la entrega de tierras, el desarme de civiles, la institucionalización de la llamada "policía rural" integrada por desmovilizados de la Resistencia, la remoción de algunas bases militares en la Región V y la destitución del entonces jefe del ejército, Humberto Ortega, y los ministros de la Presidencia y de Gobernación, Antonio Lacayo y Carlos Hurtado. Los desmovilizados exigían demás la asistencia por parte de la CIAV. *En esa oportunidad nos dimos cuenta de que nos habíamos ganado la confianza de los desmovilizados. Los únicos vehículos que autorizaban a pasar las barreras montadas por los desmovilizados eran los nuestros,* explica Murray.

La protesta marcaría uno de los momentos más difíciles del gobierno Chamorro. El general Ortega llegaría a referirse a ella como un "intento de golpe de estado" en declaraciones recogidas por *El Nuevo Diario* en su edición del 9 de noviembre. En vista de la gravedad de la situación, la CIAV movilizó todas sus unidades, sirviendo como mediador entre las partes y actuando como elemento disuasor de posibles conflictos. *Pusimos nuestros vehículos entre los manifestantes y las bases militares,* recuerda Murray. *Servíamos de colchón.*

El 9 y el 14 de noviembre se producirían graves incidentes en diversas partes del país. En Nueva Guinea, en la RAAS, una balacera dejaría seis manifestantes muertos y más de treinta heridos, entre policías y manifestantes. En Sébaco, Matagalpa, cuatro policías resultarían muertos mientras intentaban desalojar a unos 250 desmovilizados que bloqueaban un puente.

El episodio de Sébaco se había originado a causa de la explosión de una granada en el momento en que la policía pretendía proceder al desalojo por la fuerza de los manifestantes que bloqueaban el tránsito. Si bien la policía afirmó que ésta había sido lanzada por los ex contras, muchos testigos aseguraron que la misma se había activado accidentalmente por un error de uno de los policías.

El decidido accionar de los funcionarios de CIAV en esos difíciles momentos evitaría que la cifra de muertos y heridos fuera superior. *La CIAV estaba en Sébaco participando en la mediación. Cuando se produjo la explosión ahí nos quedamos. Pusimos los autos en medio de las partes a pesar del tiroteo. Los muchachos estaban cuerpo a tierra, se protegían como podían, pero sin moverse de su sitio, evitando así que la cosa empeorara,* señala Murray. *Carlos Hurtado nos confesó que hasta los sucesos de El Rama y de Sébaco no había sospechado la capacidad de movilización que teníamos y la inteligencia con que contábamos,* explica Murray. *A partir de entonces es que realmente empezamos a trabajar juntos, aunque con gran resistencia de los cuadros policiales.*

Las carreteras de la Región V no se abrirían al tránsito hasta el 18 de noviembre.

Causas del rearme

El proceso de rearme de ex combatientes se debió fundamentalmente al sentimiento de inseguridad general provocada por la muerte violenta de varios desmovilizados en los meses posteriores a la desmovilización y la lentitud e insuficiencia con que se desarrollaba el proceso de entrega de tierras estipulado en los acuerdos de paz.

La seguridad personal

El elevado número de muertes violentas que involucraron a ex miembros de la Resistencia en los meses posteriores a la desmovilización, incluyendo la de varios ex comandantes de rango superior e intermedio, generó la percepción de que el gobierno no estaba cumpliendo con los compromisos referidos a la seguridad personal de los desmovilizados.

El asesinato de desmovilizados se inició casi inmediatamente después de la etapa de desmovilización. El ex comandante "Carro Rojo" (Jesús Hernández González), por ejemplo, fue muerto de un balazo en la nuca disparado por un oficial del ejército a mediados de julio de 1990. A julio de 1991, el número de denuncias de homicidios en perjuicio de ex miembros de la Resistencia ascendía a 75. La lista de ex miembros de la Resistencia asesinados en este período incluía la del que fuera por algún tiempo el líder máximo del movimiento, el comandante "3-80" (Enrique Bermúdez); muerto el 16 de febrero de 1991 en pleno centro de Managua.

Durante la etapa de negociaciones, el gobierno se había comprometido a garantizar la seguridad de los que entregaran sus armas mediante la adopción de medidas tendientes a disminuir los riesgos de los desmovilizados una vez que retornaran a sus lugares de origen. Estas medidas implicaban, entre otros aspectos, la desmilitarización de las antiguas zonas de conflicto, la recolección de armas en manos de civiles y la inclusión de ex miembros de la Resistencia a las estructuras de seguridad pública.

Estas iniciativas, sin embargo, a los ojos de los desmovilizados, se cumplieron parcial y tardíamente. Si bien los acuerdos correspondientes a la Declaración de Managua preveían el desarme de la población civil en las zonas de conflicto, los programas destinados a cumplir con esa iniciativa no se implementaron. Dado que un gran porcentaje de este armamento estaba en manos de miembros de cooperativas de filiación sandinista, los ex miembros de la Resistencia consideraban que se habían desarmado unilateralmente y en desventajas de seguridad.[5] De acuerdo a las estadísticas compiladas por los oficiales del Programa de Seguimiento y Verificación (PSV), las violaciones en perjuicio de desmovilizados protagonizadas por civiles hasta agosto de 1991 equivalían al 36 por ciento de las denuncias recibidas por el PSV hasta esa fecha.

El reordenamiento de la composición de las fuerzas de la policía en las antiguas zonas de conflicto, que permitiera la incorporación de desmovilizados, tampoco se cumplió satisfactoriamente. Esta reforma era considerada esencial para aumentar el nivel de confianza de los ex combatientes en las estructuras policiales y jurídicas, ya que el trabajo de la policía en las zonas de conflicto era por lo general percibido como discriminatorio, sesgado y parcial. La incorporación de ex miembros de la Resistencia a las filas de la policía, sin embargo, sólo se materializó, parcial y ocasionalmente, luego de una serie de protestas violentas por parte de los desmovilizados.

Las violaciones a los derechos humanos

El elevado número de violaciones a los derechos humanos de los desmovilizados registrados en los meses posteriores a la desmovilización jugó un papel crucial en el proceso de rearme de los ex miembros de la Resistencia. La decisión de rearmarse de algunos de los comandantes recontras más importantes, tales como Indomable y "El Chacal" (José Angel Talavera), está estrechamente vinculada a la comisión de graves abusos en su contra por parte de miembros de fuerzas de seguridad y/o militantes sandinistas.[6]

De acuerdo a las estadísticas compiladas por los oficiales del PSV, los abusos de diverso tipo cometidos contra los ex miembros de la Resistencia hasta diciembre de 1991 ascendían a 994. Las violaciones más frecuentes eran privación ilegal de la libertad, amenaza y hostigamiento y homicidio (ver Cuadro 23). En este período se cometió el 51,07 por ciento de las violaciones en contra de desmovilizados y familiares directos registradas por el PSV a lo largo de los siete años de existencia de la misión.

El incompleto proceso de profesionalización de las estructuras del ejército y otros organismos de seguridad, sumado a las tensiones y susceptibilidades características de los procesos post bélicos, facilitó la comisión de abusos contra los desmovilizados. Si bien el proceso de reestructuración y reducción de las estructuras del ejército se inició casi inmediatamente después de la toma del poder por parte de Violeta Barrios de Chamorro, el mismo no coincidió con la fase de reinserción de los ex combatientes de la Resistencia.

CUADRO 23

Denuncias Recibidas por el PSV en los Meses Inmediatos a la Desmovilización (julio 1990-diciembre 1991)

VIOLACIONES	A DICIEMBRE DE 1990	1º SEMESTRE DE 1991	2º SEMESTRE DE 1991	TOTAL
Privación ilegal de libertad	133	152	19	304
Amenazas y hostigamientos	108	88	65	261
Homicidios	43	32	34	109
Agresiones con arma	84	12	9	105
Lesiones	57	39	8	104
Abuso de autoridad	42	10	9	61
Otros (1)	21	20	9	50
TOTAL	488	353	153	994

(1) Se refiere a hurto, desaparición, secuestro, ocupación ilegal, atentado contra la integridad física, violación, estafa, apología de delito, injurias, negativa de atención médica y falsa denuncia.

Las estructuras de mando de las fuerzas de seguridad, que habían combatido contra los miembros de la Resistencia, permanecieron por lo general intactas, incluso en las antiguas regiones del conflicto.

La deficiente administración de justicia contribuyó a aumentar la sensación de impunidad y la percepción de los desmovilizados de sí mismos como un grupo vulnerable e indefenso. En los meses inmediatamente posteriores a la desmovilización, los oficiales del PSV constataron detenciones arbitrarias, malos tratos y demoras injustificadas para la liberación de detenidos, entre otros aspectos. Hasta diciembre de 1990 se habían reportado al PSV 133 casos de privación ilegal de libertad y 42 de abusos de autoridad. Sólo en la Región V, durante los meses de agosto y septiembre, los oficiales de protección del PSV tuvieron que hacer gestiones para lograr la liberación de más de 50 desmovilizados que habían sido detenidos irregularmente. Por el contrario, los hechos de violencia en perjuicio de los desmovilizados debidamente denunciados no eran por lo general procesados en tiempo y forma.

El cumplimiento de los acuerdos

En la percepción de los desmovilizados, las iniciativas gubernamentales destinadas a hacer efectivas las promesas y los acuerdos suscritos con la Resistencia eran escasas e insuficientes. En algunos casos, el cumplimiento de las cláusulas claves de los acuerdos era percibido como nulo o inexistente.

La percepción de los desmovilizados con respecto al nivel de cumplimiento de los acuerdos se debió, en parte, a la vaguedad e imprecisión con que éstos fueron redactados. Por lo general, los acuerdos carecían de parámetros claros para la ejecución y la verificación de los compromisos asumidos por el gobierno, sobre todo en lo referente a las demandas socioeconómicas de los ex combatientes.

A la vaguedad del texto de los acuerdos se le sumó la reducida capacidad institucional del estado para responder a los compromisos contraídos con la Resistencia y lo que se percibía como escasa voluntad del gobierno para corregir las deficiencias del proceso. A juicio de los líderes de los desmovilizados, las acciones gubernamentales para la ejecución de los acuerdos eran dispersas y de poca efectividad. La ausencia de un ente gubernamental, que coordinara las acciones realizadas en esa dirección, conllevó además a que distintos organismos oficiales desarrollaran acciones similares, duplicando así los esfuerzos realizados.

En los primeros días de diciembre de 1990, tras intensas y numerosas negociaciones, se constituyó una comisión para la revisión de los acuerdos firmados entre los representantes del gobierno y la Resistencia.[7] La misma fue conformada por representantes de los ministerios de Gobernación y de Repatriación y por tres delegados de los diferentes frentes de la Resistencia. El coordinador general de la CIAV y el obispo de Managua actuaron como testigos. Si bien el objetivo de la comisión fue el de "precisar los acuerdos ya cumplidos e implementar aquellos que faltan cumplir", la gestión de la misma no tuvo una marcada incidencia en el desarrollo del proceso.

El problema agrario

Teniendo en cuenta el hecho de que la gran mayoría de los ex miembros de la Resistencia eran de origen campesino, los acuerdos de paz habían enfatizado reiteradamente la importancia del acceso a la tierra. En este sentido, los llamados polos de desarrollo constituían el instrumento fundamental para la reinserción social de los desmovilizados. Sin embargo, el proceso de entrega de tierras y provisión de asistencia técnica para trabajarlas, así como la construcción de la infraestructura necesaria, era, a ojos de los desmovilizados, lento y deficiente. En muchos casos, el gobierno entregó tierras con títulos precarios o en litigio, lo que dificultó la ejecución de proyectos de reinserción en las zonas de asentamiento, aumentando el sentimiento de inseguridad entre los desmovilizados y complicando aún más el acceso a financiación.

De esta forma, el tema de la tierra se convirtió gradualmente en un tema de seguridad, ya que el incumplimiento de los acuerdos impulsó la toma de tierras por parte de los desmovilizados. Dado que muchas de estas tierras estaban ocupadas por cooperativistas sandinistas, tales hechos terminaban por lo general en enfrentamientos violentos.[8]

CUADRO 24

Cumplimiento de Entrega de Tierras
(Cálculos del CENPAP-septiembre de 1992) (1)

CANTIDAD ACORDADA (2)	CANTIDAD ENTREGADA FORMALMENTE (3)	% DE CUMPLIMIENTO FORMAL	CANTIDAD ENTREGADA EFECTIVAMENTE (4)	% DE CUMPLIMIENTO EFECTIVO
1.120.650	409.916 mz	36,58 %	279.000	24,90 % mz

(1) La extensión está indicada en manzanas. Fuente "Informe evaluativo de las actividades realizadas por CENPAP", Noviembre de 1992.

(2) Cálculos en base a la promesa de 50 manzanas por combatiente que según el CENPAP estaba "contenida en el espíritu" de los acuerdos entre el Gobierno y la Resistencia.

(3) Cálculos del CENPAP en base a datos de la CIAV y el INRA.

(4) Cálculos del CENPAP producto de restar a la cifra de entrega formal las tierras invadidas por colonos, sujetas a devolución o pendientes de titulación.

Recompas y Revueltos

A comienzos de agosto de 1991, pocos meses después de la aparición de los grupos rearmados provenientes de las antiguas filas de la Resistencia, comenzaron a surgir grupos rearmados de origen y filiación sandinista. Estos últimos estaban mayoritariamente integrados por miembros retirados del Ejército Popular Sandinista (EPS) y de los cuerpos especiales de seguridad del ex Ministerio del Interior (MINT) que habían desempeñado tareas de primera línea en los frentes de guerra. Posteriormente, a este contingente se le sumarían sectores de cooperativistas con entrenamiento militar. Los nuevos grupos de rearmados serían conocidos como "recompas".[9]

Antecedentes

Entre 1990 y 1992, en el marco de las promesas asumidas por el gobierno de la presidente Violeta Barrios de Chamorro de reducir y profesionalizar el Ejército Popular Sandinista, los cuadros de esta institución se redujeron de 96.000 efectivos a 28.500. Programas de reducción adicionales llevaron esta cifra a 15.500 en 1994.

Los programas de retiro del ejército, sin embargo, no incluían políticas adecuadas de indemnización y /o reinserción, lo que provocaría que miles de ex miembros de esa institución se sumaran a la vida civil en situaciones de precariedad económica similares a las de los desmovilizados de la Resistencia.

A los militares dados de baja por el ejército se le sumaron los ex miembros de las estructuras militares del antiguo Ministerio del Interior (MINT). Los desmovilizados de este organismo estaban aún menos preparados para la reinserción a la vida civil que los antiguos miembros del EPS. Dado que los cuerpos especiales del MINT carecían de bases legales que justificaran su existencia, los retirados de estos organismos no tenían interlocutores válidos para el reclamo de indemnizaciones u otros beneficios.

Si bien la aparición de los grupos recompas se originó en la Región I, éstos pronto compartirían los escenarios geográficos donde operaban los grupos recontras. La aparición de los recompas en las zonas de reasentamiento de los ex miembros de la Resistencia escalaría el conflicto peligrosamente. Hasta la fecha de aparición de los recompas, las instituciones militares habían respetado en términos generales el acuerdo tácito de no entablar combates con los miembros de la Recontra en tanto se mantuviera el canal del diálogo y la negociación. La irrupción de los nuevos grupos rearmados introdujo elementos adicionales de tensión ya que éstos actuaban al margen de tales acuerdos.

La aparición de los recompas modificó además la agenda política de los grupos recontras, la que pasó gradualmente del énfasis en la destitución del jefe del ejército y el ministro de la Presidencia a la insistencia en el desarme de los nuevos grupos rearmados.

En el período que va de octubre de 1991 a febrero de 1992 se registraron 65 acciones armadas protagonizadas por alguno de los dos bandos, las cuales arrojaron un saldo de 54 heridos y 74 muertos.

Revueltos

Los planteamientos y reinvindicaciones planteados por los grupos recompas eran en un inicio eminentemente políticos. Entre otros argumentos, éstos aducían haberse visto forzados a defenderse de los ataques de los grupos recontras, proteger las propiedades de las cooperativas y "preservar las conquistas revolucionarias". Posteriormente, sin embargo, los líderes recompas comenzaron a incorporar a sus motivaciones demandas sociales vinculadas al incumplimiento de los compromisos asumidos por el gobierno con los miembros del ejército que habían sido dados de baja, tales como promesas de indemnización, entrega de parcelas de tierra para la producción y lotes de terreno y acceso al crédito para la producción.

La evolución de las demandas de los recompas haría que éstas comenzaran a coincidir con las de los recontras, lo que provocaría algunas acciones militares conjuntas a fines de 1991. Este acercamiento se reforzaría luego a principios de 1992, cuando los líderes de ambos grupos se encontraron como reclamantes ante el Ministerio de Gobernación por la falta de cumplimiento de los acuerdos firmados con ese organismo. Estos grupos, compuestos por ex miembros de la Resistencia y ex miembros de las estructuras de seguridad del estado sandinista, se conocieron como "revueltos", aunque el fenómeno no tuvo mayor trascendencia.

3
El Programa de Seguimiento y Verificacion (PSV)

COMO SE EXPLICO EN EL CAPITULO 1 DE ESTA PARTE, EL MANDATO DE la CIAV carecía de definiciones precisas con respecto al rol que debía cumplir la misión en su carácter de organismo verificador de los derechos y garantías de los desmovilizados. El Plan Conjunto aprobado por los presidentes centroamericanos en Tela sólo señalaba que la CIAV debía velar "para que se dé, o en su caso se mantengan las condiciones que necesitan los repatriados para su reincorporación plena a la vida ciudadana", para lo cual la misión debía llevar a cabo "el seguimiento y control que los procesos requieran". En lo que respecta a la forma en que debía llevarse a cabo ese "seguimiento y control", el documento sólo establecía la apertura de "oficinas de seguimiento", para que los ex combatientes pudieran "exponer, cuando sea necesario, el incumplimiento que pudiera existir a las garantías ofrecidas originariamente para su repatriación". El personal de esas oficinas, añadía el documento, debía "visitar periódicamente a los repatriados para verificar el cumplimiento y elaborarán informes acerca del cumplimiento del plan".

Dada la ausencia de parámetros concretos con respecto al alcance del mandato, y la forma en que éste debía ser cumplido, tanto la estrategia como los mecanismos de la misión para la verificación de la observancia de los derechos y garantías de los desmovilizados se desarrollaron gradual y espontáneamente, en respuesta a las situaciones o las coyunturas del momento.

El eje de los esfuerzos de la misión para llevar a cabo su tarea de verificación fue el Programa de Seguimiento y Verificación (PSV), establecido por el coordinador general de la CIAV en la etapa inmediatamente posterior a la desmovilización y la repatriación de los ex combatientes de la Resistencia.

LA ESTRATEGIA DEL PSV

La estrategia adoptada por el PSV para la verificación del respeto de los derechos y garantías de los desmovilizados se basó en tres elementos fundamentales: el monitoreo permanente de las antiguas zonas de conflicto; el uso extensivo de los símbolos de la misión y la incorporación de funcionarios nacionales a las tareas de verificación.

Monitoreo permanente

Para la implementación del PSV se adoptó una estrategia de monitoreo sistemático de las áreas donde residía la gran mayoría de los desmovilizados. Periódicamente, los oficiales de protección debían visitar los municipios y las comunidades ubicadas en el área a su cargo con el objeto de detectar la posible comisión de violaciones de los derechos y garantías de los ex combatientes.

Esta modalidad permitió a la misión dar un salto cualitativo en la tarea de verificación, ya que la misma implicó trascender la recepción pasiva de denuncias en las oficinas regionales de la misión, a las que por lo general sólo llegaba un pequeño porcentaje de los afectados.

La presencia permanente de los oficiales de protección en las áreas donde había tenido lugar el conflicto permitió además reforzar la capacidad de disuasión de la misión. Gracias al hábito de constante movilidad de los oficiales de protección, los pobladores de las zonas monitoreadas sabían que cualquier violación a los derechos y garantías individuales podía ser denunciada eventualmente, en el mismo lugar de los hechos, ante un funcionario de la misión. Paralelamente, esta modalidad dotó de eficacia a la gestión de los oficiales de protección, ya que la misma les permitió actuar con mayor celeridad ante eventuales casos de violaciones.

La presencia permanente de los oficiales de protección en el campo contribuyó además a reforzar la comunicación entre los miembros de la misión y los desmovilizados, facilitando la obtención de información por parte de la CIAV sobre las condiciones de seguridad de los ex combatientes y/o la evolución del proceso de reinserción en las áreas monitoreadas. La rápida disponibilidad de información sobre estos procesos permitió a la misión adecuar su estrategia de verificación a las particularidades de cada una de las regiones monitoreadas, así como actuar rápida y preventivamente en casos de emergencia.

Si bien las áreas monitoreadas cubrieron ocho departamentos de considerables extensiones,[10] la estrategia de verificación de la misión se llevó a cabo satisfactoriamente con un reducido número de oficiales de protección[11] Esto se debió a la decisión de suplantar la política de despliegue masivo de funcionarios internacionales por una estrategia de permanente movilidad de los vehículos y oficiales de la misión. Esta iniciativa, unida a un cuidadoso proceso de selección y jerarquización de los ámbitos geográficos a monitorearse y la disponibilidad de un eficiente equipo de comunicación, hizo que con frecuencia el número de los recursos con que contaba la CIAV fuera notoriamente sobredimensionado.[12]

Uso de símbolos

La constante presencia de los oficiales de protección en las ex zonas de conflicto fue maximizada mediante el uso extensivo de los símbolos con los que se identificaba a la misión. Tanto los vehículos como la indumentaria de los funcionarios de la misión desplegaban en forma clara e inconfundible las siglas CIAV-OEA,[13] lo que permitía el fácil e inmediato reconocimiento de los vehículos y oficiales de la misión.

Dado que la exhibición de estos símbolos representaba el apoyo de la OEA a la labor desarrollada por la misión, los mismos fueron utilizados para reforzar las condiciones de seguridad de los oficiales de protección, quienes cumplían su labor sin ningún tipo de apoyo militar. Entre otras medidas, se puso especial énfasis en el cumplimiento de los acuerdos de inmunidad diplomática firmados por la OEA y el gobierno nicaragüense, principalmente en los aspectos referidos a la inviolabilidad de los vehículos identificados con las siglas de la misión. Así, los intentos de requisitorias o inspecciones de los vehículos de la CIAV, ya sea por parte de miembros de las fuerzas de seguridad o de miembros de grupos de rearmados, fueron resistidas con firmeza desde el inicio mismo de la misión.[14] Gracias a ésta y otras iniciativas similares, la misión logró generar la percepción de que tanto los miembros de la misión como los vehículos en que éstos se desplazaban gozaban de inmunidad e inviolabilidad absolutas. El establecimiento de esta percepción permitió brindar seguridad y protección a toda persona que viajara en los vehículos de la misión en compañía de los oficiales de protección, a pesar del carácter civil de estos últimos.

El uso de símbolos permitió además que la credibilidad ganada por la CIAV en el ejercicio de sus tareas de verificación de la observancia de los derechos y garantías de los desmovilizados se transmitiera luego a la gestión de otros funcionarios de la misión, a cargo de la ejecución de programas de reinserción social.

Contratación de personal nacional

Como se explicó en el Capítulo 4, Parte II, la decisión de incorporar a ex miembros de la Resistencia a las filas de la misión fue tomada por el coordinador general de la CIAV durante la etapa inmediatamente posterior a la desmovilización y repatriación de los combatientes de esa fuerza. Esta iniciativa permitió, entre otras cosas, la generación de confianza mutua, el mejoramiento de la comunicación entre los oficiales de la misión y los desmovilizados y una mayor efectividad en las labores de distribución de víveres, vestimenta y enseres, ya que éstos conocían íntimamente los rasgos y características sociales de las zonas donde se asentaron los desmovilizados.

La política de contratación de ex miembros de la Resistencia continuó luego gradualmente a partir de la fase de implementación del PSV. Dada la atmósfera de extrema polarización política, éstos fueron incorporados inicialmente como personal de apoyo a las tareas de verificación cumplidas por los oficiales de protección. Posteriormente, a medida que las regiones donde se efectuaba el monitoreo fueron estabilizándose, éstos fueron adquiriendo mayores responsabilidades. Con el paso del tiempo, la misión incorporaría también personal nacional no vinculado a la Resistencia.

LA ORGANIZACION DEL PSV

El PSV se organizó en base a una estructura descentralizada. Los oficiales de protección a cargo del programa en las distintas regiones monitoreadas por la CIAV respondían directamente al Jefe Nacional del PSV y al Jefe de Misión. De esta forma, cada oficial de protección se desempeñaba en la práctica como el responsable del programa en su región.

Para la adopción de esta modalidad se tuvo en cuenta la naturaleza de la labor de verificación, caracterizada con frecuencia por la presencia de un fuerte componente político. Esta circunstancia exigía, entre otros requisitos, la existencia de un canal directo entre los oficiales de protección y los responsables del programa, además de un cierto margen de discrecionalidad. La implementación de esta estructura permitió además a los oficiales de verificación tomar decisiones expeditas en casos de urgencia, lo que otorgó al sistema mayor flexibilidad y dinamismo.

Los oficiales del PSV

Los oficiales a cargo del PSV eran en su mayoría funcionarios jóvenes, altamente comprometidos con los objetivos de la misión, que por lo general cumplían sus tareas despojados de los esquemas burocráticos asociados a la tarea de verificación de derechos humanos, tales como el llenado de formularios y la tramitación formal de denuncias. Estas características, asociadas a la presencia permanente en las áreas monitoreadas, les permitió consustanciarse rápidamente con la realidad de los desmovilizados, lo que a su vez posibilitó la generación de confianza mutua. La característica civil de los oficiales de protección les permitió además tejer una amplia red de contactos sociales con actores tales como alcaldes, sacerdotes, maestros, productores, jefes militares y policiales y funcionarios de las agencias estatales regionales, lo que contribuyó a facilitar el desarrollo de las tareas de verificación.

Los términos de referencia que debían orientar la tarea de los oficiales de protección encargados del PSV fueron inicialmente muy generales (los mismos se limitaban a describir las tareas que éstos debían cumplir en el campo, tales como la recepción de denuncias y la elaboración de informes). Posteriormente, a medida que el programa empezó a desarrollarse, se dió prioridad a determinadas aptitudes, habilidades y actitudes, tales como el rigor técnico; la capacidad de negociación y persuasión; la capacidad de análisis de contexto; la capacidad para la identificación de problemas y presentación de propuestas alternativas; la capacidad de iniciativa en el terreno; la capacidad de comunicación con el beneficiario; la capacidad para efectuar tareas de coordinación con los distintos actores involucrados y la capacidad de sistematización y conceptualización del proceso.

La metodología del PSV

Para la recepción y tratamiento de las denuncias, la misión estableció la siguiente metodología: a) recepción de las denuncias (la que podía realizarse en las oficinas de la misión o en las zonas monitoreadas por los oficiales de protección); b) verificación *in situ* de los hechos denunciados para la debida documentación; c) presentación de un informe escrito sobre las investigaciones realizadas por los oficiales de la misión ante los ministerios de Relaciones Exteriores y de Gobernación, en el que se solicitaba la investigación gubernamental; d) seguimiento del trámite dado a las denuncias presentadas ante las autoridades policiales, militares o judiciales encargadas de investigar los hechos y e) búsqueda de una solución o reparación de la situación presentada en el lugar donde habían tenido lugar los hechos.

Cabe señalar que, en ocasiones, los oficiales de protección actuaban a partir de la simple existencia de información sobre posibles violaciones a los derechos y garantías de los desmovilizados, ya sea que ésta fuera proporcionada informalmente por pobladores del lugar o por los medios de comunicación locales, tales como la radio. En estos casos, los oficiales de la misión "tomaban conocimiento" del supuesto hecho, llenando los formularios utilizados para la recepción de denuncias y efectuando una rápida verificación en el campo.

Los procedimientos fijados para la verificación de violaciones a los derechos y garantías de los desmovilizados eran complementados con el uso constante de la persuasión, a fin de evitar nuevos enfrentamientos y/o actos de venganza. En todos los casos se mantenía un contacto permanente con las autoridades gubernamentales, judiciales, policiales y militares de la zona.

Luego de la verificación *in situ*, los oficiales de protección procedían por lo general al traslado verbal de los hechos comprobados a las autoridades locales, solicitando la investigación de lo sucedido. Si esta gestión no prosperaba, las acciones efectuadas se remitían a la oficina central de la misión en Managua, desde donde se realizaba una presentación escrita ante las autoridades nacionales, de conformidad con los mecanismos dispuestos por el gobierno para el traslado de las denuncias recibidas por la CIAV.

La verificación *in situ* implicaba la inspección del área donde habían tenido lugar los hechos, la toma de declaraciones y la recopilación de diversos elementos probatorios, tales como fotografías. La información recogida tenía por objeto reunir los elementos de juicio que permitieran comprobar la existencia del hecho denunciado, el móvil y los presuntos responsables. En los casos en que la policía, los juzgados y/o el órgano de justicia militar hubieran iniciado investigaciones, éstas eran incorporadas y cotejadas con esa información.

CUADRO 25

Violaciones a los Derechos de Desmovilizados y Familiares
(Denuncias recibidas por el PSV)

VIOLACION	HASTA 1990	1991	1992	1993	1994	1995	1996	TOTAL	%
Amenazas y hostigamientos	108	153	13	34	32	103	26	469	24,10%
Privación ilegal de libertad	133	171	31	40	50	33	7	465	23,90%
Homicidio	43	66	62	55	73	75	50	424	21,79%
Abuso de autoridad	42	19	3	30	35	25	12	166	8,53%
Lesiones	57	47	6	7	9	15	4	145	7,45%
Otras (1)	105	50	5	42	23	23	29	277	14,23%
TOTAL	488	506	120	208	222	274	128	1.946	100%

(1) Se refiere a hurto, desaparición, secuestro, ocupación ilegal, atentado contra la integridad física, violación, estafa, apología de delito, injurias, negativa de atención médica y falsa denuncia.

Las conclusiones de la investigación eran registradas en tres categorías: denuncias sin fundamento, denuncias verificadas y denuncias no verificadas. Las denuncias sin fundamento eran las denuncias en las que el hecho denunciado no había ocurrido; lo ocurrido no constituía una violación de derechos; la víctima no era un desmovilizado, repatriado o familiar directo y/o el móvil no tenía relación directa con la condición de desmovilizado del afectado. Las denuncias verificadas eran aquellas en las que se comprobaban las circunstancias señaladas y las denuncias no verificadas eran aquellas en las que no era posible comprobar los términos de la denuncia, tanto por medio de la investigación realizada por los oficiales de protección como por medio de los informes de las investigaciones oficiales. Esta última categoría incluía los casos en que el estado había omitido efectuar investigaciones y los casos en que las autoridades pertinentes se habían negado a responder a los pedidos de informes presentados por la misión.

CUADRO 26

Respuesta del Gobierno a Solicitudes de Información
(Violaciones a los derechos de desmovilizados y familiares)

HUBO RESPUESTA	TOTAL	PORCENTAJE
No	1.095	69,48 %
Si	481	30,52%
TOTAL	1.576	100 %

Además de la recepción, traslado y seguimiento de las denuncias recibidas, los oficiales del PSV mantenían un control estadístico de las mismas. Hasta 1993, dadas las características del primer mandato, sólo se registraron las denuncias en que la víctima era un desmovilizado o un familiar directo. A partir de ese año, en consonancia con la ampliación del mandato dispuesta por la Asamblea General de la OEA, las estadísticas comenzaron a incluir aquellos casos en que los afectados no eran desmovilizados de la Resistencia y/o familiares directos de los mismos.

CUADRO 27

Violaciones Registradas por el PSV
(1990-1997)

VIOLACION	DESMOVILIZADOS Y FAMILIARES (HASTA JULIO 1993)	DESMOVILIZADOS Y FAMILIARES (JULIO 93-JUNIO 97)	NO RESISTENCIA NICARAGÜESNSE (JULIO 93-JUNIO 97)	TOTAL
Amenazas y hostigamientos	291	178	137	606
Privación ilegal de libertad	352	113	66	531
Homicidio	203	221	429	853
Abuso de autoridad	78	88	95	261
Lesiones	112	33	102	247
Otras (1)	196	81	260	537
TOTAL	1.232	714	1.089	3.035

(1) Se refiere a hurto, desaparición, secuestro, deportación, ocupación ilegal, agresión con arma, atentado contra la integridad física, violación, estafa, apología de delito, injurias, negativa de atención médica y falsa denuncia.

Tipos de denuncia

El PSV registraba 23 tipos de violaciones, de acuerdo a las figuras contenidas en el código penal nicaragüense. Entre éstas se incluían abuso de autoridad, agresión con arma, amenaza y hostigamiento, apología del delito, atentado contra la integridad física, deportados, desaparición, estafa, falsa denuncia, negativa de atención médica, homicidio, hurtos, injurias, lesiones, ocupación ilegal (de propiedad), privación ilegal de libertad, secuestro, violación, tenencia ilegal de armas, daños a la propiedad, homicidio frustrado, allanamiento de morada e instigación para delinquir (ver "Testimonios de la violencia").

Además de los tipos de violación, el PSV registraba denuncias sobre tenencia ilegal de armas. Si bien esta categoría no implicaba necesariamente una violación de derechos, las denuncias de este tipo fueron trasladadas al Ministerio de Gobernación con el doble propósito de prevención y cooperación con la política de desarme de civiles. El PSV llevaba también un registro de las instituciones u organizaciones a las que presuntamente pertenecían los autores de los hechos denunciados (ver Cuadro 28).

CUADRO 28

Autores de las Violaciones a los Derechos de Desmovilizados y Familiares
(Denuncias recibidas por el PSV)

ORGANIZACION DEL AUTOR	TOTAL	PORCENTAJE
Policía Nacional	708	36,38 %
Ejército	273	14,03 %
FSLN	264	13,57 %
Recontra	228	11,72 %
Recompa	71	3,65 %
Desconocidos	211	10,84 %
Otros (1)	191	9,82 %
TOTAL	1.946	100 %

(1) Incluye ex miembros de las estructuras de seguridad, delincuentes, desmovilizados de la Resistencia, cooperativistas y civiles.

TESTIMONIOS DE LA VIOLENCIA

Las denuncias recogidas por los oficiales de la CIAV en el marco del Programa de Seguimiento y Verificación (PSV) reflejan de manera dramática la inseguridad y la violencia que caracterizó a las antiguas zonas de conflicto. A continuación se transcriben dos de estos testimonios.

Declaración testifical de Mercedes Ruiz Pérez sobre el asesinato de Julio César Sobalvarro, el 12 de abril de 1993, en Wilikito, Matagalpa: *El día sábado 10 de abril de 1993, aproximadamente a eso de las cinco de la tarde, se presentaron a mi casa los señores Rodolfo Lira, Wilfredo Lira y Ronaldo Alvarez en estado de ebriedad y me preguntaron por Julio César Sobalvarro. Yo lo negué, a lo que Rodolfo abusivamente se asomó al cuarto donde vivía Julio y lo halló. Sólo escuche que el finado le decía que no lo molestara. Luego que se fue Rodolfo Lira se levantó Julio, quien iba a hacer sus necesidades fisiológicas, cuando de nuevo vino Rodolfo Lira armado con un AK y acompañado por Ronaldo Alvarez armado con una pistola. Me volvieron a preguntar por Julio y lo volví a negar. Luego se fueron los dos armados y hallaron a Julio saliendo del baño. Julio les dijo que no lo mataran de choña, que lo dejaran vivir, cuando de repente Rodolfo le disparó y Julio cayó. Luego yo me asomé y me voló un tiro, no lográndome pegar. Luego del asesinato de Julio se fueron, lográndose juntar ya cuatro. Entre ellos andaba Luis Urbina y un sobrino de Dámaso Mendoza. Los mismos Lira asesinaron a los Hernández García. Luego de pasados los hechos se presentaron "Cara de Malo" y su gente, que los iban persiguiendo.*

Declaración testifical del señor Felipe Melgara Alegría, sobre el asesinato de su hijo, José Ignacio Melgara, el 7 de septiembre de 1995: *El día 7 de septiembre de 1995, a eso de las cinco de la tarde, se presentó un grupo armado al mando de "Aguila", de las tropas de "El Charro". Llegaron a mi casa, ubicada en cabeceras de Wina, municipio del Cuá Bocay, de donde al llegar tomaron a mi hijo, de nombre José Inacio Melgara Ruiz, de 18 años de edad, a quien le dijeron: 'aquí vas a pagar todo'. Lo llevaron a unos cien metros de mi casa y ahí lo asesinaron. A mi hijo lo torturaron salvajemente, ya que el cuerpo presentaba puñaladas en el cuello, el pecho y costado y tenía heridas de puñal en los dedos de los pies y también amordazado con trapos dentro de su boca. Yo salí de Wina el día 10 de octubre de 1995, dejando todo abandonado y con mucho temor porque se rumora que tam-*

bién a mí me querían asesinar, por razones injustas, ya que ni mi hijo ni yo fuimos armados con ningún bando. A mi hijo lo asesinaron por denuncias del líder comarcal de Wina (Leandro Ortiz), quien tiene un fusil AKA y pone el terror a todos los campesinos de esa comarca ya que tiene gran influencia con los grupos de El Charro y los grupos le obedecen toda denuncia que él hace contra cualquier ciudadano. El exige a la gente de la comarca que cuando llegan los grupos armados hay que llevarle a él cerdos, gallinas, frijoles, maíz y todo lo que sea comida.

LA LOGISTICA DEL PSV

La logística del PSV descansaba en la existencia de tres elementos fundamentales: una red de oficinas regionales, un eficiente equipo de comunicaciones y una flota de vehículos para todo terreno.

Las oficinas regionales

Las oficinas regionales se ubicaron en las zonas con mayor concentración de desmovilizados. Al inicio del PSV, éstas se instalaron en las regiones I (Estelí), V (Juigalpa) y VI (Matagalpa) y la RAAN (Puerto Cabezas). Posteriormente, de acuerdo a la evolución del proceso de paz y/o los niveles de conflictividad en las áreas de postguerra, el número de oficinas regionales de la misión varió sustancialmente, alcanzando un máximo de nueve oficinas regionales en 1994.[15]

La flota de vehículos

Para el monitoreo sistemático de las ex zonas de conflicto, la CIAV dispuso de una flota de vehículos de doble tracción dotados de equipos de radiotransmisión. Esta flota llegaría a contar con 42 vehículos en el momento de mayor expansión de la misión. También se dispuso de 42 motocicletas y una lancha.

El tipo de vehículos utilizado, sumado al conocimiento de la zona por parte de los miembros de la misión y la seguridad que implicaba el uso de vehículos identificados con las siglas de la CIAV, hizo que las "móviles" de la misión se transformaran en el medio privilegiado para la visita a las zonas de conflicto de funcionarios gubernamentales, representantes de organismos internacionales y visitantes extranjeros. Estos vehículos se utilizarían también para transportar a jefes de grupos armados, miembros de las comisiones mediadoras, representantes de organismos de derechos humanos y personas que habían sido secuestradas.

Los equipos de comunicación

Las móviles de la CIAV, además de conferir transporte y seguridad a los oficiales de protección, permitían la comunicación constante tanto con las sedes de la misión como con los demás miembros de la misión. Cada vehículo de la misión estaba equipado con un transmisor UHF y en algunos casos con un transmisor HF. Las radios HF estaban instaladas en los vehículos que se desplazaban por las zonas de difícil acceso. Las sedes y subsedes regionales, y la sede central, poseían ambos equipos de comunicación.[16]

El sistema de comunicaciones de la CIAV jugó un papel central en el desarrollo de las tareas vinculadas al PSV. Este permitió, entre otras cosas, la inmediata localización de los oficiales de protección por parte de la sede central o las sedes regionales, lo que potenció la movilidad de los mismos, confiriendo un importante nivel de ductilidad a la misión. Dado el contacto permanente entre los oficiales de protección y las sedes, los oficiales de protección podían responder de manera inmediata a las necesidades de la misión y recibir orientaciones. La sede central, por su parte, recibía información inmediata de la situación en las zonas monitoreadas.

El sistema de comunicaciones de la misión jugó también un papel central en la labor de mediación de los oficiales de protección (ver Capítulo 5 en esta misma parte). El uso del mismo permitió a los funcionarios de la misión establecer un canal directo de negociación entre Managua y las regiones más apartadas del país, facilitando la transmisión de avales o autorizaciones para los compromisos forjados durante las sesiones de negociación. El propio estado nicaragüense empleó en numerosas ocasiones la red radial de la CIAV para hacer contacto con los grupos rearmados.

De acuerdo a las normas de seguridad establecidas por la misión, el radiotransmisor debía funcionar las 24 horas. Esta medida operó además como elemento disuasorio de posibles acciones de violencia contra los oficiales de protección, ya que los pobladores sabían que el desplazamiento de los miembros de la misión era controlado permanentemente por la sede central.

EL CASO DE "LA MARAÑOSA"

El 8 de enero de 1995, los periódicos nicaragüenses dieron cuenta de un enfrentamiento entre efectivos del ejército y combatientes recontras pertenecientes al grupo de "los Mezas", en un paraje conocido como La Marañosa, ubicado entre Wiwilí y Pantasma, en el departamento de Jinotega.

De acuerdo al comunicado del ejército, durante el enfrentamiento habían resultado muertos 13 recontras y dos militares. Dado que los Mezas eran un grupo conocido por su actividad delictiva, algunos de los diarios capitalinos titularon las noticias sobre el enfrentamiento como "Estocada mortal a delincuentes"[17] o "Ejército caza a delincuentes".[18] Cuando se produjo el incidente, los rearmados muertos estaban siendo trasladados voluntariamente por un camión del ejército a la base militar de Apanás para desmovilizarse. Uno de los dos únicos muertos del EPS había pertenecido a la Resistencia.

Como le correspondía por mandato, la CIAV inició de inmediato una investigación sobre los hechos en el marco del Programa de Seguimiento y Verificación, solicitando al gobierno iniciar un proceso similar. Las primeras indagaciones de la misión, sustentadas por una verificación *in situ* y declaraciones de diferentes testigos, sugerían que el grupo recontra se encontraba desarmado cuando estaba siendo transportado. Basados en estas y otras evidencias, diferentes organizaciones de defensa de derechos humanos empezaron a referirse al hecho como una "masacre". El 12 de enero la Presidencia de la República ordenó a la Procuraduría de Justicia iniciar una investigación sobre los hechos.

La investigación de lo acontecido en "La Marañosa" se transformaría en uno de los casos más controversiales entre los investigados por los oficiales del PSV y uno de los más publicitados. Al momento de los hechos habían transcurrido casi cinco años de la desmovilización de los miembros de la Resistencia, lapso en el que las fuerzas armadas habían avanzado sustancialmente en su proceso de profesionalización. Si bien se habían producido episodios más graves durante la primera fase del proceso de desmovilización, éstos no habían tenido la difusión y trascendencia alcanzado por el caso de "La Marañosa".

Los señalamientos de la CIAV sobre inconsistencias en la versión de los sucesos presentada por el ejército motivó una airada respuesta por parte de la institución castrense. El ejército acusó a la misión de sobrepasar su mandato y de proteger e incentivar a los grupos rearmados. El altercado con la institución militar haría de las primeras semanas de 1995 uno de los momentos más conflictivos de la CIAV en Nicaragua.

Para contribuir a aclarar los sucesos de La Marañosa, la CIAV empleó los procedimientos y mecanismos del PSV. La verificación *in situ* permitió confirmar la presencia de trece cadáveres en el lugar de los hechos y posibilitó la identificación de doce de ellos. A través de exhaustivas inspecciones oculares se pudieron recoger diferentes elementos probatorios que contribuyeron a la reconstrucción de los hechos. De esta forma se pudo establecer el tipo de armas disparadas y la dirección en que se habían efectuado los disparos. La inspección del lugar permitió asimismo encontrar, en el costado de la carretera desde donde presumiblemente habían provenido los disparos, un cerco de alambre cortado y numerosos casquillos de proyectiles, así como cajas de munición sin usar. Sobre la carretera, se encontraron restos de alambre que presumiblemente habían servido para detonar una mina. Todos estos hechos indicaban la posibilidad de una acción planificada.

La misión se encargó además de entrevistar a diferentes testigos, vecinos y pobladores. Así, se obtuvieron 17 declaraciones testificales y siete entrevistas efectuadas a ciudadanos que omitieron emitir declaraciones testificales por temor. Con las declaraciones de estas personas se pudo establecer que el grupo recontra se encontraba efectivamente desarmado durante el traslado. Vecinos del sector de La Marañosa afirmaron a los oficiales de la CIAV haber escuchado primero la detonación de una bomba e inmediatamente una balacera por espacio de treinta minutos. Las investigaciones permitieron establecer la hora de los sucesos a las nueve de la noche.

La versión del ejército sostenía que los recontras, armados y en estado de ebriedad, habían disparado a traición contra el chofer y el ayudante del camión que los transportaba, lo que había motivado la respuesta de los soldados que escoltaban el camión que trasladaba a los rearmados.

Las declaraciones testificales recogidas por la CIAV indicaron que en horas de la mañana del día de los hechos un grupo de militares había sido visto instalándose en el cerro de "La Balastrera", ubicado a orillas de La Marañosa. Los oficiales de la misión se encargaron de verificar la viabilidad de todas y cada una de las afirmaciones de los testigos, reproduciendo la forma en que se habían producido los hechos para confirmar, entre otras cosas, las condiciones topográficas, la distancia, las condiciones climáticas y la hora del día.

La misión se encargó también de recabar diferentes pruebas documentales. Una carta firmada por los comandantes del grupo recontra "Hugo" y "Bayardo" recogía los diferentes acuerdos a los que habían llegado éstos y los representantes del EPS, entre los que se incluía la entrega de dinero en efectivo. Otra documentación obtenida por la CIAV confirmaba que durante el mes de diciembre el ejército había impulsado negociaciones con pequeños grupos de irregulares a fin de obtener su desmovilización.

Como pruebas documentales, la misión obtuvo también dictámenes médicos forenses sobre los soldados del EPS muertos y heridos durante los hechos de violencia. Según el dictamen, los fallecidos habían sido impactados de frente y a larga distancia. También se tomaron fotografías y filmaciones en el lugar de los hechos. El Procurador General de Justicia solicitaría la ayuda de la CIAV para trasladarse al lugar de los hechos y la Procuraduría Penal de Justicia de Jinotega solicitaría el apoyo de la misión para poder citar a declarar a diferentes testigos durante la etapa probatoria.

La totalidad de los organismos nicaragüenses de derechos humanos (incluyendo la Asociación Nicaragüense Para los Derechos Humanos, ANPDH; el Centro Nicaragüense de Derechos Humanos, CENIDH; la Comisión Permanente de Derechos Humanos, CPDH, y la Comisión de Derechos Humanos y la Paz de la Asamblea Nacional) coincidirían con el resultado de las investigaciones de la misión, condenando el hecho en un comunicado conjunto.

El informe final de la misión no fue tomado en cuenta por el Juzgado del Distrito para lo Criminal de Jinotega, donde se tramitó el caso. El juez, a pesar de reconocer la contradicción entre el informe oficial del ejército y los informes presentados por las distintas agrupaciones de derechos humanos, decretaría el sobreseimiento definitivo de los efectivos del EPS involucrados en los sucesos.

OTRAS ACCIONES DEL PSV

Además de la verificación de los derechos y garantías de los desmovilizados, el PSV efectuó un seguimiento del problema de los llamados "desplazados internos" y contribuyó a la identificación y ubicación de personas desaparecidas durante el conflicto.

Desplazados de guerra

Entre enero de 1995 y junio de 1996, la CIAV efectuó un seguimiento del problema de las personas que habían sido forzadas a abandonar sus lugares de residencia habitual por causa de la violencia imperante en las zonas rurales. Durante ese período, los oficiales del PSV verificaron 82 casos de desplazamientos internos que involucraron a 170 familias, lo que afectó, en total, a 967 campesinos. El promedio de desplazados en ese período fue de dos personas por día. De acuerdo a lo constatado por los oficiales de la misión, el 45 por ciento de las personas desplazadas habían pertenecido a Resistencia, un 36 por ciento correspondía a campesinos sin filiación política conocida, y un 19 por ciento se refería a retirados del ejército y simpatizantes sandinistas.

La ubicación geográfica del fenómeno comprendía los departamentos de Matagalpa (37 por ciento), Jinotega (30 por ciento), Chontales (30 por ciento) y Nueva Segovia (uno por ciento). El 62 por ciento de los desplazados abandonaron sus hogares debido a amenazas sufridas por parte de grupos rearmados de origen recontra. En algunos casos, las amenazas tuvieron motivaciones políticas. En otros, éstas obedecieron a presiones para que las víctimas se incorporaran a los grupos rearmados o a falsas denuncias, interpuestas por enemigos de los afectados ante los rearmados. Más de un cuarto de las víctimas (el 26 por ciento) sufrieron agresiones directas u homicidio de sus familiares. Un 12 por ciento de los afectados se vio forzado a huir por la atmósfera de inseguridad general reinante en sus comunidades.

De acuerdo al informe de los oficiales del PSV, la mayoría de los desplazados se asentaron en "áreas relativamente distantes" de las comunidades abandonadas. Un porcentaje menor se asentó en comunidades con características más urbanas. La misión identificó también casos en los que los desplazados se trasladaron de zonas montañosas inaccesibles a otras zonas también inaccesibles.

Dado que las comarcas elegidas por los desplazados para asentarse no estaban preparadas para recibirlos, éstos quedaron por lo general desamparados, sin hogar ni trabajo y en pésimas condiciones de nutrición y de salud.

Además del fenómeno del desplazamiento interno, los oficiales de la misión registraron, durante el período de monitoreo, una denuncia y media por día de violaciones a los derechos humanos, verificando un homicidio cada dos días.

Desaparecidos durante el conflicto

A fines de 1991, a solicitud de la Asociación de Madres y Familiares de Secuestrados-Desaparecidos en Nicaragua (AMFASEDEN), la CIAV se involucró en la búsqueda de personas desaparecidas durante el conflicto. La AMFASEDEN requirió la colaboración de la misión para localizar alrededor de 700 personas.

Ante la posibilidad de que algunas de estas personas se hubieran integrado a las filas de la Resistencia, la misión procedió de acuerdo al siguiente mecanismo: 1) confección de la lista de personas que pudieran haberse asociado a la Resistencia; 2) cotejo de la misma con el padrón de desmovilizados y repatriados de la CIAV; 3) confección de un listado tentativo de personas en base a ese cotejo (personas que presentaran elementos coincidentes, tales como nombres, edades, lugares de origen, circunstancias, etc.); 4) localización de los ciudadanos clasificados según el punto anterior; 5) organización de encuentros entres éstos últimos, los posibles familiares y los representantes de AMFASEDEN.

4
La Comisión Tripartita

COMO PARTE DE LA TAREA DE VERIFICACION DE LOS DERECHOS Y garantías de los desmovilizados, la CIAV integró, entre 1992 y 1996, la llamada Comisión Tripartita.

La Comisión Tripartita fue creada el dos de octubre de 1992 a instancias de la Presidencia de la República con el objeto de "analizar y revisar" los casos de violaciones de los derechos y garantías que afectaban a los ex miembros de la Resistencia, así como casos en perjuicio de otros sectores en el marco de conflictos colectivos o actos de violencia cometidos por ex miembros de la Resistencia,[19] y fue integrada por representantes de la CIAV, la Oficina de Verificación del Cardenal Obando y Bravo y el Ministerio de Relaciones Exteriores del gobierno nicaragüense. De acuerdo al acta constitutiva, la comisión debía formular recomendaciones para mejorar los mecanismos de prevención y erradicación de los hechos de violencia.

La creación de la Comisión Tripartita se produjo en un marco de continuas violaciones a los derechos y garantías de los desmovilizados. Como se observa en el Cuadro 23 del Capítulo 2, en esta misma sección, a diciembre de 1991 se habían registrado 109 homicidios de ex combatientes, incluidos los de varios comandantes. A junio de 1992, la cifra había ascendido a 136. Las dificultades del sistema judicial para dar respuesta a las continuas denuncias de violaciones, contribuyó a generar la percepción de que no existían garantías de seguridad para los desmovilizados.

Entre 1992 y 1996, la Comisión Tripartita examinó un total de 83 casos, elevando 181 recomendaciones. En 55 de los casos estudiados (lo que representaba el 66 por ciento del total) se comprobó el involucramiento de miembros de las fuerzas de seguridad.[20] En total, el número de efectivos señalados como presuntos autores o cómplices de violaciones ascendió a 103 efectivos, lo que representaba el 53,3 por ciento del total de los presuntos autores.

La información sobre las violaciones de los derechos y garantías de los desmovilizados, repatriados y familiares recogida por la CIAV a través del PSV sería la principal fuente de insumos de la comisión.

Funciones y procedimientos

Las funciones, procedimientos y organización de la Comisión Tripartita, así como las disposiciones generales relacionadas con la aceptación de las recomendaciones y el seguimiento de su instrumentación, fueron establecidas en el documento constitutivo de ese organismo, llamado Protocolo de Verificación.

De acuerdo a este documento, las funciones de la Comisión Tripartita eran las siguientes:

- Analizar, revisar y evaluar las denuncias presentadas al gobierno por los organismos de verificación referidas a los derechos y garantías de los desmovilizados de la Resistencia y sus familiares;
- Analizar, revisar y evaluar las denuncias presentadas sobre situaciones de conflicto colectivo y los casos en que los presuntos autores de los hechos denunciados hayan sido ex miembros de la Resistencia;
- Formular recomendaciones tendientes a fortalecer el respeto y la promoción de los derechos y garantías ciudadanas;
- Solicitar informes a las autoridades o funcionarios en materias de competencia de la comisión;
- Contribuir a la erradicación de las causas de violencia y la impunidad, especialmente las que obedecieran a motivaciones políticas.

Con el objeto de efectuar la investigación *in situ* de los casos presentados ante la comisión, se establecieron cinco sub comisiones: tres para la investigación de los casos ocurridos en la Región VI, una para la investigación de los casos producidos en la Región V y otra para los casos correspondientes a la Región I.

Como punto de partida se tomaron 59 denuncias de homicidios contra desmovilizados de la Resistencia y sus familiares, recogidas e investigadas por la CIAV entre 1990 y 1992. Además de estos casos, la comisión trató 19 casos correspondientes a hechos de violencia que afectaron a otros sectores de la población en conflictos colectivos o cuyos autores fueron miembros de la Resistencia y cinco "casos especiales", llamados así por su repercusión política o social. La mayoría de los casos analizados fueron presentados por la CIAV, incluidos algunos en los que los presuntos responsables eran ex miembros de la Resistencia.

En cada uno de estos casos, las subcomisiones se encargaban de la recopilación de elementos probatorios en el terreno, tales como declaraciones testificales y expedientes policiales y/o judiciales. Una vez concluida esta etapa, los resultados de la investigación eran remitidos al seno de la comisión, donde los miembros de la misma procedían a discutir los casos investigados, incorporando factores jurídicos y normativas vigentes en materia de derechos humanos que permitieran la formulación de conclusiones y recomendaciones.

Estas últimas eran presentadas al gobierno a través de un "informe de avance". En total, la Comisión emitió cuatro informes de avance, los que contenían los datos fundamentales de cada investigación, tales como el nombre de la víctima, el lugar y los hechos, el estudio de la actuación policial y las supuestas motivaciones.

Las recomendaciones

Los informes de avance de la Comisión Tripartita incluyeron un total de 181 recomendaciones. Estas eran adoptadas por unanimidad y se referían a las medidas que debían tomarse para esclarecer los casos, castigar a los responsables y/o prevenir la comisión de actos similares en el futuro.

Si bien las recomendaciones de la Comisión Tripartita no tenían carácter jurisdiccional, las mismas tenían efectos vinculantes en caso de ser aceptadas por el gobierno. En este último caso, la comisión debía verificar la implementación de tales recomendaciones mediante visitas a los organismos encargados de cumplirlas, tales como el órgano de justicia militar en el caso de las violaciones perpetradas por miembros del ejército o la policía y los juzgados y las procuradurías departamentales en el caso de violaciones perpetradas por civiles. Con el objeto de verificar si la persona procesada se encontraba presa, los miembros de la comisión debían visitar también las cárceles.

El grado de implementación de las recomendaciones de la comisión fue medido por las comisiones encargadas de esa tarea de acuerdo a tres categorías: implementadas, parcialmente implementadas y no implementadas. En la mayoría de los casos, las recomendaciones de la comisión no fueron implementadas.

De acuerdo al seguimiento efectuado por los miembros de la comisión, a julio de 1995, de las 211 personas señaladas por la Comisión Tripartita en los primeros tres informes de avance como presuntos autores, coautores o cómplices de violaciones, sólo uno se encontraba cumpliendo condena.[21] En base a esta realidad, la comisión concluyó, en su acta de clausura, que la impunidad era "uno de los factores negativos más relevantes para una verdadera aplicación de la justicia en Nicaragua".

De acuerdo a las conclusiones de la comisión, las principales dificultades y limitaciones para la aplicación de las recomendaciones emitidas por el organismo fueron la falta de presencia del poder judicial en las zonas rurales, la falta de medios para hacer comparecer testigos civiles, la falta de disposición de las autoridades de la Policía Nacional para proceder a la captura de los involucrados en los casos tratados por la comisión y la falta de iniciativa de la Procuraduría de Justicia.

Dado el desacuerdo de las fuerzas de seguridad con respecto a las recomendaciones de la Comisión Tripartita referidas a los casos que involucraban a miembros de esos cuerpos, el gobierno, a pedido del jefe del ejército, solicitó a la Corte Suprema de Justicia un pronunciamiento sobre lo actuado por la justicia militar. La comisión *ad hoc* nombrada por la corte para considerar esa petición señaló que la Corte Suprema carecía de facultades legales para pronunciarse sobre la culpabilidad o no de los procesados por el órgano de justicia militar, limitándose a analizar aspectos procesales.[22]

En vista del mandato de la Comisión Tripartita, que la facultaba a formular recomendaciones para la erradicación de las causas de la violencia y la impunidad, el tercer informe de avance de la comisión presentó una serie de recomendaciones referente a la Legislación Penal Militar.

Estas recomendaciones, contenidas en un documento titulado "Bases para una Reforma de la Legislación Penal Militar en Nicaragua", incluían un análisis de la Ley de Auditoría Militar y Procedimiento Penal Militar (Decreto 591) y de la Ley Provisional de Delitos Militares (Decreto 600), referidas al procesamiento de delitos cometidos por miembros de las fuerzas de seguridad. En el mismo, la comisión recomendó que los delitos cometidos por militares en prejuicio de civiles sean juzgados por la justicia ordinaria.

Estas recomendaciones fueron luego tenidas en cuenta en el debate en torno a la sanción del Código de Organización, Jurisdicción y Previsión Social Militar (Ley 181 o Código Militar) del 23 de agosto de 1994, que regula las relaciones cívico-militares. En esa oportunidad, se establecieron los casos en los que los crímenes cometidos por militares son competencia de las autoridades civiles.

Cabe señalar que los miembros de la Comisión Tripartita sólo verificaron la implementación de las recomendaciones contenidas en los tres primeros informes de avance (que incluían 50 de los 83 casos), ya que la comisión con-

cluyó sus funciones antes de poder verificar la implementación de las recomendaciones incluidas en el cuarto y último informe.

Conclusiones

Si bien las recomendaciones de la Comisión Tripartita fueron implementadas sólo parcialmente, el peso moral de los pronunciamientos de la comisión provocó que las violaciones de los derechos y garantías de los
desmovilizados, perpetrados por miembros del ejército o la policía, dis-
minuyeran significativamente en los últimos años del período 1990-
1997. Las violaciones cometidas por miembros de la policía en el período 1994-1997, por ejemplo, representan apenas el 19,78 por ciento de
las violaciones imputadas a representantes de ese organismo a lo largo
de los siete años de existencia de la misión.

De acuerdo al acta de clausura de la Comisión Tripartita, las recomendaciones formuladas por este organismo "persiguieron el objetivo
de enviar una señal clara para la sociedad nicaragüense (...) de que no
es permisible tomar la justicia por las propias manos, y que es factible,
a través del debido recurso a los procedimientos establecidos en la Ley,
velar por la justicia y el fortalecimiento de la reconciliación y la paz".
La Comisión Tripartita, finaliza el documento, pudo constatar que "las
condiciones que motivaron su creación han dado lugar a un proceso democrático en expansión, caracterizado, entre otros factores esenciales
a la democracia, por una mejoría notable en la observancia, promoción
y protección de los derechos humanos de los nicaragüenses".

Durante su gestión, la Comisión Tripartita recibió a representantes de
diferentes organizaciones sociales no gubernamentales que trabajan en el
área de derechos humanos, con el propósito de facilitar el intercambio de criterios sobre el origen de la violencia y para la formulación de recomendaciones que pusieran fin a ese fenómeno, que afectaba a distintos sectores del
país. Así, la Comisión Tripartita constituyó una instancia a la que acudieron diferentes sectores para expresar sus preocupaciones sobre la observancia de los derechos y garantías fundamentales.

La Comisión Tripartita hizo también constantes llamados a directo-
res y dueños de medios de comunicación para que los casos de violencia con motivaciones políticas fueran tratados de manera profesional y
constructiva, a fin de atenuar la exacerbación de conflictos con conse-

cuencias sociales graves y contribuir a la prevención de los mismos mediante una sistemática labor educativa en base a la tolerancia y el entendimiento.

ESTUDIO DE CASOS

A continuación se presentan algunos de los 83 casos estudiados por la Comisión Tripartita.

Caso Heliodoro Splinger Varela

El caso de Heliodoro Splinger Varela, o caso número 112, fue incluido en el Primer Informe de Avance de la Comisión Tripartita, presentado en febrero de 1993.

Para diciembre de 1991, el desmovilizado de la Resistencia Nicaragüense Heliodoro Splinger Varela se desempeñaba como jefe de policía de Wiwilí (Jinotega). Al enterarse de la toma del vecino poblado de Wamblán por parte de un grupo recompa el 20 de diciembre de 1991, Splinger, en su carácter de máxima autoridad policial de la zona, decidió trasladarse al lugar de los hechos para hablar con los rearmados, solicitando para ello colaboración al jefe del batallón del ejército acantonado en Wiwilí. Este último se negaría a acompañarlo aduciendo "falta de combustible" con que movilizar a sus tropas, por lo que el jefe policial se dirigiría a Wamblán acompañado únicamente por un reducido número de policías.

Splinger entabló contacto con los recompas, quienes lo desarmaron y separaron del resto de los policías, con la excepción de Julio César Benavides. Una vez a solas, los recompas procederían a ejecutar a Splinger. Benavides, herido, lograría huir.

El resto de los policías fueron tomados como rehenes y conducidos a la estación de policía que había sido abandonada. Miembros activos del EPS colaborarían con los integrantes del grupo recompa en la custodia de los prisioneros. Según el informe de la Comisión Tripartita, esta convivencia abierta entre militares y rearmados fue "observada por los jefes militares y policiales de la Región VI, la CIAV y la Cruz Roja cuando hicieron presencia en el lugar".

La investigación policial se realizaría diez meses después del hecho y evidenciaría la negligencia de esta institución para resolver el caso. Según declaraciones del delegado del Ministerio de Gobernación en esa región, recogidas en el informe de la Comisión, los participantes en la muerte de Splinger Varela fueron vistos en las oficinas de la policía de la VI Región poco después de los hechos.

La Comisión Tripartita establecería un móvil político para el hecho, agravado por la convivencia entre los miembros del EPS y los integrantes del grupo recompa, recomendando la captura y enjuiciamiento de los responsables de la muerte de Splinger, identificados por Julio César Benavides como César Olivas ("El Caminante") y dos individuos apodados "Pellizco" y "Canoso". La comisión recomendaría además la investigación del jefe militar de la VI Región, el jefe de policía de Matagalpa, el jefe del batallón del EPS con asiento en Wiwilí, el jefe de la sección policial de Wiwilí y el oficial instructor de Jinotega por la presunción de negligencia y encubrimiento.

Caso Unión Labú

El caso "Cooperativa Unión Labú" fue incluido en el Cuarto Informe de Avance, presentado por la Comisión Tripartita en septiembre de 1995. Este caso se refiere al asesinato de varios cooperativistas de Siuna (RAAN), en noviembre de 1993, a manos de un grupo recontra.

A través del trabajo de la subcomisión correspondiente, se logró establecer que el 8 de noviembre de 1993 un grupo de civiles pertenecientes a la cooperativa "Unión Labú" del municipio de Siuna fue retenido en la capilla de la iglesia local por un grupo de recontras integrado por "Alacrán", "Bayardo", "Bigote", "El Verdugo", "Javier", "Guatemala" y "Veloz". A lo largo de ese día y la madrugada del siguiente, los recontras dispararon contra algunos de los civiles mantenidos en la capilla; entablaron combate con otros integrantes de la cooperativa que intentaron defenderse y asesinaron a Marcos Muñoz, Efraín Sánchez, Cecilio Rosales y Camilo Rosales, procediendo luego a saquear las casas y la tienda de la cooperativa, de donde se llevaron artículos eléctricos, mobiliario y ropa.

Si bien las autoridades policiales presentaron un informe sobre los hechos, identificando a los ciudadanos Arsenio Zamora y Antonio Orozco como integrantes del grupo rearmado que atacó la cooperativa, testimonios recogidos por la subcomisión investigadora afirmarían que la policía no había realizado investigación alguna sobre el terreno.

La Comisión Tripartita identificaría la animosidad política como móvil de este hecho, recomendando la captura y enjuiciamiento de los autores de los homicidios y la investigación del jefe de policía de Siuna por presunta negligencia en el desempeño de sus tareas.

Caso Waslala

El análisis de los sucesos de Waslala (RAAN), o caso número 62-64, fue incluido en el Tercer Informe de Avance de la Comisión Tripartita, presentado en diciembre de 1993. Este se refiere a hechos de violencia ocurridos en ese municipio el 2 de octubre de 1990 en el marco de un conflicto colectivo motivado por la toma de la alcaldía municipal y varios edificios públicos por parte de simpatizantes sandinistas. En este episodio resultarían muertos cuatro ex miembros de la Resistencia.

La subcomisión que se encargó de investigar los hechos *in situ* logró establecer, a través de diferentes testimonios, que el 1º de octubre de 1990 un grupo de cooperativistas de filiación sandinista, armados de machetes, piedras, palos y varios fusiles AK, había procedido a la toma de la alcaldía, el Banco Nacional, el Ministerio de Educación y el hospital, procediendo a retener al alcalde y al delegado del gobierno, sin que la policía tomara medidas para impedir estas acciones.

Estos hechos motivarían la reacción violenta de la población civil simpatizante de la UNO y la Resistencia Nicaragüense. Los manifestantes procederían a desalojar los edificios tomados y a bloquear las carreteras de acceso al pueblo. A raíz de disparos procedentes de la casa de una "conocida militante del FSLN" dos menores de edad resultaron heridos. Si bien el agresor fue capturado y entregado a la policía, ésta lo dejaría en libertad horas más tarde.

Al día siguiente, un grupo de unas trescientas personas armadas con machetes, palas y piedras, al que según algunos testigos se sumaría un individuo armado con un fusil AK y otros con pistolas, se dirigió al cuartel policial exigiendo la sustitución de los efectivos policiales por ex miembros de la Resistencia. A pesar de órdenes explícitas de no disparar, emitidas por el jefe de la policía local, los efectivos de esta institución abrirían fuego contra los manifestantes, produciéndose posteriormente un intercambio de disparos que dejaría cuatro manifestantes muertos y siete heridos. Los muertos, todos ex miembros de la Resistencia, respondían a los nombres de Juan Francisco Raythe, Secundinio Tremino, Jesús Gutiérrez y Orlando Loáisiga.

La subcomisión incorporaría en su informe el "informe conclusivo" de las investigaciones realizadas en su momento por la Policía Nacional. Este informe, presentado por el subcomandante Roberto González Kraudy, sólo atribuía ilegalidad a los hechos protagonizados por los desmovilizados de la Resistencia, sin hacer mención a la toma de edificios públicos por parte de los cooperativistas de filiación sandinista. Los once policías involucrados en los sucesos, que habían sido procesados por el órgano de justicia militar por homicidio y lesiones, habían sido sobreseídos.

La Comisión Tripartita, una vez analizados los diferentes elementos probatorios, establecería que el móvil de los sucesos había sido eminentemente político, ya que "la polarización política de la guerra recién pasada, la animosidad entre los grupos enfrentados, la actuación parcializada de la Policía Nacional generaron (...) un clima de agitación que desencadenó los hechos".

La Comisión Tripartita recomendaría reabrir el caso, investigar al subcomandante González Kraudy por presunción de encubrimiento, destituir a los funcionarios policiales involucrados por no acatar las órdenes de no disparar en contra de los manifestantes y el desarme de todos los civiles en posesión de armas de guerra en la zona.

5
Mediación de Conflictos

LA NECESIDAD DE PERSUADIR Y GENERAR ENTENDIMIENTOS ENTRE sectores en conflicto fue percibida desde un primer momento como íntimamente ligada al mandato de la CIAV. En 1990, durante las negociaciones que condujeron a la firma de los acuerdos para la desmovilización y repatriación de los miembros de la Resistencia, la misión asumió espontáneamente el rol de mediadora, actuando como facilitadora y testigo de las conversaciones entre los representantes del gobierno y la Resistencia.

Las tareas de mediación desarrolladas por la CIAV durante la fase de negociación para la desmovilización se afianzaron luego en forma espontánea y natural en el marco de las actividades desarrolladas por el PSV. La recepción de denuncias por violaciones a los derechos y garantías de los ex combatientes implicaba, por lo general, el inicio de un proceso de mediación informal con las autoridades policiales y/o militares señaladas como responsables de esas violaciones. Cuando los oficiales de protección recibían una denuncia de privación ilegal de libertad de un desmovilizado, por ejemplo, éstos tomaban contacto inmediatamente con las autoridades policiales locales, lo que por lo general desembocaba en la liberación del detenido. Asimismo, en el contexto de enfrentamientos entre las fuerzas de seguridad y grupos de desmovilizados, o en el marco de conflictos colectivos, tales como conflictos agrarios, la misión jugaba por lo general un rol disuasor, lo que impidió en muchos casos la multiplicación de actos de violencia.

Formalmente, sin embargo, las tareas de mediación de la CIAV se iniciaron a principios de 1991, a petición de las autoridades gubernamentales en el contexto de la aparición de los grupos rearmados. Dado el prestigio y la confianza de que gozaba entre los desmovilizados, la misión se convirtió en el mediador natural entre las autoridades del gobierno y los líderes recontras.

La totalidad de las negociaciones en las que participó la CIAV culminó en acuerdos de mayor o menor profundidad, lo que permitió que cesaran las acciones de violencia. El éxito de los procesos de mediación puede medirse también por la disminución paulatina y sistemática de ex combatientes realzados. Para fines de 1996, la misión estimaba en un uno por ciento el porcentaje de desmovilizados rearmados. Otro indicador del éxito de las tareas de mediación emprendidas por la CIAV fue la disminución progresiva de la violencia originada por motivos políticos. Según las estadísticas del PSV, la violencia de este tipo en contra de desmovilizados y/o sus familiares se redujo del 87,50 por ciento en 1990 al 25,20 por ciento en 1996.

Los procesos de mediación más comunes en los que participó la CIAV se realizaron en el ámbito de secuestros de personas, conflictos colectivos (tales como conflictos agrarios) y negociaciones con los grupos rearmados.

La confianza y el prestigio

La decisión de mantener una presencia sistemática en las zonas de postguerra contribuyó a aumentar el nivel de prestigio y confianza en la misión, tanto entre los desmovilizados y los negociadores del gobierno como entre los pobladores de la zona en general.

A la presencia sistemática de la misión en las antiguas zonas de conflicto se le sumó la calidad del factor humano. Los funcionarios de la misión eran por lo general jóvenes que no presentaban objeciones al hecho de tener que trasladarse a zonas aisladas y de difícil acceso, sin ningún tipo de protección militar. Este factor contribuyó a consolidar la imagen y el prestigio de la misión, lo que a su vez reforzó la comunicación y la confianza con la población de la zona, naturalmente desconfiada de los factores de poder y de los extranjeros.

En los sectores del gobierno, estas características contribuyeron a generar una imagen de efectividad y confiabilidad. En un principio, las autoridades civiles y militares propusieron a la misión como mediadora en función de su cercanía a los desmovilizados y su eventual capacidad para incidir en éstos. Esta percepción se amplió luego a fines de 1991, cuando grupos de origen recompa solicitaron también la mediación de la misión.

Los funcionarios del gobierno percibían además a la CIAV como una fuente importante de información de contexto y de la realidad de las zonas de postguerra. Las instituciones del estado se encontraban por lo general alejadas física, cultural y políticamente de los escenarios del conflicto, por lo que el gobierno carecía de funcionarios civiles en esas áreas, que le permitieran acceder a niveles satisfactorios de información.

El proceso de negociación

La decisión de intervenir como mediadora en conflictos entre líderes rearmados y autoridades gubernamentales se tomaba a partir de una solicitud oficial del gobierno. En algunas ocasiones, la iniciativa partía de la misión, como cuando ésta informaba al gobierno acerca de la existencia de hechos sobre los cuales consideraba que era necesario iniciar un acercamiento.

Si bien la decisión no se tomaba unilateralmente, en ocasiones se adoptaban algunas previsiones, tales como la de establecer comunicación con grupos de rearmados o secuestradores mientras se aguardaba la autorización gubernamental para intervenir.

El objetivo fundamental de la mediación era el de lograr el desescalamiento del conflicto, el que podía traducirse en un cese de fuego, la liberación de rehenes y/o la designación de enclaves para posibilitar negociaciones que dieran lugar a compromisos parciales o acuerdos definitivos. Si bien la persuasión para posibilitar el diálogo era esencial, generalmente la tarea prioritaria de la misión consistía en la elaboración de una agenda que permitiera establecer puntos en común para la discusión o negociación.

Por lo general, en casos de secuestros u otras acciones, la misión procedía de acuerdo a los siguientes pasos:

- Establecimiento de comunicación con el captor, su intermediario o los grupos rearmados;

- Presentación de una solicitud de autorización a las autoridades del gobierno para la realización de las tareas de mediación en los casos en que estas últimas no hubieran solicitado previamente la intervención de la CIAV. Este paso se daba cuando se tenía la seguridad de que el grupo captor o rearmado requería o aceptaba la mediación de la misión;

- Designación por parte de la CIAV de un responsable de coordinación y ejecución del operativo y de quienes lo acompañarían en el proceso de mediación;

- Establecimiento de las medidas de seguridad correspondientes, tales como la solicitud a las fuerzas de seguridad de retirar sus efectivos de las zonas adyacentes al lugar de los hechos o el condicionamiento de las acciones de los grupos rearmados a actividades militares defensivas;

- Establecimiento de una red de comunicación por radio entre los oficiales de protección encargados del operativo de mediación y la sede central y/o las sedes regionales de la misión;

- Requerimiento de entablar contacto visual con los rehenes en los casos de secuestros;
- Determinación del estado de salud de los rehenes, si era posible mediante la intervención de personal médico de la misión;
- Indagación directa de los motivos del secuestro o de los petitorios del grupo secuestrador o de la lista de demandas en el caso de los grupos rearmados;
- Traslado de esos requerimientos a las autoridades gubernamentales por radio;
- Definición del lugar de negociación. Estos lugares se establecían por consenso después de consultas con los grupos rearmados o de secuestradores y las autoridades gubernamentales. Durante este proceso, la misión actuaba como enlace entre las partes;
- Persuasión del grupo para la liberación del secuestrado invocando motivos humanitarios, independientemente de la respuesta a las demandas efectuadas.

Cabe indicar que estos pasos no siempre se cumplían en este orden y que, en algunos casos, la liberación de rehenes no implicaba necesariamente un largo proceso de negociación. En ocasiones, ésta se realizaba sobre la contingencia, en el marco de las labores habituales de verificación en las zonas de conflicto. Muchas veces, la sola presencia de un oficial de protección bastaba para obtener la liberación espontánea de los rehenes o retenidos.

La logística

La logística utilizada en los procesos de mediación involucraba la utilización de vehículos adecuados para el terreno de la zona, equipos de comunicación y, en los casos en que se presumían largas rondas de negociación, adecuadas provisiones de alimentos.

Las tareas de mediación eran coordinadas a nivel central por el jefe de misión o por el responsable nacional del PSV. Las negociaciones en el campo estaban generalmente a cargo del responsable del PSV de la región donde se había suscitado el hecho. En ocasiones, cuando los casos alcanzaban repercusión nacional, se designaba un responsable en la sede central, que por lo general era el responsable nacional del PSV o el responsable de la oficina de Managua. Cuando no existían condiciones para la comunicación por radio, o las condiciones de seguridad eran consideradas inadecuadas, por lo general se designaban equipos conformados por varios oficiales de protección, los cuales se distribuían autónomamente las funciones en el terreno. En todos los casos, la sede central mantenía informado al gobierno sobre la evolución de los acontecimientos en forma permanente.

Para la determinación de los lugares donde debían realizarse las rondas de negociación, la misión sugería lugares teniendo en cuenta, además de los factores de seguridad, la accesibilidad a la zona y la posibilidad de entablar comunicaciones por radio. Cuando esto no era posible, los miembros de la misión se trasladaban a pie, a caballo o en bote, manteniendo la comunicación mediante el uso de radios portátiles.

La seguridad

La seguridad de los negociadores de ambas partes antes, durante e inmediatamente después de las negociaciones estaba a cargo de la CIAV.

La confianza de los grupos de rearmados en la capacidad de la misión para brindar seguridad fue un factor fundamental para posibilitar el traslado de los líderes de esos grupos a los lugares de negociación, sobre todo cuando los encuentros tenían lugar fuera de sus zonas de influencia. Como norma, los negociadores de los grupos rearmados eran despojados de sus armas antes de abordar los vehículos de la misión. Esta confianza fue un elemento decisivo, sobre todo si se tiene en cuenta la historia política de Nicaragua, donde se encuentran numerosos de ejemplos de negociaciones que terminaron con la muerte violenta de los negociadores rebeldes.[23]

En el caso de negociaciones para la liberación de rehenes, el responsable del operativo destacaba por lo general un equipo de oficiales de protección para que permaneciera al lado de los secuestrados el tiempo que demandara la negociación como una forma de brindarles seguridad. La misión se encargaba también de salvaguardar la seguridad de los negociadores del gobierno cuando éstos se trasladaban a las zonas de influencia de los rearmados a negociar.

Con el objeto de reforzar la seguridad de los negociadores de ambas partes, la CIAV se encargaba de verificar la ausencia de tropas o elementos irregulares en los alrededores del punto de reunión. Este operativo se realizaba durante los días previos a los encuentros hasta el mismo día de la reunión entre los negociadores. Estos, tal como se ha mencionado, eran trasladados en vehículos de la misión en compañía de un oficial de protección a la localidad seleccionada. Para ello se formaban caravanas, siendo el primer vehículo el verificador de las condiciones del camino y los aspectos de seguridad.

Mientras perduraban las negociaciones, los funcionarios de la misión establecían perímetros de seguridad alrededor de los lugares de negociación. Estos perímetros se delimitaban mediante el posicionamiento de los vehículos de la misión en distintos puntos estratégicos, tales como puntos que posibilitaran la observación global de movimientos en los alrededores del lugar donde se desarrollaba la reunión y los lugares de entrada y salida de esa localidad.

Una vez finalizada la negociación, fuera esta definitiva o preparatoria para las próximas rondas, los vehículos de la CIAV trasladaban nuevamente de regreso tanto a los jefes de los rearmados como a las autoridades del gobierno.

La incorporación de otros actores
Inicialmente, la CIAV actuó como única instancia de mediación en las antiguas zonas de conflicto. Sin embargo, a medida que se fueron desarrollando ciertas condiciones de confianza y seguridad, se fueron incorporando a este proceso a representantes de organizaciones nacionales no gubernamentales, tales como organismos de derechos humanos, y personalidades prestigiosas, tales como figuras políticas y/o religiosas. Esta metodología contribuyó a que los actores nacionales asumieran responsabilidades en la resolución de conflictos internos, así como al establecimiento de confianza mutua entre los distintos protagonistas del proceso de negociación.

Entre otras organizaciones, participaron de estas actividades representantes de la Iglesia Católica, el Consejo de Iglesias Evangélicas Pro Alianza Denominacional (CEPAD) y distintas organizaciones de derechos humanos, tales como la ANPDH, el CPDH y el CENIDH. Estas intervenciones se realizaron a solicitud de las partes y/o a pedido de la misión, dependiendo de las circunstancias del momento.

En el año 1996, la CIAV decidió incorporar a las negociaciones a representantes de las redes de Derechos Humanos y a las Comisiones de Paz locales (ver Capítulo 3, Parte V). Esta fue una decisión estratégica de la misión y tuvo por objeto consolidar la transferencia de funciones en materia de resolución pacífica de conflictos a la sociedad civil.

La CIAV como garante

La participación de la CIAV en los procesos de negociación entre los líderes rearmados y las autoridades gubernamentales en carácter de garante de los acuerdos alcanzados fue el resultado natural de la confianza depositada por las partes en el mecanismo que las había ayudado a entablar y mantener un diálogo. Asimismo, la actuación de los oficiales de la CIAV durante las etapas previas a las conversaciones hizo que éstos se transformaran espontáneamente en los moderadores de los debates, así como en los facilitadores de los acuerdos y compromisos. En este carácter, los miembros de la misión colaboraron con frecuencia realizando propuestas para destrabar situaciones conflictivas y/o sugiriendo mecanismos de operativización adecuados a los acuerdos.

El factor de confianza personal, desarrollado a partir de los frecuentes contactos entre los oficiales de protección y los desmovilizados durante las tareas de verificación o la ejecución de programas, resultó muchas veces decisivo para desbloquear situaciones difíciles en las negociaciones.

El hecho de que la CIAV conociera desde un comienzo los detalles del proceso de negociación, tanto los públicos como los reservados, la transformaba en un interlocutor válido en la fase de implementación de los acuerdos. Esta función llegó en algunos casos a la interpretación del espíritu de los acuerdos cuando una o más cláusulas no estaban claramente redactadas.

El seguimiento de los acuerdos

Por lo general, los acuerdos firmados entre los representantes de los grupos de rearmados y del gobierno incluían la creación de comisiones de seguimiento. En su carácter de mediadora, la CIAV era por lo general incluida en estas comisiones. Cuando en lugar de estas comisiones el gobierno designaba una "oficina de cumplimiento de los acuerdos", ubicada en el ministerio de Gobernación, la CIAV efectuaba el seguimiento de lo estipulado en los acuerdos mediante el monitoreo de lo realizado por esa oficina y la verificación en el terreno. Los resultados de esta tarea se detallaban en informes periódicos dirigidos al ministerio, en los que se evaluaba el avance de los acuerdos.

6
Acciones de Desarme

LA CIAV JUGO UN PAPEL DE FUNDAMENTAL IMPORTANCIA TANTO EN los procesos de negociación tendientes a lograr la desmovilización de los efectivos de los grupos rearmados como en la etapa del desarme y posterior reinserción social de los combatientes, ya sea de origen contra o sandinista. Si bien la labor de la misión en este proceso no se hallaba estrictamente enmarcada en el mandato emanado del Acuerdo de Tela, la misma se emprendió a solicitud tanto de las autoridades gubernamentales como de los líderes de los grupos rearmados, incluidos los grupos recompas.

A diferencia de lo ocurrido durante el proceso de desmovilización en 1990, en el que además de los oficiales de la CIAV participaron contingentes militares provistos por la ONU, el desarme de los grupos rearmados a partir de 1991 se llevó a cabo exclusivamente bajo la supervisión de los oficiales civiles, internacionales y nacionales, de la misión. La recolección y destrucción de las armas estuvo en estas ocasiones a cargo de las llamadas Brigadas Especiales de Desarme (BED), un organismo local creado específicamente para este propósito.[24]

Entre 1990 y 1997, la CIAV participó como mediadora, moderadora, facilitadora y garante en tres procesos de desarme. El primero correspondió a la desmovilización gradual de más de 20 mil rearmados, entre recontras y recompas, durante los años 1991 y 1992. El segundo correspondió a la desmovilización de 600 individuos pertenecientes al llamado Frente Norte 3-80 y el tercero correspondió al desarme de alrededor de 1.000 personas en el período 1996-1997.

PROCESO DE DESARME 1991-1992

A principios de 1991, los jefes de los primeros grupos recontras se contactaron con oficiales de la misión con el objeto de solicitar la intermediación de la CIAV para iniciar conversaciones con representantes del gobierno. La primera reunión formal entre jefes recontras y representantes de la misión se realizó el 21 de mayo de 1991 en Jinotega. Los líderes recontras condicionaron el diálogo al retiro de las fuerzas militares y policiales del área donde operaban y el desarme de los cooperativistas sandinistas. La CIAV, por su parte, requirió como condición para efectivizar su mediación, el previo consentimiento del gobierno, el no aumento de los efectivos rearmados, la suspensión de operaciones militares y el encuadre orgánico de los diferentes grupos recontras bajo una representación común.

La primera reunión entre el gobierno y los grupos recontras se realizó el 20 de junio en la comarca de El Bote, en el departamento de Matagalpa. Esta fue la primera de una larga serie de encuentros entre representantes del gobierno y dirigentes de los grupos recontras en los que la CIAV, en su carácter de mediadora y facilitadora, realizó innumerables gestiones de acercamiento para facilitar la comunicación y negociación entre las partes.

El surgimiento de los grupos armados de filiación sandinista en agosto de 1991, y los choques subsiguientes entre éstos y los comandos recontras, crearon situaciones de extrema tensión, complicando y demorando las negociaciones entre el gobierno y los grupos de la Resistencia. En este contexto, y a solicitud de los propios líderes recompas, la CIAV gestionó y logró una serie de acercamientos entre éstos y las autoridades del gobierno, así como entre éstos y los dirigentes recontras. La primera declaración conjunta firmada por los estados mayores de ambos grupos irregulares en Tomatoya, departamento de Jinotega, en noviembre de 1991,[25] solicitaba expresamente a la CIAV la continuación de su labor de coordinación y mediación (ver "Histórico encuentro en Tomatoya").

El desarme final de ambos grupos implicó un largo proceso de negociación, que culminó con la suscripción de 33 acuerdos entre igual número de grupos irregulares y el gobierno en los meses de enero, febrero y marzo de 1992.

HISTORICO ENCUENTRO EN TOMATOYA

El 18 de noviembre de 1991 las montañas de Jinotega fueron testigo de un evento inimaginable hasta ese momento. Ese día, en la localidad de Tomatoya, los máximos dirigentes recontras y recompas abandonaron momentáneamente sus fusiles para reunirse en la búsqueda de un acuerdo que permitiera alcanzar la paz en las zonas donde operaban.

Al día siguiente, el diario *La Prensa* haría referencia al histórico encuentro informando que recontras y recompas habían suscrito, en la base militar de Tomatoya, *una declaración conjunta que de cumplirse contribuirá sustancialmente a terminar con los continuos enfrentamientos armados que se producen en la zona norte del país*.

En la "Declaración de Tomatoya", como se conocería luego al documento, los estados mayores del Movimiento de Autodefensa Revolucionaria (recompa) y el Frente Democrático de Salvación Nacional (recontra) se comprometían a adecuar sus acciones al marco legal del país e iniciar un diálogo con el gobierno. Los firmantes establecían además un pacto de no agresión entre ambas fuerzas y exhortaban al gobierno a cumplir con los compromisos adquiridos en los acuerdos celebrados con la Resistencia, el EPS y el Ministerio de Gobernación el año anterior.

La reunión que posibilitó el acuerdo se había realizado bajo los auspicios de la CIAV, que se había encargado de contactar a los miembros de ambas agrupaciones, transportarlos desarmados hasta la base militar y servir como moderadora en las discusiones. Junto a Santiago Murray, coordinador general de la CIAV, también firmarían el documento, en carácter de observadores, el delegado del Ministerio de Gobernación en Matagalpa, Mario Amador, y el Capitán del EPS, José Hernández.

Las conversaciones permitieron a los jefes recontras y recompas reconocer que compartían problemas en común y que podían trabajar juntos para solucionarlo. Un oficial de protección que se encontraba presente en la reunión recuerda cómo durante las pláticas los campesinos que se habían enfrentado por más de diez años iban identificando numerosos puntos de coincidencia y aunando voluntades para resolver sus problemas. *Habían incluso parientes en uno y otro bando*, cuenta.

El acuerdo sería firmado por "Bronson", "Charlie", "Camilo", "Miguel Angel", "Fiera del Norte", "Jesús", "Johny", "Negrito" y "Panamá" por parte de la Recompa y por los comandantes "Culebra", "Tigrillo", "Campeón", "Dimas", "Bolívar", "Bigote de Oro", "Jackson" y "Freddy" por la Recontra.

El surgimiento de nuevos grupos rearmados ajenos a los acuerdos en lo meses posteriores, sin embargo, impediría la consolidación del proceso iniciado en Tomatoya. No obstante, la reunión y el acuerdo alcanzado en la base militar mostraban un camino, evidenciando la posibilidad de un diálogo conducente a la paz en la región.

Características del proceso

Los acuerdos firmados entre los grupos rearmados y el gobierno en este período se referían fundamentalmente a aspectos vinculados a la seguridad de los combatientes, tocando sólo de manera marginal cuestiones relacionadas a su integración a la vida civil.

El proceso de negociación que condujo a la firma de los acuerdos se caracterizó, entre otros aspectos, por la entrega de incentivos económicos a los cuadros superiores y la entrega de dinero en efectivo a los combatientes a cambio de sus armas. De acuerdo a algunas estimaciones, el gobierno desembolsó en este proceso alrededor de 1.3 millones de dólares en el período 1990-1993. [26]

Esta política tuvo sin embargo efectos negativos tanto para el gobierno como para los propios grupos rearmados. La compra de armas, por ejemplo, se convirtió rápidamente en un medio para obtener dinero, por lo que esta iniciativa terminó promoviendo, entre otros fenómenos, la creación espontánea de grupos armados, cuyo único objetivo era el de presentarse ante las autoridades a intercambiar sus armas por dinero. En algunos casos, los combatientes se armaron y desmovilizaron en más de una oportunidad. Al final de este proceso, el gobierno logró captar más de 20.000 armas, aunque el número real de combatientes desmovilizados, que habían realizado operaciones bélicas en ese período, no superó los 2.000 efectivos.

Por su parte, la entrega de incentivos a los cuadros dirigentes, tales como automóviles, sumas de dinero en efectivo, fincas y viviendas, dio lugar a numerosas disputas internas entre los combatientes y terminó deslegitimizando a los líderes de los grupos rearmados, muchos de los cuales se vieron obligados a abandonar las zonas de concentración de los desmovilizados.

Inicialmente, el Ministerio de Gobernación centralizó los aspectos relativos a la ejecución de los acuerdos, lo que permitió llevar a cabo acciones uniformes y coherentes en materia de entrega de tierras y materiales de construcción. La compra de los terrenos destinadas a los desmovilizados por parte del gobierno evitó además la generación de problemas legales con respecto a la tenencia de la tierra, como había ocurrido durante el proceso de desmovilización en 1990. La ausencia de políticas crediticias para la explotación de esas tierras y la combinación de criterios prebendísticos con beneficios sociales, sin embargo, no permitieron completar el proceso de reinserción social de los desmovilizados. El proceso de desarme de los grupos rearmados culminó con la entrega de sumas de dinero a cambio de la certificación del cumplimiento de los acuerdos por parte de los dirigentes desmovilizados.

Si bien el proceso que condujo a la desmovilización de los grupos rearmados entre 1991 y 1992 permitió apaciguar momentáneamente las zonas de conflicto, el mismo no resolvió la problemática de fondo que planteaba la reinserción social de los ex combatientes. Estas falencias salieron a la luz en los años siguientes en vista del rearme de nuevos grupos de la Resistencia, tales como el llamado Frente Norte 3-80.

PROCESO DE DESARME 1994 (FRENTE NORTE 3-80)

El Frente Norte 3-80 (FN 3-80), fundado por 13 ex combatientes de la Resistencia a mediados de 1992 en Quilalí, en el departamento de Nueva Segovia, constituye el grupo de rearmados de la Resistencia más importante e influyente del período posterior a la desmovilización de 1990.[27]

La notoriedad e importancia adquirida por este grupo se derivó en parte del estilo y discurso del jefe máximo del FN 3-80, el comandante "El Chacal" (José Angel Talavera).[28] A diferencia de lo ocurrido durante los anteriores procesos de desmovilización, El Chacal y su grupo insistieron en otorgar a los aspectos vinculados a la reinserción social de los combatientes máxima prioridad, subordinando el desarme de sus efectivos al cumplimiento de las promesas del gobierno. Gracias a estas características, el proceso de desmovilización y posterior reinserción social de los integrantes del FN 3-80 asumió características únicas, que lo transformarían en un proceso modelo. Las labores de pacificación y reinserción social de los miembros de este grupo constituirían una experiencia de fundamental importancia para la misión (ver Capítulo 5, Parte IV).

El FN 3-80, integrado por aproximadamente 150 combatientes, operaba principalmente en la zona de Nueva Segovia (ver "Quilalí, la capital de la guerra"). A pesar de su relativamente reducido número, gracias al apoyo de la población local, el conocimiento del terreno y la experiencia militar, el FN 3-80 se constituyó en uno de los grupos rearmados de mayor impacto militar a mediados de la década del 90, protagonizando hechos de enorme repercusión pública, tales como los llamados secuestros de El Zúngano.

QUILALI, LA CAPITAL DE LA GUERRA

A continuación se transcribe un reportaje sobre la localidad de Quilalí, aparecido en agosto de 1993 en *El Semanario*, escrito por Fabián Medina. Cuatro años después de publicado el artículo de Medina, la CONOR 3-80 inauguró sus nuevas oficinas en este poblado en una acto que contó con la participación de miembros del cuerpo diplomático, representantes de organismos internacionales y funcionarios del gobierno. El acto, más que cualquier otra cosa, demuestra el camino recorrido en la pacificación de la región.

«Hasta antes de la insurrección sandinista, dos guardias nacionales controlaban Quilalí. Era un pueblo pacífico e ignorado, a pesar de sus paisajes paradisíacos. Esto sucedió hasta 1980. Ese año nace en una de sus comunidades la contrarrevolución y la guerra nunca más abandonaría el municipio. Tres mil soldados no llegaron a controlar el territorio en 1987. Un comando regional contra se formó con sus habitantes y hubo días en que el cementerio local recibió hasta doce muertos de un solo golpe. ¿Qué provocó un cambio tan brutal?

Menos conocidas que las matanzas de Wiwilí, pero igual de crueles, son las que la Guardia Nacional emprendió en 1934 para borrar a sangre y fuego el sandinismo de Quilalí. El Teocintal, Buena Vista y Plan Grande fueron arrasados.

Si algunos sandinistas sobrevivieron, lo hicieron como ermitaños, enmontañados y solos. Como el Coto Vargas, que se escondió el resto de su vida en una mina de la comunidad de El Golfo y que sobrevivía mandando a vender a Ocotal el oro encontrado. Ahí murió de viejo.

También se recuerda al coronel Sobalvarro, que como fantasma deambulaba armado por las montañas. Y ora vivía en Quilalí, ora en Olancho, Honduras. La leyenda dice que todavía sigue vivo, inatrapable en la selva. Otros de estos ermitaños fueron Zacarías López y Emilio Morán, este último padre de un hijo que sería conocido en el 91 como "El Indomable".[26]

Dimas y las MILPAS. Pero, fuera de ellos el sandinismo pareció morir en Quilalí. Dos guardias llegaron a controlar aquel municipio de gente atemorizada, que se acostumbró a vivir en paz y olvidados del resto del país. Tan pacífico era el pueblo que el cuartel de la Guardia fue tomado sin derramar sangre, casi al mismo tiempo que se celebraba el triunfo de la revolución en la hasta ese entonces llamada Plaza de la República.

Sin embargo, todo cambió en 1980. Un grupo de combatientes sandinistas resentidos se alza en armas en la comunidad de Jiquelite y funda las MILPAS, embrión del ejército que durante diez años combatiría a la revolución sandinista. El grupo era jefeado por "Dimas", un guerrillero foráneo, cuyo nombre era Pedro Joaquín González, que rápidamente se había ganado las simpatías locales.

Quilalí pasaría a la historia no solo como el lugar donde nació la contrarrevolución en Nicaragua, sino también por ser el primer poblado tomado militarmente por estos, cuando en 1980, Dimas y su gente entraron y desarmaron a la guarnición local.

Dimas se movía con facilidad y relativa seguridad por las mismas zonas donde operó bajo las órdenes del Comandante Germán Pomares, en la guerrilla sandinista. Para aniquilarlo, el recién formado ejército infiltró a un hombre que llegó a ser uno de sus principales lugartenientes.

Jimmy Rodríguez, dirigente del Frente Sandinista, está seguro que la población nunca perdonó la forma como acabaron con el jefe rebelde. Una noche lo mataron, junto a su guardaespaldas, mientras se reunía en un galerón en la comunidad de San Bartolo. El cadáver fue expuesto y vejado en el cuartel local.

Dimas murió, pero la guerra nunca más abandonó el poblado. Miles de campesinos quilalilianoo oombatieron durante diez años, en uno y otro bando. Hasta un comando regional de la contra se llamó "Quilalí" por estar jefeado e integrado principalmente por combatientes de este lugar.

Agresión cultural. Las frecuentes exposiciones de cadáveres de contras muertos en pleno parque de Quilalí provocaron un efecto contrario al que perseguían los que las ideaban: la población, incluso la sandinista, educada en el culto a los muertos, se indignó en silencio contra los vejámenes.

"Yo les explicaba a los militares que eso no debía hacerse, que los muertos deben enterrarse, pero ellos decían que lo hacían para demostrar la derrota de la contrarrevolución", dice Rodríguez quien para ese tiempo era alcalde del poblado.

Francisco Zeledón, uno de los concejales sandinistas de la Alcaldía de Quilalí, agrega otro elemento al antisandinismo que prevalece en Quilalí: la migración forzosa de miles de campesinos de las llamadas zonas de guerra hacia los tres asentamientos que construyó la revolución.

Se calcula que por lo menos unas 4 mil personas fueron desalojadas de su territorio natural y llevadas a los asentamientos de San Bartolo (200 casas), Panalí (100 casas) y El Coco (100 casas). Con esta migración se pretendía despojar a la contrarrevolución de su base social.

A pesar que en estos asentamientos se dispuso de centros de salud, escuelas, guarderías infantiles y otros servicios, los campesinos siempre añoraron sus tierras. Así, cuando se produce el cambio de gobierno, muchos vendieron sus casas, algunos las destruyeron y se llevaron el material que pudieron y otros mantienen dos domicilios. Pero los asentamientos no volvieron a ser como antes. Los servicios desaparecieron y no es difícil encontrar cantinas y uno que otro prostíbulo.

Quilalí de hoy. Sin embargo, el Quilalí de hoy es distinto al de la década de los 80. Los bares y comercios han proliferado y sus habitantes se divierten hasta más allá de la media noche. Antes, a las siete de la noche era un pueblo muerto.

La población que en 1988 era de 17 mil 800 personas creció en 1990 a 30 mil con el flujo de repatriados y desmovilizados que se produjo ese año, pero las pocas oportunidades de vida que se encontraron provocaron que este año la población haya bajado a 19 mil habitantes.

Según la CIAV en el poblado permanecen 516 desmovilizados de a Resistencia y mil 127 repatriados. Del ejército hay 72 licenciados.

Hoy también los muertos son menos y ya se dejaron atrás aquellos tiempos en que se enterraban 4 ó 5 personas diarias, o doce como aquel día de 1987, cuando una mina contrarrevolucionaria destruyó un camión lleno de pasajeros. Y qué cosas, uno de los muertos fué don José Esteban Talavera, padre de El Chacal, que ese tiempo era jefe de una fuerza de tarea del comando regional Quilalí.

Sin embargo, la normalidad que se observa no es porque la guerra haya terminado. A sólo tres kilómetros se mantienen las fuerzas de El Chacal. Más bien pareciera que la guerra ya es parte de su normalidad.

Somos la capital de la guerra, dice Raúl Vílchez, dirigente local del partido Liberal Independiente y estudioso de sociología y siquiatría, que cree que el desarme principal está por venir: el desarme de la mente, de la cultura de la violencia en que una generación fue educada. "Los jóvenes fueron educados en el arte de la guerra y no el arte de la agricultura como hicieron con nosotros nuestros antepasados". Vilchez ve con satisfacción el proceso de negociación que se reanudará el 7 de septiembre entre el gobierno y El Chacal y ruega que pronto "pasemos de ser la capital de la guerra a la capital de la paz".»

El Zúngano

El 19 de agosto de 1993, un comando del FN 3-80 tomó como rehenes a los miembros de una comisión interministerial de 41 personas, que se encontraba en la localidad de El Zúngano, en el municipio de Quilalí (Nueva Segovia) negociando el desarme del grupo. Entre los secuestrados se encontraban tres diputados (dos diputados del FSLN y uno del Partido Liberal Independiente, PLI), los viceministros de Trabajo y Acción Social; el primer y segundo jefe de las BED y otros funcionarios del gobierno. Para su liberación, los comandantes recontras exigían la destitución del ministro de la presidencia, Antonio Lacayo; el jefe del ejército, general Humberto Ortega y el jefe de los servicios de inteligencia, coronel Lenín Cerna. Los secuestrados demandaban, además, ayuda financiera y técnica para los desmovilizados, programas de asistencia social y el cumplimiento del plan de campaña de la UNO.

El primer día de la crisis, el gobierno le solicitó a la CIAV, a través del ministerio de Gobernación, que actuara como único canal de comunicación entre el gobierno y el grupo armado. Para dar respuesta a la emergencia, el responsable del PSV en la Región I tomó contacto con los secuestradores ese mismo día en horas de la tarde, a fin de informarles el carácter de su misión y visitar a los rehenes.

El FN 3-80 aceptó la mediación de la misión, solicitando además la presencia del cardenal Obando y Bravo y la del ex presidente del Banco Central del gobierno de Violeta Chamorro, Francisco Mayorga. Al día siguiente, el coordinador general de la CIAV, Sergio Caramagna, y el jefe de operaciones, Roberto Menéndez, se hicieron presentes en El Zúngano para reforzar la gestión encomendada. La delegación de la misión estaba además integrada por un médico, que se encargó de examinar a los rehenes.

Al día siguiente, en respuesta al secuestro de El Zúngano, un comando encabezado por el ex mayor del EPS, Donald Mendoza, irrumpió en una sesión del consejo político de la UNO en Managua, tomando como rehenes a 38 personas, incluyendo a varios diputados y al entonces vicepresidente de la nación, Virgilio Godoy. Si bien los líderes del autodenominado "Comando por la Dignidad y la Soberanía" señalaron que su objetivo era ejercer presión para la liberación del grupo de funcionarios secuestrado por El Chacal, la noticia de la toma de la sede de la UNO en la capital del país frustró la posibilidad de obtener la liberación de algunos rehenes, que había sido gestionada exitosamente por los oficiales de la CIAV. Un equipo de oficiales de la misión se mantuvo sin embargo en forma permanente en el lugar, posibilitando, entre otras cosas, el establecimiento de comunicación entre los secuestrados y sus familiares, lo cual, junto con la asistencia médica prestada y la posibilidad de hacer llegar vituallas mediante los vehículos de la CIAV, contribuyó notablemente a mantener el clima de tranquilidad.

Al día siguiente, una declaración conjunta del gobierno, el FSLN y la UNO demandó la liberación de todos los rehenes y el concurso de las fuerzas políticas, sociales y gremiales para colaborar en la solución del conflicto. El documento solicitó además "los buenos oficios de la CIAV para la liberación de todos los secuestrados con las seguridades necesarias y de manera simultánea". Ese mismo día se conformaron dos comisiones negociadoras: la comisión de El Zúngano, conformada por la CIAV, el gobierno, la UNO, la Comisión de Verificación del Cardenal Obando y Bravo, la CPDH, la ANPDH y Francisco Mayorga y la comisión de Managua, compuesta por la CIAV, el gobierno, el FSLN, la ANPDH, el CENIDH y la CPDH. La gestión de mediación de estas comisiones culminó exitosamente el 25 de agosto, cuando ambos grupos liberaron a la totalidad de los secuestrados.

RALLY POR LA PAZ

El 28 de enero de 1994, cientos de nicaragüenses se dieron cita en el malecón de Managua para ver a la presidente Violeta Barrios de Chamorro dar el banderazo de salida del "Primer Rally por la Paz", evento automovilístico que tenía como objetivo "llevar un mensaje de paz y esperanza a los habitantes que en el pasado sufrieron los avatares de la guerra".

En el rally, organizado por la "Asociación de Amigos de los 4x4" participaban 36 automóviles, entre cuyos conductores convivían individuos de todas las tendencias políticas. Según el diario *La Tribuna*, entre los "rallystas" había "recompas, recontras, miembros del Ejército Popular Sandinista y altas personalidades nacionales e internacionales". El automóvil número uno era conducido por el entonces coordinador general de la CIAV, Sergio Caramagna. La CIAV también apoyaría el evento obsequiando 150 cuadernos en blanco, en donde los participantes podían recoger las firmas por la paz de los pobladores de la región, y 50 mil banderines alusivos al evento, además de proporcionar seguridad y apoyo logístico.

El trayecto de 1.123 kilómetros partía de Managua y recorría, a lo largo de tres etapas, las montañas del norte de Nicaragua donde aún combatían grupos rearmados.

El entusiasmo de los pobladores de las comunidades por donde pasaba el rally, marcaría la tónica del evento y sería junto a algunos accidentes menores, la nota más destacada de la primera etapa, que concluyó en Jinotega a las seis de la tarde del 28 de enero.

La segunda etapa, que comprendía el trayecto entre Jinotega y Ocotal, se vería perturbada por un enfrentamiento entre el EPS y miembros del Frente Norte 3-80 que saludaban el paso del rally. *La caravana del Rally por la Paz, que arribó anoche a Ocotal en su segundo día de recorridos por el norte, vivió momentos de gran peligro ayer a las dos de la tarde al pasar por la localidad de San Juan del Río Coco, cuando elementos del grupo de rearmados del FN 3-80 chocaron contra efectivos del EPS*, informa en su edición del 30 de enero el diario sandinista *Barricada*, quien agrega que *a la salida de San Juan del Río Coco una manta del FN 3-80 saludaba el paso del rally*.

Afortunadamente el encuentro no causaría víctimas entre los participantes y el susto vivido por algunos de los corredores (que declararían después haber llegado a pensar que no saldrían con vida del combate) no los haría desistir de continuar adelante llevando, en palabras de Caramagna, *un mensaje que reforzaba la necesidad de la pacificación en las zonas de conflicto*. Para Caramagna, en el rally no participaron únicamente los vehículos y sus conductores, *sino que también lo hicieron todas y cada una de las personas que salieron a la calle a recibir a los competidores y a manifestarse por la paz*.

La tercera etapa, que iba de Ocotal a Managua, concluyó el 30 de enero. *Después de más de mil cien kilómetros de recorrido por los caminos de las montañas de Nicaragua, 31 de los 36 vehículos participantes en el rally por la paz ingresaron a Managua y fueron recibidos por miles de capitalinos que los saludaron en el recorrido hasta el malecón*, informa *Barricada*. Los corredores serían recibidos por la presidenta Chamorro que se referiría al evento como un triunfo de Nicaragua, *porque así nos estamos olvidando de la guerra*.

Los acuerdos de Caulatú

El secuestro de El Zúngano desembocó en la firma del acuerdo de Caulatú,[29] el 25 de agosto. En este documento, los representantes del gobierno y los comandantes del FN 3-80 acordaron la liberación de los rehenes, la desmilitarización de la zona de conflicto y el establecimiento de una tregua de 60 días, en los que la comisión mediadora sometería a la presidencia de la Nación la lista de demandas políticas del FN 3-80. En el documento se acordó además la creación de una zona de seguridad en El Zúngano, donde debían mantenerse concentrados los efectivos del FN 3-80.

El proceso de negociación iniciado en Caulatú se extendió por seis meses y se caracterizó por la existencia de serios enfrentamientos militares seguidos de intensas sesiones de negociación. La primera reunión formal entre los representantes del gobierno y los dirigentes del FN 3-80 tuvo lugar en Ciudad Antigua el 1 de octubre, luego de una serie de hechos militares que incluyeron, entre otros, el secuestro de dos diplomáticos franceses por parte de las fuerzas de El Chacal y una serie de escaramuzas entre las fuerzas del EPS y los efectivos del FN 3-80.

DOS DIPLOMATICOS FRANCESES SON "INVITADOS" POR EL FN 3-80

A fines de septiembre de 1993, miembros del grupo recontra Frente Norte 3-80 secuestraron en El Zúngano, departamento de Nueva Segovia, a dos diplomáticos franceses con el objeto de presionar al gobierno en el marco de las negociaciones para la desmovilización del grupo. La CIAV tendría un papel destacado en la resolución de este problema, que puso en serio peligro el mantenimiento de la paz en la región.

El oficial de protección a cargo de la zona de El Zúngano recuerda que la noche del 24 de septiembre de 1993 se encontraba en Quilalí, descansando luego de finalizar su recorrido rutinario de la zona. En esas circunstancias, llegó un campesino con un pedazo de papel doblado meticulosamente, dirigido a la CIAV. El "papelito" decía textualmente: *Tenemos a dos señores que dicen ser de la Embajada de Francia. Favor venir a El Zúngano. Firmado: Comandante Martín Negro y Chacalín. Frente Norte 3-80.*

El funcionario en cuestión salió inmediatamente a verificar la infomación. *Salí raudamente en la móvil hacia la zona de seguridad distante a unos 20 minutos*, recuerda el oficial de protección. *Allí me encontré con los mencionados diplomáticos: eran el agregado militar de la Embajada de Francia y su ayudante, el teniente coronel André Solana y el mayor Agustin Ferrer, quienes habían sido 'invitados' a quedarse esa noche en el campamento del FN 3-80.*

Los diplomáticos franceses habían llegado a la región para visitar a un compatriota, *monsieur* Miguel Angel Martel, un religioso que residía en las zonas de conflicto desde hacía 10 años asistiendo a la población rural. Una vez concluida la visita al padre Martel, los visitantes no habían resistido la tentación de charlar con los recontras, los que habían aprovechado esta circunstancia para capturarlos.

Inmediatamente pedí ver a Martín Negro y Chacalín, a quienes indagué acerca de la situación de los diplomáticos. Estos me informaron que los diplomáticos en cuestión estaban 'retenidos', y que al día siguiente serían conducidos ante el comandante El Chacal, cuenta el oficial. *Me di cuenta que los franceses no habían sido notificados formalmente de su situación, pero no tuve que esperar mucho.* La información les llegaría a los diplomáticos por "vía de hecho", cuando quisieron montarse a su vehículo y uno de los comandos se lo impidió, arma en mano.

Ante lo delicado de la situación, los oficiales de la CIAV dispusieron quedarse en el lugar, acompañando a los franceses secuestrados toda la noche. Tres de las móviles de la misión se hicieron presentes en el lugar, ofreciendo así un marco de tranquilidad psicológica a los "retenidos". El entonces coordinador general de la misión, Sergio Caramagna, sería inmediatamente notificado de la situación por radio. Eran las dos de la madrugada del 25 de septiembre.

Las instrucciones recibidas de parte del coordinador general apuntaban a la dirección de los pasos iniciales dados por nosotros: no separarse de los secuestrados, disponer de toda la logística como apoyo de emergencia y contactar a El Chacal para informarle a cabalidad el alcance del hecho, dejando sentada la posición del organismo, que era de rechazo y repudio por la retención o secuestro de los diplomáticos. explica el oficial de protección.

El primer contacto directo del oficial de protección con El Chacal se produjo a las siete de la mañana. El comandante recontra consideraba que el gobierno, luego del *impasse* producido por los secuestros de tres diputados el mes anterior, no estaba siendo diligente y que no tenía intenciones de cumplir lo prometido. El Chacal esperaba que el secuestro de los diplomáticos franceses acaparara nuevamente la atención del gobierno, obligándolo a poner sobre el tapete los puntos acordados en las rondas de negociación. La CIAV le haría saber que lamentaba y rechazaba esa acción y que la misma no resolvería los problemas planteados por el FN 3-80.

A esa hora, el coordinador de la CIAV ya se encontraba en camino a El Zúngano para obtener personalmente de El Chacal la liberación incondicional de los rehenes. En Managua no se conocía públicamente el suceso, acaparada como estaba la atención nacional por una violenta huelga que había dejado como saldo un comandante de la policía muerto. En París, sin embargo, la prensa francesa ya había dado cuenta de la situación.

Para tranquilidad de los secuestrados y sus familiares, la CIAV estableció rápidamente contacto radial con la sede central de la misión, donde ya se encontraban el embajador francés y las esposas de los detenidos, con quienes éstos hablaron largamente.

La comisión de la CIAV, encabezada por Caramagna, lograría la liberación incondicional de los rehenes ese mismo día. Un año después, la embajada de Francia financiaría un proyecto de autoconstrucción de viviendas para los desmovilizados del FN 3-80 en el mismo lugar donde sus diplomáticos habían sido "invitados" a pasar la noche. En agradecimiento a la colaboración prestada por el gobierno de Francia, los ex combatientes bautizarían la nueva urbanización con el nombre del agragado militar secuestrado, "Teniente Coronel André Solana".

Las negociaciones en Ciudad Antigua, sin embargo, fracasaron debido, entre otros factores, a la diferencia de puntos de vista en torno a la forma en que debía producirse la desmovilización de los efectivos del FN 3-80. Mientras los representantes del gobierno exigían el establecimiento de una fecha precisa, los dirigentes del grupo irregular insistían en supeditar el desarme de sus fuerzas al cumplimiento de lo prometido por el gobierno. Dos días después de la reunión en Ciudad Antigua, el general Ortega, en su carácter de comandante en jefe del ejército, declaró a los rearmados "fuera de ley", por lo que éstos podían ser reprimidos en cualquier momento por efectivos militares.

En este clima, la comisión mediadora gestionó y obtuvo una nueva reunión entre ambas partes el 10 de octubre en Quilalí. La misma, sin embargo, culminó nuevamente sin acuerdos sustanciales por lo que los efectivos del FN 3-80 comenzaron a abandonar las zonas de seguridad. Paralelamente, tropas del EPS y grupos recompas provenientes de otras áreas del país comenzaron a converger hacia la zona, aumentando así las posibilidades de nuevos enfrentamientos violentos. En vista del agravamiento de la situación, los organismos que se encontraban en la zona comenzaron a retirar a sus representantes. El 16 de octubre, efectivos del ejército tomaron posesión de El Zúngano.

CONVERSANDO CON EL CHACAL

En los últimos días de septiembre de 1993, los 350 integrantes del Frente Norte 3-80 acantonados en la zona de seguridad del Zúngano empezaron a abandonar ese territorio en disconformidad con lo actuado hasta ese momento por el gobierno. Los efectivos del FN 3-80 comenzarían así a distribuirse silenciosamente por las zonas montañosas de los departamentos de Nueva Segovia, Madriz, Jinotega, Matagalpa y Chontales, amenazando con la reanudación de la guerra en el norte de Nicaragua.

Ante lo grave de la situación, la CIAV conformó, junto con la iglesia católica, organismos de derechos humanos y un grupo de notables, la llamada "Comisión del Norte", una instancia que buscaba mantener la frágil tregua en las montañas.

Para el 12 de octubre de 1993, sin embargo, en el Zúngano sólo permanecían El Chacal y sus escoltas personales, los que contabilizaban, en total, unos 15 hombres. En pocas horas, el propio comandante recontra abandonaría también el enclave, lo que implicaría el rompimiento formal de la tregua.

Ante esta novedad, el coordinador de la misión nos pidió a los dos oficiales que estabamos a cargo de la verificación en esta zona, que hiciéramos lo imposible por retrasar la partida de El Chacal y así dar tiempo a que la última propuesta de la Comisión del Norte, consensuada con el gobierno, llegara por escrito a manos del jefe máximo de la recontra, recuerda el oficial de protección asignado a la zona. La misiva debía ser enviada por fax a la oficina de la CIAV en Estelí. Para poder cumplir con lo solicitado, uno de los oficiales de protección se encaminó hacia esta última localidad mientras el otro intentaba retrasar la partida de El Chacal. Entre El Zúngano y Estelí mediaban cuatro horas de camino sinuoso y enlodado.

Entre cafés segovianos y mates rioplatenses pasamos el día en una casa de adobe frente al mítico e imponente cerro El Chipote, donde otrora tuviera su campamento Augusto César Sandino, cuenta el funcionario de la CIAV, originario de la Argentina. *No hablamos de la coyuntura. No ayudaba hurgar en los miedos del presente. Conversamos sobre el pasado, sobre Sandino y las reivindicaciones de los campesinos de la región.* El Chacal sostendría esa noche que se sentía parte de la lucha del famoso líder nacionalista nicaragüense. *La lucha de Sandino y la de El Chacal no sólo compartían el mismo escenario geográfico sino prácticamente los mismos protagonistas. El campesino que había luchado contra la intervención extranjera en los años veinte era el mismo que había luchado contra un estado que le era ajeno en los años ochenta,* reflexiona el representante de la CIAV.

La conversación inspiraría a algunos de los miembros del FN 3-80, quienes compondrían esa noche, *medio en serio y medio en broma* unos versos que decían: *Somos el Frente Norte, la Resistencia se vuelve a levantar. Por la justicia, la libertad, nuestros comandos lucharán hasta el final. Somos todos campesinos, en la lucha nacional, herederos de Sandino, bajo el mando de El Chacal.*

La tertulia se extendería por varias horas. *Luego de la larga charla, el sueño venció al temor que había en el ambiente, pero al que nadie hizo referencia: en toda la zona de seguridad no había tropas del FN 3-80, solo quedaban El Chacal, sus escoltas...y nosotros,* recuerda el oficial de protección de la CIAV. Unas horas antes, un grupo del FN 3-80 había emboscado a un camión del EPS en la localidad de La Reforma, con el saldo de varios soldados heridos. El ejército, en consecuencia, podía ingresar a la zona de seguridad de un momento a otro ya que dicha acción había roto la tregua.

A la mañana siguiente, El Chacal me informó que no podía esperar por más tiempo la llegada de la propuesta de la Comisión del Norte y que partía. Era probable que no nos volviéramos a ver. El fax, lamentablemente, no llegó a tiempo.

Los últimos combates del FN 3-80 tendrían lugar durante cuatro días consecutivos en febrero de 1994 en las cercanías del mismo cerro El Chipote. Para Paul Berman, periodista de la revista *New Yorker*, ésta sería una batalla por la herencia de Sandino, entre *los marxistas de la ciudad, que evocaban su nombre, y los campesinos de la región donde Sandino había luchado.*

La batalla de El Chipote sería la última gran batalla de la guerra. Meses después se firmaría el acuerdo de paz definitivo entre los representantes del gobierno y los del FN 3-80. El 24 de abril de 1994, el grupo recontra se trasformaría formalmente en la "Cooperativa Norte 3-80" (CONOR 3-80). Más de tres años después, el 15 de octubre de 1997, durante la inauguración de sus nuevas oficinas en Quilalí, los representantes de los países y organismos cooperantes recibirían una placa conmemorativa que decía: "CONOR, haciendo realidad los sueños de Sandino".

El acuerdo que pondría fin a las hostilidades y posibilitaría la desmovilización y reinserción de los efectivos del FN 3-80 se firmaría finalmente en Caulatú el 24 de febrero de 1994, luego de numerosas y complejas alternativas (ver "El difícil camino a Caulatú"). El documento, conocido como Caulatú II, contemplaba, entre otros aspectos, la desmovilización de los efectivos del FN 3-80 de manera calendarizada y gradual en un plazo de un mes, aunque condicionada al cumplimiento paralelo de los compromisos asumidos por el gobierno. En el acuerdo se establecía además la creación de zonas de seguridad para el acantonamiento de los elementos del FN 3-80, la desmilitarización de la zona del conflicto, la incorporación de ex combatientes a las estructuras de la Policía Nacional y la ejecución de una ambiciosa agenda social destinada a posibilitar la reinserción social de los combatientes (ver Capítulo 5, Parte IV).

EL DIFICIL CAMINO A CAULATU

El 14 de octubre de 1993, el cese de fuego acordado un par de meses antes entre los representantes del gobierno nicaraguense y los líderes del Frente Norte 3-80 (FN 3-80) se rompió, por lo que los combates entre las tropas del ejército y las grupos recontras se reanudaron casi inmediatamente. Los choques armados, protagonizados en su mayoría en la zona de Las Segovias, en el norte de Nicaragua, adquirirían inusitada crudeza y durarían hasta el 10 de febrero de 1994, fecha en la que se firmó el Acuerdo de Caulatú, en el que se establecía la desmovilización de los efectivos del FN 3-80 y la reinserción de éstos a la vida productiva. Los oficiales de la CIAV que tuvieron oportunidad de participar de este proceso recuerdan este período como uno de los más intensos de sus carreras.

A partir de la ruptura del cese de fuego, las únicas noticias que teníamos del Frente Norte eran las relacionadas a los combates que se sucedían en las montañas segovianas, recuerda el oficial de protección asignado a Quilalí, en el departamento de Nueva Segovia. Esa situación, sin embargo, se revertiría radicalmente a partir de enero de 1994, luego de uno de los encuentros más sangrientos de esa etapa, ocurrido paradójicamente en el cerro El Chipote, donde Augusto César Sandino tuviera su cuartel general. *El coordinador general de la CIAV nos informó que el gobierno estaba dispuesto a iniciar un proceso de negociación y que había solicitado a la CIAV la tarea de establecer contacto con los miembros del estado mayor del Frente Norte 3-80, por lo que debíamos intentar localizarlos de inmediato.*

La orden fue difícil de materializar por varias razones. En primer lugar, a pesar de que el requerimiento provenía directamente del gobierno, los efectivos del ejército continuaban combatiendo en la zona. En segundo lugar, los líderes del FN 3-80 eran naturalmente desconfiados del gobierno y de las fuerzas armadas, por lo que fueron necesarios numerosos contactos en diversos lugares de la selva para convencerlos de asistir a una reunión con el coordinador general de la CIAV, Sergio Caramagna, y el obispo de Estelí, monseñor Abelardo Mata,[30] a fin de acordar las condiciones para la realización de un eventual encuentro entre los representantes de ambas partes.

Tanto los miembros del estado mayor recontra como las autoridades del gobierno exigían una serie de medidas de seguridad para concretar ese encuentro. El FN 3-80 solicitaba el establecimiento de una zona de seguridad cercana al lugar donde tendrían lugar las conversaciones, en la que sus tropas pudieran circular armadas libremente. El gobierno, mientras tanto, exigía que los integrantes del estado mayor del FN 3-80 asistieran desarmados a la reunión y que se retirara del área donde tendrían lugar las conversaciones todo personal armado. El ejército y la custodia del ministro de Gobernación exigían además la presencia de un "cordón de protección", a fin de garantizar la seguridad de los miembros de la delegación oficial. *La presencia militar, si bien necesaria y comprensible, atemorizaba y azuzaba a los comandantes del Frente Norte 3-80*, recuerda el oficial de la CIAV. Luego de largas horas de charlas, en las que se enfatizó constantemente que la presencia de la CIAV y de la Iglesia Católica constituían un marco de garantía suficiente para evitar que se produjera cualquier incidente, el estado mayor del FN 3-80, encabezado por el comandante El Chacal, aceptó asistir a la esperada reunión, fijada para el de 10 febrero de 1994 en la localidad de Caulatú, una aldea situada a pocos quilómetros de Quilalí.

Con el objeto de garantizar el éxito de las negociaciones, la jefatura de la CIAV ordenó iniciar de inmediato las tareas de preparación del encuentro. Paralelamente, un par de oficiales de la misión, incluído el entonces Jefe del Programa de Seguimiento y Verificación (PSV), se puso inmediatamente en camino a Quilalí para sumarse al grupo que tenía a su cargo la delicada tarea de mantener el frágil estado de ánimo de los armados.

Pocas horas antes de la realización del encuentro, sin embargo, un grave incidente puso en peligro los logros alcanzados hasta ese momento. Cuando los oficiales de la CIAV se aprestaban a descansar, los mandos del ejército se comunicaron con ellos para solicitarles una reunión urgente. Un grupo de recontras díscolos, informaron los delegados militares, se hallaba en ese momento fuera del perímetro de seguridad designado para los combatientes del FN 3-80, esgrimiendo armas y en evidente estado de rebeldía. Durante la reunión con los mandos militares, éstos señalaron que, a menos que el grupo se dispersara en forma voluntaria y de inmediato, el ejército tenía órdenes de utilizar la fuerza. *Recuerdo que uno de los militares del grupo, un mayor de apellido Balladares, nos dijo que no querían utilizar las armas, por lo que nos pidió que habláramos con los miembros del grupo rebelde y los persuadiéramos de abandonar el lugar pacífica-*

mente. Un enfrentamiento armado en ese momento pondría sin duda en peligro la realización del encuentro ya que los delegados del gobierno podían decidir no asistir debido a la falta de condiciones de seguridad.

Dada la delicadeza de la situación, los oficiales de la CIAV se movilizaron rápidamente a la zona donde se encontraba el grupo rebelde, situado en las laderas de un cerro conocido como El Zapotillal, a unos 1.300 metros de altura. Al llegar al lugar, los miembros de la misión se encontraron con un grupo de cinco armados, liderados por un joven conocido como Marcos, quien afirmaba no haber recibido orden alguna de su jefatura de acatar un cese al fuego. El líder rebelde insistía además que no se retiraría del lugar precisamente porque sabía de la presencia militar y que junto con sus compañeros se disponía a desafiarlos. *Algunos de los armados estaban en estado de ebriedad,* recuerda el oficial de la CIAV. *A Marcos lo conocía de encuentros anteriores: la falta de disciplina era su rasgo principal. Evidentemente, no estaban dispuestos a retirarse del sitio, a no ser que mediara una orden directa de su estado mayor.* La tramitación de tal orden, sin embargo, era en ese momento imposible dado que eran aproximadamente las 2 de la madrugada. Los oficiales de la CIAV negociaron entonces un *impasse* de algunas horas con los oficiales del ejército, a fin de permitir al estado mayor del FN 3-80 hacer contacto con el grupo rebelde en las primeras horas de la mañana. Marcos y su grupo, mientras tanto, debían mantenerse en el lugar hasta tanto se lograra la mencionada comunicación. *Así, nos dividimos en dos grupos: mientras uno de nosotros se trasladaba con las primeras luces del alba hasta el campamento de El Chacal, a una hora y media en jeep de allí, el resto se quedaba en idas y venidas entre el puesto militar y El Zapotillal, a la espera de que el Estado Mayor estableciera un puente radial con Marcos.* Finalmente, todo se cumplió de acuerdo a lo planeado. Uno de los lugartenientes de El Chacal, utilizando los equipos de radio de las móviles de la CIAV, se comunicó con Marcos, instruyéndolo a retirarse de inmediato del lugar y reunirse con el resto de las tropas en la zona de seguridad.

Con el objeto de garantizar que no se produjera ninguna otra contigencia, que pusiera nuevamente en peligro la realización de la reunión de Caulatú, la CIAV dispuso un amplio dispositivo de seguridad durante las 24 horas previas al encuentro. Entre otras medidas, se estableció una serie de "postas" con las móviles de la CIAV y se patrulló permanentemente el perímetro de la zona de seguridad. Paralelamente, los miembros de la misión se mantuvieron en permanente contacto con los representantes de ambos bandos, pernoctando en las postas de seguridad, a bordo de sus automóviles, y en los campamentos de los comandantes recontras, con el objeto de asegurar que éstos no cambiaran de parecer a último momento.

Tiempo después, poco antes del retiro de la CIAV de Nicaragua, los oficiales de la misión a cargo de estos operativos, fueron despedidos tanto por los comandantes recontras como por algunos algunos de los oficiales del ejercito de la región con efusivos y elogiosos comentarios. Las vicisitudes vividas durante ese período, señalaron los protagonistas del conflicto, tenían un gran valor no solo anécdotico sino tambien político: gracias a los incesantres esfuerzos de la CIAV se había logrado establecer la confianza y la comunicación necesarias para llevar a cabo las negociaciones. La imagen de neutralidad de la CIAV, confirmaron los militares, había salido fortalecida de esa etapa.

PROCESO DE DESARME 1996-1997

Con posterioridad a la desmovilización del FN 3-80 en 1994, la CIAV participó del proceso de desarme de un grupo de 600 irregulares entre 1996 y 1997.[31] Los grupos desmovilizados en este proceso operaban en la zona noroeste de la macroregión central y estaban constituídos, en su mayoría, por individuos armados que no habían participado en ninguno de los procesos de desarme anteriores y/o individuos rearmados que habían rehusado deponer las armas, así como individuos que se habían armado y desarmado en más de una oportunidad.

Los desmovilizados en este proceso se habían agrupado alrededor de una organización llamada también FN 3-80, aunque sin vinculación alguna con el FN 3-80 desmovilizado en 1994.[32] A pesar del uso del mismo nombre, ambos grupos presentaban diferencias sustanciales. A diferencia del FN 3-80 de El Chacal, la dirigencia del nuevo grupo se caracterizaba por posiciones menos políticas y más anárquicas, muchas veces con comprobada participación en actos delictivos y/o violaciones de los derechos humanos de pobladores de las zonas donde tenían su radio de acción (ver "La tragedia de la familia López Vargas"). La mayoría de los integrantes de estos grupos eran además menores de 25 años.[33]

LA TRAGEDIA DE LA FAMILIA LOPEZ VARGAS

El 8 de noviembre de 1994, alrededor de las 10 de la mañana, un campesino se presentó en la oficina de la CIAV en Quilalí, un pueblo enclavado en la montaña al norte de Nicaragua, para denunciar el hallazgo de cuatro cadáveres al borde de un camino en la comunidad de El Caracol. La mencionada comunidad, ubicada sobre la ribera oriental del río Coco, estaba emplazada en un paraje relativamente aislado de los caminos transitables de la región, rodeada de una exuberante vegetación. Debido a estas características, la misma había comenzado a servir de refugio a diversos grupos armados, integrados por individuos que habían rehusado desarmarse durante el proceso de desmovilización del Frente Norte 3-80 o que se habían armado luego de ese proceso, y que se dedicaban por lo general a actividades delictivas.

Tras una hora y cuarto de viaje a través de sinuosos caminos de montaña, los oficiales de la misión se encontraron en el lugar con una escena dantesca: los cuatro cuerpos destrozados por las balas yacían aún en el campo, observados silenciosamente por más de una decena de niños. Las víctimas, entre las que se contaba un joven de 15 años, habían sido arrancadas de sus hogares en la madrugada y ejecutadas a sangre fría por un grupo armado que actuó bajo la influencia de uno de los habitantes de la comunidad, conocido por la comisión de una serie de estafas y otros delitos. Los sobrevivientes -cinco mujeres, un joven de 16 años y los niños que observaban lo acontecido- pertenecían a una misma familia: eran los hijos, los hermanos y los nietos de los masacrados.

Mientras los funcionarios procedían a la tarea de fotografiar los cadáveres y tomar declaraciones testificales a los testigos, la mayor de las mujeres sobrevivientes solicitó que se evacuara inmediatamente del lugar al adolescente, ya que el mismo se había salvado de la muerte sólo porque había tenido tiempo de escapar apresuradamente hacia el monte. El resto de las mujeres, junto a los niños, quería esperar hasta el entierro de sus familiares, que se realizaría al día siguiente. La situacion exigía rapidez, ya que los autores del hecho permanecían en el borde un cerro cercano, observando la actividad de los oficiales de la CIAV. En tales circunstancias, sólo quedó tiempo para solicitar a la jefatura de la misión en Managua, por medio de una difícil comunicación radial, la autorizacion pertinente.

De esa forma, esa misma tarde, luego de recibida la autorización correspondiente, se procedió a evacuar al joven de 16 años. El resto permaneció en el lugar hasta el entierro de sus familiares, realizado al día siguiente en la selva ya que los miembros de la familia temían aproximarse a la aldea por temor a nuevas acciones de los armados. Dado que los oficiales de la misión disponían de sólo dos móviles, y que las mismas no podían cruzar el rio Coco, la evacuación del grupo se realizó mediante una cadena humana a través del rio, formada por la casi totalidad de los miembros de la oficina de la CIAV en Quilali: desde los conductores y operadores de radio hasta el joven operador de las computadoras. Así, mediante este método, se logró trasladar al otro lado del río no sólo a las mujeres y los niños (19 en total) sino también a numerosos animales domésticos, tales como perros y gallinas, y algunos bultos y enseres domésticos.

Las dificultades, sin embargo, no se agotarían tras el paso del río. Una vez que el grupo arribó al poblado donde se reubicaría temporariamente a los evacuados, se descubrió que los sobrevivientes de la familia, conocida como la familia López Vargas, no sólo no disponían de alimentos sino que tampoco tenían un lugar donde dormir. La urgencia de la evacuacion había impedido a los oficiales de la misión resolver tal contingencia. Afortunadamente, gracias a la intensa gestión de uno de los miembros de la misión, se logró que, en menos de una hora, las autoridades locales cedieran temporalmente una vieja casa deshabitada y una provisión de alimentos para los primeros dias.

La familia López Vargas tenía una larga historia de padecimientos. Durante la década del ochenta, a raíz del conflicto entre el gobierno sandinista y las fuerzas de la Resistencia, los integrantes de la misma habia sido obligada a refugiarse en Honduras. Tres de los individuos asesinados habían sido repatriados por la CIAV en 1990. De acuerdo a la investigación realizada por los oficiales de la CIAV, el grupo armado, liderado por un individuo conocido como "Pablo Negro", habría procedido a masacrar a los miembros de la familia López Vargas instigado por un estafador de la zona, que pretendía desalojarlos de las tierras que éstos ocupaban en el lugar.

Los autores de lo que a partir de ese entonces se conocería como "la masacre de El Caracol" continuarían amenazando a los sobrevivientes de la familia López Vargas durante varios meses. Para evitar que éstos fueran víctimas de nuevos ataques, los oficiales de la CIAV debieron cambiarlos de sitio en más de una oportunidad. Con el fin de ayudarlos a iniciar una nueva vida, los empleados de la oficina de Quilalí se encargaron de realizar periódicamente colectas de ropa y enseres.

Actualmente, los sobrevivientes de la familia López Vargas poseen su vivienda propia y sus propios medios de subsistencia en una de las fincas de la cooperativa del Frente Norte 3-80. Ninguno sucumbió ante la tentacion de la venganza. Si bien el adolescente estuvo a punto de armarse para vengar la muerte de su padre y hermanos, finalmente fue persuadido de no hacerlo. Los oficiales de la misión que participaron de esta experiencia guardan el recuerdo ese acontecimiento como un vivo ejemplo, tanto de la tragedia campesina que implicó el conflicto de la década de los ochenta como de la capacidad de la mision para adaptarse a situaciones imprevistas, asumiendo compromisos que iban más allá de su mandato formal.

Tiempo despues, cuando la misión empezo a reducirse, en los meses previos a su retiro definitivo del país, los que habían participado de esa inolvidable experiencia, algunos de ellos modestos trabajadores, seguían visitando o enviando encomiendas a los sobrevivientes de la familia Lopez Vargas.

El proceso de negociación con estos grupos se inició luego de la toma de posesión del gobierno electo en las elecciones generales del 20 de octubre de 1996 y estuvo a cargo del Ministerio de Defensa. En el marco de este proceso, la misión se hizo cargo de la logística de la negociación, incluyendo el traslado de los negociadores y la seguridad de los participantes del proceso. La misión asistió además al gobierno proveyendo información sobre el perfil de los grupos armados y asistiendo a las sesiones de negociación en carácter de facilitador y testigo de las negociaciones y los acuerdos alcanzados.

Los acuerdos de desmovilización firmados en este proceso se caracterizaron por el énfasis en aspectos de seguridad personal. Entre otros compromisos, se acordó el otorgamiento de una amnistía selectiva para diversos hechos cometidos por los miembros del grupo armado. En los acuerdos se establecía además la entrega de diez manzanas de tierra para cada uno de los desmovilizados y la investigación de algunos casos de muertes violentas de líderes rearmados, tales como la de "El Charro" (Sergio Ciriaco Palacios) (ver"El Charro"). Los acuerdos, sin embargo, no contenían una agenda específica de políticas de reinserción.

Este proceso de desarme se distinguió de los anteriores por la participación activa de las "comisiones de paz y justicia" (ver Capítulo 3, Parte V). Estas comisiones fueron las encargadas de posibilitar los canales de comunicación iniciales entre el gobierno y los grupos rearmados y entre éstos últimos y la misión. Los miembros de las comisiones de paz actuaron como elementos persuasivos y disuasivos de posibles acciones de violencia, encargándose además de velar por el orden público en las zonas de acantonamiento de los rearmados.

EL CHARRO

"El Charro" era un campesino originario de San Marcos de Colón, municipio de La Concordia, en el departamento de Jinotega. Como muchos otros de los combatientes de la Resistencia, El Charro se había integrado a las filas de la contra en los años ochenta y se había desmovilizado en junio de 1990 para retomar las armas pocos meses después. Si bien su agrupación había sido parte del Frente Norte 3-80, El Charro combatía de manera independiente, no reconociendo los Acuerdos de Caulatú firmados en febrero de 1994. Por esta razón, El Charro sería declarado "delincuente" por el gobierno.

El Charro era visto por los antiguos miembros del FN 3-80 como un lunático sin un programa político. Pero en realidad tenía uno muy concreto: luchar contra los sandinistas para siempre. También atacar a los "traidores" del FN 3-80 que habían depuesto las armas. Y matar ladrones, o la gente que él consideraba ladrones. En suma, hacer su regalada gana, escribe Paul Berman en un reportaje publicado en la revista estadounidense *New Yorker.*

La locura de El Charrito (como él obligaba a sus hombres a llamarlo) se remonta a la tradición de la montaña. Se veía a sí mismo como la autoridad del norte de Nicaragua, libre para realizar tantas ejecuciones como le diera la gana, continúa Berman.

En perfecta posesión de su papel, el comandante El Charro, cuyo verdadero nombre era Sergio Ciriaco Palacios Cruz, llegaría incluso al extremo de decretar en una ocasión la prohibición absoluta del tránsito vehicular en todo el territorio nicaragüense. Si bien El Charro no tenía medios para hacer cumplir su extravagante orden en la mayoría del territorio nacional, nada le impedía hacerlo en la zona de Bocay donde operaban sus efectivos. En las carreteras que cruzan estas zonas fueron quemados en esa ocasión seis vehículos.

El Charro moriría el 2 de junio de 1996 en circunstancias novelescas. Inicialmente, el ejército había informado que el comandante recontra había sido aniquilado en un operativo especial en la zona norteña de Zapote Dudú. De acuerdo a ese comunicado, la acción había sido "un golpe de mano" dado por siete de los mejores soldados de la institución militar, que habían utilizado un cohete lanzagranadas del tipo RPG-7 para aniquilar al jefe subversivo.

La verdadera historia de la muerte de El Charro, sin embargo, sería objeto de controversia. De acuerdo a la Asociación Nicaragüense pro Derechos Humanos (ANPDH), el temido comandante fallecería como consecuencia de una explosión provocada por un explosivo disimulado en un transmisor de radio, con el que, teóricamente, el comandante recontra debía comunicarse con el entonces embajador estadounidense en Nicaragua, John Maisto.

De acuerdo a la ANPDH, la historia arrancaría el 19 de mayo de 1996 con la llegada al pequeño poblado de Matiguás, en el departamento de Matagalpa, de un extranjero de nombre Brian Kelly, quien se presentó en la casa de un campesino amigo de El Charro, de nombre Eloy Canales Arauz, como el primer secretario de la embajada de los Estados Unidos en Managua. *El individuo en cuestión era de muy buena estatura (6 pies), entre 45 a 50 años, con el pelo castaño, encanecido, bastante corpulento y de ojos claros. No hablaba bien español,* recuerda Canales Aráuz.

El supuesto secretario llevaba un mensaje con una firma falsa del embajador Maisto para El Charro. *Es de interés del gobierno de Estados Unidos y del mío propio conocer su criterio sobre la conveniencia que el Ejército haga presencia en los municipios donde próximamente se realizarán las inscripciones y posteriormente las votaciones, y hasta donde esa presencia podrá afectar el proceso electoral,* decía la misiva haciendo alusión al proceso de empadronamiento que tenía lugar en ese entonces en el norte del país. El firmante le sugería además la posibilidad de establecer una comunicación, *ya sea por radio o personal, para conocer su opinión.* Cuando El Charro recibió la carta, tres días después, *reaccionó con alegría,* cuenta Canales Aráuz.

El 28 de mayo Kelly se presentó nuevamente en la casa de Canales Aráuz, haciéndole entrega de una radio para El Charro. El diario *La Prensa* recoge los sucesos en una crónica publicada casi un año después. Allí se sostiene que *cuando el cabecilla recontra recibió la radio montó en su mula y trepó a una colina a aproximadamente un kilómetro de distancia de la capilla católica de Zapote Dudú. Inmediatamente se sentó, se quitó la bota derecha e instaló la radio para buscar comunicación con el embajador norteamericano John Maisto.* En el segundo intento, el aparato estalló. La explosión le causó la muerte instantánea al secretario de El Charro, Ricardo Guzmán, conocido como "Garza", hiriendo a varios de los presentes, incluido el propio El Charro.

El Charro quedó desbaratado de una parte de la cara, abdomen y ambas piernas, indican as versiones recogidas por la ANPDH. Los primeros en llegar al lugar de la explosión encontrarían al jefe recontra aún con vida. *Se quería levantar y agarró el pantalón de Pedro González y le pidió que lo sacara de ahí,* cuentan los testigos. El Charro fallecería poco después.

NOTAS PARTE III

1   En misiones posteriores, los acuerdos establecerían responsabilidades y compromisos concretos, inclusive calendarizados. Un ejemplo típico lo constituyen los acuerdos firmados durante el proceso de paz en El Salvador.

2   Esto explica en parte el hecho de que las violaciones a los derechos de los desmovilizados, incluyendo 399 homicidios verificados hasta julio de 1997, no provocaran llamados de atención o sanciones políticas y/o económicas por parte de la comunidad internacional.

3   La toma de los poblados de Wiwilí y Quilalí fueron algunas de las acciones más renombradas.

4   Para el mes de abril, el número de grupos rearmados se calculaba en 13, totalizando alrededor de 900 hombres.

5   La cantidad de armamento en manos de civiles en las zonas de conflicto en los meses posteriores a la desmovilización de los ex combatientes de la Resistencia era prácticamente incalculable. Según un alto mando del Ejército, en las semanas posteriores al 25 de febrero de 1990 se habían repartido alrededor de 100 mil fusiles a civiles y cooperativistas de filiación sandinista.

6   En el caso del "Indomable", éste sufrió la muerte de su esposa en Playa Hermosa (Jinotega), en un ataque atribuido a simpatizantes sandinistas. En el caso de "El Chacal", éste fue hostigado y expulsado de una finca que había recibido como parte de los acuerdos de desmovilización en el departamento de León.

7   La comisión se llamó Comisión para la Revisión Global de Acuerdos Firmados

8   En algunos casos, cabe acotar, los cooperativistas llegaron a compartir sus propiedades con sus antiguos enemigos, aunque ésta no fue la norma.

9   La palabra hace alusión al apelativo "compa", usado normalmente para identificar a los militantes sandinistas.

10 El monitoreo priorizó las regiones I (Estelí, Madriz y Nueva Segovia), V (Boaco y Chontales y parte de la RAAS), VI (Matagalpa y Jinotega), la RAAN y Río San Juan.

11 El promedio de funcionarios internacionales asignados al PSV fue de siete personás.

12 Un alto funcionario del gobierno estimó en una oportunidad el número de vehículos de la CIAV en más de un centenar, manifestando sorpresa e incredulidad al conocer que éstos no superaban, en ese momento, la veintena.

13 La misión eligió para identificarse símbolos sencillos, de fácil visualización e identificación. Los mismos consistían en las letras CIAV-OEA pintadas en azul sobre fondo blanco en los vehículos de la misión y las mismas letras pintadas en orden inverso en las camisetas y las gorras de los oficiales de protección.

14 En una ocasión, un oficial internacional permitió a la policía requisar su vehículo. Debido a la rigidez de las normas en este sentido, el mismo fue inmediatamente despedido de la misión.

15 Estas estaban localizadas en la Región I (Estelí y Quilalí), la Región II (León), la Región IV (Granada), la Región V (Juigalpa), la Región VI (Matagalpa y Jinotega), la RAAN (Puerto Cabezas) y la RAAS (Bluefields).

16 La misión dispuso de una frecuencia en HF y cuatro frecuencias en UHF. Estas últimas eran el canal 2 (Chontales y la RAAS); el canal 3 (Managua); el canal 5 (Matagalpa y Jinotega) y el canal 6 (Estelí, Madriz y Nueva Segovia). Para facilitar las comunicaciones UHF, la misión instaló cuatro estaciones repetidoras en Matayagual (Chontales), El Crucero (Managua), El Chimborazo (Jinotega) y Peñas Blancas (Matagalpa).

17 *El Nuevo Diario*, 8 de enero de 1995.

18 *Barricada*, 8 de enero de 1995.

19 En 1993, en virtud de la ampliación del mandato de la CIAV, el mandato de la comisión fue ampliado a fin de incluir a "toda las poblaciones afectadas por las secuelas de los conflictos".

20 En 36 de los casos analizados por la comisión estaban señalados miembros de la Policía Nacional y en 19 miembros del Ejército Popular Sandinista

21 Si bien 20 de los 30 miembros del EPS señalados a esa fecha habían sido procesados por la justicia militar y 15 habían recibido sentencia firme, sólo

dos habían sido condenados y sólo uno cumplía condena. Por su parte, de los 73 miembros de la Policía Nacional señalados, 36 habían sido procesados, 31 habían recibido sentencia firme y sólo cinco habían sido condenados, aunque ninguno se encontraba cumpliendo condena. De los 90 civiles acusados, sólo ocho habían sido capturados aunque ninguno se encontraba cumpliendo condena.

22 Al respecto, la corte se limitó a señalar que los casos procesados ante el organismo militar habían sido tramitados correctamente.

23 Augusto C. Sandino es un caso emblemático. El líder nacionalista nicaragüense fue asesinado a la salida de una ronda de negociación que había tenido lugar en la Casa Presidencial en febrero de 1934.

24 Las BED fueron creadas en noviembre de 1991 con el objeto de promover el desarme de civiles. Las mismas estaban integradas por oficiales del ejército y ex miembros de la Resistencia.

25 Este documento se conoció como la "Declaración de Tomatoya".

26 Saldomando, Angel y Cuadra, Elvira: *Los problemas de la pacificación en Nicaragua: recomposición de grupos armados y conflictos sociales*. CRIES. Managua, 1994.

27 "3-80" era el número de graduación militar del ex comandante de la Resistencia, coronel Enrique Bermúdez, asesinado el 16 de febrero de 1991 en el centro de Managua.

28 Uno de los primeros y más importantes jefes recontras.

29 Para efectos de este documento se han diferenciado los dos acuerdos firmados por el gobierno y el Frente Norte 3–80 en la localidad de Caulatú, como Caulatú I y II. El primero corresponde a los distintos compromisos firmados el 25 de agosto de 1993 para la liberación de los rehenes y el inicio del proceso de negociación para la desmovilización y la reinserción de los miembros del grupo recontra. El segundo, firmado poco más de medio año después, hace referencia sólo a este último aspecto.

30 A pedido del estado mayor del FN 3-80, monseñor Mata actuaba también como interlocutor y mediador.

31   Con anterioridad, en 1994, la misión había brindado apoyo logístico para el proceso de mediación y desmovilización de un pequeño grupo de rearmados denominado "Frente Arges Sequeria".

32   El grupo hacía uso del nombre por el prestigio que éste implicaba.

33   El 18,50 por ciento de los desmovilizados en esta oportunidad era menor de 18 años.

Proyecto habitacional CHAP en San Rafael del Norte (Nueva Segovia).

Ex combatientes construyen viviendas en la Costa Atlántica.

Entrega de vivienda de desmovilizados.

Taller de carpintería en un proyecto habitacional.

Uso de materiales locales en un proyecto habitacional.

PARTE
IV

LA REINSERCION SOCIAL
DE LOS DESMOVILIZADOS

1
La Reinserción Social de los Desmovilizados

COMO SE DETALLO EN EL CAPITULO 1 DE LA PARTE II, LA DESMOVILIZACION Y repatriación de los combatientes de la Resistencia y sus familiares en 1990 implicó el asentamiento de un enorme contingente humano en los antiguos escenarios de la guerra, la gran mayoría de los cuales carecía de los mínimos recursos para la supervivencia.

La estrategia para la reinserción de este contingente humano a la vida social y productiva del país giraba en torno al concepto de "polos de desarrollo", desarrollado por los representantes del gobierno y de la Resistencia en el Anexo Unico del Protocolo de Managua, firmado en esa ciudad el 30 de mayo de 1990.

En este documento se describía el polo de desarrollo como "una unidad de producción definida para beneficio de los miembros de la comunidad y del país que sirva como centro de servicios y desarrollo de la región adyacente, por medio de proyectos individuales o colectivos". Los polos de desarrollo, de acuerdo al documento, debían contar con cinco áreas principales: un área municipal (que englobara escuelas, bodegas, servicios de agua potable y luz eléctrica, hospitales, calles y caminos); un área de vivienda; un área privada para cultivos y ganadería de subsistencia; un área comunal y un área de proyectos. Los mismos estaban enmarcados en un conjunto de microrregiones del centro (Río Blanco, Waslala, Siuna, San Pedro del Norte) y sur del país (Acoyapa, Rama, El Almendro, Nueva Guinea, San Carlos y la zona de Tasbarraya, en la RAAN).

El acuerdo consignaba también el derecho a títulos de propiedad de las parcelas de los desmovilizados favorecidos y el compromiso del gobierno de apoyar el proceso de reintegración a la vida civil de los desmovilizados que no optaran por instalarse en los polos de desarrollo.

Los polos de desarrollo, sin embargo, no se concretaron. Las carreteras, los hospitales, las áreas comunales y las viviendas a las que se refería explícitamente el anexo del Protocolo de Managua no se construyeron. Esta circunstancia, sumada a la lejanía de muchas de estas áreas de los lugares de origen de los ex miembros de la Resistencia y las restricciones que presentaban los enclaves seleccionados (tales como mala calidad de la tierra, difícil acceso e inexistencia de infraestructura y servicios) dio como resultado el fracaso de esta iniciativa. Los desmovilizados que se habían trasladado a esas áreas luego de la etapa de desmovilización empezaron por lo tanto a retornar gradualmente a sus lugares de origen. El desencanto de los desmovilizados con este proceso se manifestaría luego, entre otros fenómenos, a través del rearme de antiguos grupos de la Resistencia.

Papel de la CIAV

En este contexto, a partir de 1991, la CIAV comenzaría a desarrollar programas cuyo objetivo era el de ofrecer respuestas a algunas de las necesidades básicas de los desmovilizados, tales como vivienda y apoyo para la producción. Así, los programas de asistencia humanitaria, desarrollados durante la etapa inmediatamente posterior a la desmovilización (ver Capítulo 4, Parte II), pronto empezaron a evolucionar hacia programas que buscaban ofrecer alternativas de sostenibilidad más amplias.

La ampliación del mandato de la misión, en junio de 1993, en virtud del cual se extendió la cobertura de la CIAV "a todas las poblaciones afectadas por las secuelas de los conflictos", estableció explícitamente la continuidad de los proyectos de inserción social a fin de "facilitar la creación de comunidades estables que promuevan el empleo productivo".

Si bien la ampliación del mandato de la misión implicó la ampliación del universo cubierto por la CIAV a más de 500 mil personas, la misma no implicó la disponibilidad de mayores recursos. El quehacer de la misión en materia de reinserción en esta nueva etapa se concentraría por lo tanto en el fortalecimiento de la capacidad comunitaria en las zonas de conflicto, la transferencia de la experiencia acumulada por la CIAV a las instituciones civiles de esas comunidades y el apoyo al proceso de reinserción social de los miembros del Frente Norte 3-80.

2
El Contexto
de la Reinserción

LA REINSERCION DE LOS EX COMBATIENTES Y SUS FAMILIARES SE produjo en un contexto caracterizado por la presencia de las dificultades propias de un país pobre devastado por la guerra, a las que se les sumaban factores tales como la persistencia de hechos de violencia en las zonas de asentamiento de los desmovilizados, el problema de la tenencia de la tierra y la imprecisión de los acuerdos de paz en materia de reinserción.

Como se mencionó anteriormente, los desmovilizados buscaron reinsertarse en las zonas que habían sido escenarios del conflicto, de las cuales eran por lo general originarios: la macroregión central y, en menor medida, la macroregión atlántica. Estas regiones, tradicionalmente olvidadas por el gobierno central, concentran la población nicaragüense en condiciones de pobreza crítica. Al momento de la desmovilización, en los departamentos de la zona de Las Segovias (Estelí, Madriz y Nueva Segovia), el 48 por ciento de las familias radicadas en esa área no disponía de agua potable. Este porcentaje se elevaba al 55 por ciento en los departamentos de Matagalpa y Jinotega; al 61 por ciento en los departamentos de Chontales y Boaco y al 77 por ciento en la Costa Atlántica.

En lo que se refiere a la atención de la salud, en algunas zonas del departamento de Matagalpa los centros de salud por cada tres mil habitantes apenas alcanzaban el 0,16. En el área educativa se registraba un panorama igualmente preocupante, con un alto porcentaje de analfabetismo, altos niveles de repetición de curso, baja retentividad en los alumnos y un elevado grado de empirismo en la formación docente. En lo que hace a la infraestructura de la región, este panorama se completaba con la existencia de caminos en mal estado, que acentuaban el aislamiento de las comunidades rurales con las del resto del país.

A todo esto debía agregársele el problema de la tenencia de la tierra. Uno de los principales compromisos asumidos por el gobierno durante la etapa de negociación con los comandantes de la Resistencia fue la entrega de tierras. Este compromiso debía cumplirse dentro del marco general del problema de la propiedad en el país, en el que las demandas de tierras por parte de los desmovilizados debían conjugarse con las de los retirados de los organismos de seguridad, los beneficiarios de la reforma agraria impulsada por el régimen sandinista y los antiguos propietarios.[1]

En este contexto, la entrega de tierras a los desmovilizados sería esporádica e insuficiente. Del millón de manzanas calculado por el CENPAP para cubrir las necesidades de los ex combatientes, hasta 1992 sólo se habían entregado un poco más de 400 mil manzanas, lo que equivalía aproximadamente al 36 por ciento de lo prometido (ver Cuadro 24). Mucha de esta tierra no era apta para la producción o no estaba debidamente titulada, lo que aumentó el clima de inseguridad general entre los desmovilizados.

La entrega de tierras en litigio provocaría intentos de desalojo que degenerarían en episodios de violencia. La lentitud de las autoridades para dar respuesta a los reclamos por la propiedad motivaría una serie de intentos de tomas de tierras por parte de los desmovilizados. Según la Unión Nacional de Agricultores y Ganaderos (UNAG), de filiación sandinista, unas 230 cooperativas habían sido invadidas hacia finales de 1992 por desmovilizados de la Resistencia. De acuerdo a otras fuentes, entre 1990 y 1994 se produjeron más de mil invasiones de tierra. Los ex miembros de la Resistencia, se calcula, tomaron aproximadamente unas 556 mil manzanas de fincas estatales y/o privadas. Según ciertas estimaciones, entre 1990 y 1995 un 40 por ciento de los nicaragüenses se vieron involucrados en conflictos relacionados a la tenencia de propiedades, tanto en el área rural como en las zonas urbanas.

La imprecisión de los acuerdos de paz en lo referente a las obligaciones del gobierno en materia de reinserción sería otro elemento que dificultaría el proceso de reinserción de los desmovilizados. La generalidad de los compromisos asumidos y la falta de una calendarización para el cumplimiento de los mismos no permitiría definir parámetros claros para medir el avance de lo estipulado en los acuerdos. La ausencia de un ente centralizador gubernamental, encargado de la implementación de los acuerdos, reduciría el impacto de las escasas iniciativas estatales sobre el tema.

3
Los Sujetos
a Reinsertar

MUCHOS DE LOS FUNCIONARIOS DE LA CIAV COMPARTIAN INICIALMENTE la imagen de la Contra como la de un ejército mercenario conformado por ex guardias somocistas apertrechado por la Agencia Central de Inteligencia (CIA) estadounidense. La convivencia con los ex combatientes durante la etapa de desmovilización contribuiría sin embargo a reemplazar rápidamente esa percepción por la de un ejército de campesinos pobres, la mayoría de los cuales no superaba los 25 años de edad (ver Cuadro 29).

Las principales características de los sujetos a reinsertar, además de su extracción campesina y su alto nivel de pobreza, eran la falta de calificación laboral, la pertenencia a familias dispersas e inestables geográficamente y la ausencia de hábitos comunitarios.

CUADRO 29

Desmovilizados por Grupo de Edad

EDAD	DESMOVILIZADOS	PORCENTAJE
16-20 años	6.235	27,82 %
21-25 años	5.137	22,92 %
26-30 años	3.514	15,68 %
10-15 años	1.832	8,17 %
Más de 40 años	2.183	9,74 %
31-35 años	2.163	9,65 %
36-40 años	1.349	6,02 %
TOTAL	22.413	100 %

Extracción campesina. El 71,21 por ciento de los combatientes desmovilizados por la CIAV en 1990 era de extracción campesina, lo que equivalía a 15.961 individuos. Estos aspiraban, en su mayoría, a retornar a las labores agrícolas. Durante la fase de desarme, el 69,97 por ciento de los desmovilizados señaló a la agricultura como su principal o única expectativa laboral. Sin embargo, sólo dos de cada diez desmovilizados poseía algún tipo de propiedad. La mayoría había regresado del conflicto con las manos vacías, a veces en peores condiciones a las que se habían marchado.

CUADRO 30

Origen y Destino Laboral de los Desmovilizados
(Según lo declarado durante la desmovilización)

	ACTIVIDAD DE LA QUE PROVENÍA	%	ACTIVIDAD A LA QUE PENSABA DEDICARSE	%
AGRICULTURA	15.961	71,21 %	15.683	69,97 %
OTROS	6.452	28,79 %	6.730	30,03 %

Descalificación laboral. Como consecuencia de su participación directa en el conflicto durante largos períodos de tiempo, los ex combatientes habían sufrido un proceso gradual de descalificación laboral. Muchos de los desmovilizados no tenían ningún tipo de entrenamiento laboral, lo cual, junto a la presencia de altos índices de analfabetismo funcional, dificultaba su inserción en el mercado de trabajo. Este fenómeno se acentuaba en los casos de discapacidad o minusvalías ocasionadas por el conflicto (ver Cuadro 32).

Dispersión familiar. La dispersión del grupo familiar, debida a la muerte, la desaparición o el abandono de alguno de sus miembros constituía una de las características centrales de la población desmovilizada. El fenómeno de la dispersión familiar se expresaría en la conformación de estructuras familiares frágiles e inconstantes, caracterizadas por la división desigual del trabajo y la preponderancia de la mujer como soporte activo del núcleo familiar.

Inestabilidad geográfica. La generalización y duración del conflicto creó una vasta población geográficamente "flotante". La búsqueda de mejores

CUADRO 31

Porcentaje de Propietarios entre los Desmovilizados
(Según lo declarado durante la desmovilización)

	DESMOVILIZADOS	PORCENTAJE
TIENE	5.318	23,72 %
NO TIENE	15.439	68,88 %
OTROS	1.656	7,39 %

condiciones de seguridad obligó a numerosas familias a la migración constante, dentro y fuera del territorio nacional. De acuerdo a datos recogidos por la misión, en un período de cinco años de participación activa en el conflicto, un alto porcentaje de los desmovilizados había estado viviendo en no menos de tres departamentos. Esa circunstancia afectaría las condiciones de arraigo de las familias de los desmovilizados, lo que debilitaría el vínculo afectivo y productivo con la tierra.

Débil interacción comunitaria. La permanencia de los ex combatientes en las áreas de conflicto durante períodos de tres a ocho años, al igual que la extendida permanencia de sus familiares en refugios o áreas de reasentamiento en zonas de mayor seguridad, afectaron los hábitos de integración comunitaria de la población desmovilizada. La inestabilidad y el desarraigo producidos por esta situación, sumados a los hábitos de autoridad vertical en el que se habían formado los ex combatientes, dificultaría el desarrollo de formas organizativas de base y/o la aparición de liderazgos locales.

CUADRO 32

Nivel de Escolaridad de los Desmovilizados

NIVEL	DESMOVILIZADOS	PORCENTAJE
1-3 Primaria (1)	18.782	83,80 %
4-6 Primaria	2.945	13,14 %
Secundaria	644	2,87 %
Universidad	42	0,19 %
TOTAL	22.413	100 %

(1) Aquí se incluyen los analfabetas.

4
Los Programas
de Reinserción

LOS PROGRAMAS DE REINSERCION SOCIAL DE LA CIAV EVOLUCIONARON A partir de los programas de asistencia humanitaria, implementados por la misión en los meses inmediatamente posteriores a la desmovilización (ver Capítulo 4, Parte II). A diferencia de estos últimos, los programas de reinserción social de la misión buscaban solucionar problemas concretos de sectores específicos de la población desmovilizada. La focalización, la sectorización y la diversificación característica de estos programas permitieron maximizar los recursos disponibles, posibilitando al mismo tiempo un mayor impacto social.

Los programas de reinserción social de la misión buscaban fortalecer, mediante la participación colectiva en el desarrollo de infraestructura social, la organización comunitaria, la capacidad de gestión y el proceso de formación de liderazgos locales. Esta estrategia tenía como objeto posibilitar a los desmovilizados el acceso a los beneficios provenientes del trabajo solidario y la autoestima, además de proporcionarles las condiciones materiales básicas para su subsistencia.

El primer programa de este tipo fue el programa de viviendas. Este sería la base para el resto de los programas de reinserción, consistentes en programas de reactivación económica y de atención médica especializada.

LOS PROGRAMAS DE VIVIENDAS
Los programas de viviendas implementados por la CIAV fueron el producto de dos factores: la necesidad de dar respuesta a los requerimientos de viviendas de los desmovilizados y la necesidad de articular programas que a la vez de cubrir las necesidades críticas de los ex combatientes tuvieran un impacto social a largo plazo en la población beneficiaria.[2]

Con este objetivo, entre abril de 1991 y junio de 1997, la misión ejecutó 63 proyectos habitacionales en 12 de los 17 departamentos del país, los que implicaron la construcción de 2.062 viviendas en 59 comunidades. En total, los proyectos de viviendas de la CIAV cubrieron casi 66 mil metros cuadrados, beneficiando aproximadamente a 12.400 individuos.

CUADRO 33

*Casas Construidas por los Programas de Vivienda
(1991-1997)*

PROGRAMA	CASAS
PAV	1.269
CHAP	793
TOTAL	**2.062**

Los proyectos de vivienda de la CIAV se implementaron mediante la modalidad de autoconstrucción. Los propios desmovilizados, con la ayuda material y técnica de la CIAV, construían sus propias viviendas. Esta modalidad, además de promover la participación comunitaria y la autogestión comunal, posibilitó la capacitación de los desmovilizados, tanto en los oficios relacionados a la construcción como en la fabricación de materiales.

La mayoría de los proyectos habitacionales de la misión se implementaron en las antiguas zonas de conflicto, particularmente en aquellas que presentaban un elevado potencial de inestabilidad sociopolítica, y beneficiaron por lo general a los sectores de desmovilizados más desprotegidos, tales como lisiados de guerra y ex combatientes en situaciones de pobreza extrema.[3]

La CIAV apoyó también, en forma individual, a los desmovilizados que solicitaban ayuda para la construcción de sus viviendas mediante la provisión de materiales y/o asistencia técnica. En algunos casos, la misión utilizó la capacidad generada en esta área para construir viviendas a individuos en situaciones de emergencia extrema, al margen de su filiación o identidad política.[4]

Los programas habitacionales ejecutados por la misión pueden dividirse en dos grandes fases. La primera corresponde a los programas de autoconstrucción de viviendas propiamente dichos y la segunda a los programas que, además de la vivienda, incluían un componente productivo y/o de interés comunal, tales como escuelas, centros comunales, talleres, áreas de sembrado, corrales para aves y ganado menor, caminos y puentes. A los primeros se los conoció como Programas de Autoconstrucción de Viviendas (PAV) y a los segundos como Comunidades Habitacionales Productivas (CHAP).

En el marco de sus programas de vivienda, la misión construyó además 47 escuelas, 15 puestos de salud y 12 casas comunales.

El Programa de Autoconstrucción de Viviendas (PAV)

El Programa de Autoconstrucción de Viviendas (PAV) se extendió de abril de 1991 a septiembre de 1992. En ese período se edificó un total de 1.269 viviendas en 41 comunidades en doce departamentos.[5] El monto total del programa, ascendió a US$1.124.308 y fue financiado por la Agencia de Desarrollo Internacional de Estados Unidos (AID).[6]

Para la identificación de los lugares donde se ejecutarían los proyectos de autoconstrucción de viviendas, así como para la selección de los posibles beneficiarios, la CIAV siguió un esquema de prioridades, en el que se privilegiaron las comunidades con mayor concentración de desmovilizados en situaciones críticas.

Con el objeto de obtener los terrenos donde se construirían los futuros complejos habitacionales, la misión promovió la creación de comisiones especiales, integradas por funcionarios de la misión, representantes de los beneficiarios y los alcaldes de las localidades donde se erigirían los proyectos. A fin de asegurar la provisión de servicios públicos en cada uno de los proyectos, estas comisiones se encargaban además de gestionar y firmar acuerdos con diversas instituciones gubernamentales, tales como el Instituto Nicaragüense de Energía (INE); el Instituto Nicaragüense de Acueductos y Alcantarillados (INAA); el Ministerio de Construcción y Transporte (MICONS) y el Instituto de Recursos Naturales y del Ambiente (IRENA). Esta última conformó, junto con la CIAV y el CENPAP, una comisión técnica forestal para desarrollar programas de microforestación en los proyectos habitacionales y establecer una guía que asegurara el cumplimiento de las normas de conservación ambiental.

Para la provisión de los materiales de construcción se constituyó un fondo especial, el cual era alimentado por la producción de micro-empresas creadas por la CIAV a tal efecto y donaciones de materiales de particulares y/o instituciones. La misión proporcionó juegos de 18 herramientas básicas, los que eran reutilizados en cada nuevo proyecto.

Además de los materiales provistos por el fondo, algunos de los beneficiarios contaban con los elementos proporcionados por la misión durante la etapa de desmovilización a través del Programa de Asistencia Inmediata, tales como láminas de zinc y clavos (para aquéllos que habían vendido estos materiales, la misión gestionó préstamos bancarios a un año o un año y medio de plazo).

Cada proyecto era supervisado por tres instructores contratados por la misión, los que también se encargaban de capacitar a los beneficiarios del programa en albañilería y carpintería. En total, bajo este programa, se capacitaron 1.017 individuos.

Para las tareas de construcción, los desmovilizados se organizaban en grupos de trabajo de cuatro personas. A fin de asegurar que los beneficiarios pusieran igual empeño y cuidado en la construcción de cada una de las casas, éstas eran distribuidas por sorteo una vez concluido el proyecto.

Talleres de materiales. Con el objeto de crear fuentes de trabajo para los desmovilizados, la CIAV promovió la creación de microfábricas de materiales de construcción administradas por los propios ex combatientes. De esta forma, los materiales utilizados en los proyectos de vivienda eran producidos por los mismos beneficiarios, lo cual les permitía, además de aprender un oficio, obtener ingresos. La CIAV se encargó de dotar a estas micro empresas de las herramientas necesarias para iniciar sus actividades, tales como motosierras, bloqueras y maquinarias diversas.

En total se crearon 17 microempresas: una fábrica de ladrillos en Sébaco (Matagalpa); dos fábricas de bloques en Mozonte (Nueva Segovia) y Condega (Estelí); una fábrica de letrinas en Mosonte (Nueva Segovia); cinco canteras de piedra en Estelí (Estelí), Paso Real (Jinotega), El Sauce (León), Río Blanco (Matagalpa) y Waslala (RAAN); tres talleres de materiales prefabricados en Santo Tomás (Chontales), Sébaco (Matagalpa) y Condega (Estelí) y cinco aserraderos en las zonas de Yalí y Los Pintos (Jinotega), Polo Miguel Bican y Waslala (RAAN) y El Almendro (Río San Juan).

La bloquera situada en Mozonte llegaría a emplear, en su mejor momento, a más de 200 trabajadores y a facturar en sus primeros tres meses 375 mil dólares.

UN "CONTRA" LLEGA A LA UNIVERSIDAD

El involucramiento de la Universidad Nacional de Ingeniería (UNI) en el Programa de Autoconstrucción de Viviendas de la CIAV constituyó un primer paso en la tarea de hacer partícipes a los actores nacionales del proceso de reinserción de los desmovilizados.

La participación de una institución de tendencia sandinista en un programa destinado a favorecer a los ex miembros de la Contra, en los primeros años de 1990, era sin embargo una apuesta arriesgada. Así, cuando el encargado del programa de autoconstrucción de viviendas de la CIAV llegó a la Facultad de Arquitectura y pidió hablar con el decano, el arquitecto Nelson Brown, su secretaria lo anunció con un escueto *Ahí lo busca un contra*. El "supuesto contra", recuerda irónicamente uno de los profesores presentes en esa oportunidad, *no se parecía en nada a la imagen que uno se había formado de los contras a través de los medios de comunicación.* Luego de unas horas de conversación, cuenta el mencionado profesor, el visitante *nos convenció de participar en el proyecto, sentado como estaba en una pila de banderas del FSLN que guardábamos en las oficias de la facultad.*

El trabajo en los proyectos de vivienda destinados a los ex combatientes sería una experiencia única para los profesores de la UNI involucrados en el programa de la CIAV. *La experiencia nos sirvió para darnos cuenta que los contras no eran los 'Rambos' armados hasta los dientes que nos imaginábamos en la universidad sino simples campesinos.*

Brown todavía recuerda a "Conejo", un desmovilizado de la Resistencia que en *cinco minutos* ideó un sistema para medir el terreno y ubicar los pilares de las casas, mucho más sencillo y efectivo que el propuesto por los propios profesionales de la universidad. Debido a éste y otros aportes de los desmovilizados, Brown considera la experiencia en los programas de autoconstrucción de la CIAV como invaluable. *Hasta llegamos a cambiar nuestro modo de pensar en muchas áreas, en cómo organizar el espacio, cómo orientar los lotes por problemas pluviales, etc. Lo más importante fue que, en todos los casos, compartíamos la experiencia.*

Diseños. Las viviendas construidas bajo el PAV fueron diseñadas por un equipo compuesto por dos arquitectos de la CIAV y ocio profesores de la facultad de Arquitectura de la Universidad Nacional de Ingeniería (UNI) (ver "Un 'contra' llega a la universidad"). Este equipo diseñó tres modelos de casas: la L27, la FA-CIAV (Facultad de Arquitectura-Comisión Internacional de Apoyo y Verificación) y la Coastal (o costeña).

El modelo L27 era una vivienda de 27 metros cuadrados de superficie en forma de L, construida en concreto hasta la mitad y luego continuada en madera. El diseño FA-CIAV, al igual que el modelo anterior, constaba de un medio muro de concreto y paredes de madera. Sin embargo, a diferencia de la L27, este diseño tenía forma cuadrada y los materiales empleados eran prefabricados, lo que simplificaba el trabajo de construcción. La superficie variaba, de acuerdo a la zona, entre 27 y 29 metros cuadrados. La Coastal, por su parte, fue diseñada especialmente para ser construida en la zona de la Costa Atlántica. Este modelo consistía en una vivienda de madera edificada sobre pilares, con una superficie de 36 metros cuadrados.

Durante la etapa inicial, los oficiales la misión impulsaron la construcción de una estructura básica, consistente en un techo de 28 metros cuadrados sobre cuatro pilares, alrededor de los cuales se colocaban plásticos industriales a modo de paredes. Esta estructura, conocida como VT (Vivienda-Techo), se empleó en zonas rurales para dotar a los contingentes de desmovilizados que vivían a la intemperie de protección contra las inclemencias del tiempo (ver Cuadro 34).

Las Comunidades Habitacionales Autoproductivas (CHAP)

A partir de septiembre de 1992, los proyectos habitacionales de la CIAV se realizaron bajo un nuevo concepto, producto de las lecciones aprendidas durante la implementación del Programa de Autoconstrucción de Viviendas. Los proyectos construidos bajo esta modalidad recibieron el nombre de Comunidades Habitacionales Autoproductivas (CHAP) y se construyeron hasta el cierre de la misión en 1997.

Al igual que los proyectos de autoconstrucción, los proyectos CHAP buscaban apoyar el reasentamiento poblacional de los desmovilizados y sus familiares mediante la implementación de programas masivos de autoconstrucción, que permitieran la calificación de la mano de obra y la generación de empleos, así como el fomento de hábitos de solidaridad e

CUADRO 34

Casas Construidas por el PAV
(Programa de Autoconstrucción de Viviendas)

REGION	COMUNIDAD	TIPO	CANTIDAD
Región I	Estelí	L27	77
	Santa Bárbara (Jalapa)	L27	22
	Somoto I	FA-CIAV	40
	Somoto II (1)	FA-CIAV	12
	Quilalí	FA-CIAV	50
	Totogalpa	FA-CIAV	24
	Ocotal	FA-CIAV	93
Región II	Chinandega	L27	43
	El Sauce	FA-CIAV	20
Región IV	San Juan del Sur	FA-CIAV	12
Región V	San Martín	VTM	24
	Mocorón	VTM	20
	Villa Alvarez	VTM	17
	Masapía	L27	28
	La Guatuza	L27	23
	Santa Rosa	L27	34
	La Esperanza I y II	FA-CIAV y L27	55
	Infopinsa	FA CIAV	22
Región VI	Raquel Claret	VTM	30
	El Laurel	VTM	30
	Jinotega	L27	83
	Yalí	L27	40
	El Caracol	L27	27
	Matagalpa	L27	55
	El Porvenir (Waslala)	L27	20
	Waslala	FA-CIAV	20
	Río Blanco	L27	17
	San José de Bocay	FA-CIAV	20
	Ciudad Darío	FA-CIAV	9
	Sébaco	FA-CIAV	46
	El Naranjo (Waslala)	VT	25
	Los Chiles (Waslala)	VT	35
	San Pedro del Norte (Río Blanco)	VT	14
	Lisawé (Río Blanco)	VT	15
	San Andrés del Bosque	VT	16
	Rancho Grande	VT	20
	La Dalia	VT	10
Costa Atlántica	Puerto Cabezas	COASTAL	30
	Waspuk	COASTAL	35
	Bilwaskarma	COASTAL	35
	Ponga	COASTAL	17
	Bluefields	COASTAL	4
TOTAL PAV			**1.269**

interacción comunitaria. Las CHAP, sin embargo, agregaban al concepto de vivienda un componente productivo, que favoreciera el autosostenimiento familiar, y un componente de interés comunal, que facilitara la interacción comunitaria. En este sentido, las CHAP pueden definirse como proyectos de reasentamiento caracterizados por la presencia de cuatro componentes fundamentales: la vivienda (construida mediante la modalidad de autoconstrucción); un sistema sanitario básico (que brindara servicios de agua y letrinas); una infraestructura de servicio social (que posibilitara la existencia de escuelas y/o puestos de salud) y un microproyecto productivo (destinado a asegurar la autosostenibilidad del grupo familiar).

El componente productivo de los programas CHAP tenía como objetivo el desarrollo de la capacidad de ahorro de los desmovilizados a través de la producción de bienes de consumo a nivel familiar. Con este propósito, se impulsó la creación de huertos familiares, la plantación de árboles frutales, el establecimiento de granjas avícolas y/o porcinas y, eventualmente, el lanzamiento de microemprendimientos de mayor complejidad, tales como talleres de carpintería y mecánica, sastrerías y vulcanizadoras. Para ello, los oficiales de la CIAV coordinaron numerosos estudios de factibilidad y sesiones de capacitación.

Para la selección de municipios donde se construirían los proyectos CHAP, la misión estableció una serie de criterios, tales como los de priorizar las áreas que presentaban mayor conflictividad social, los municipios con alto volumen de población de posguerra en condiciones de pobreza crítica y los municipios con significativo déficit habitacional.

La ejecución de la mayoría de los proyectos CHAP coincidió con la ampliación del mandato de la misión, lo que facilitó la extensión de los beneficios a sectores retirados de las fuerzas de seguridad, desplazados internos y pobladores en situación de pobreza crítica, al margen de su filiación política o ideológica. Así, en varios de los proyectos CHAP, miembros de uno y otro bando trabajaron hombro con hombro en la construcción de las viviendas, lo que hizo de esos proyectos verdaderos "talleres de reinserción" (Ver "Un hombre con techo es un hombre reconciliado").

En total, mediante la modalidad CHAP se construyeron 793 viviendas en 21 comunidades en once departamentos.[7] La mayoría de los proyectos fueron ejecutados en la zona de Quilalí (Nueva Segovia) en el marco de los programas de reinserción de los miembros del FN 3-80 (ver Cuadro 35). La

CIAV coordinó también la ejecución de proyectos habitacionales concebidos bajo la modalidad CHAP administrados por instituciones oficiales, tales como el Ministerio de Acción Social (MAS) y el banco de la Vivienda (BAVINIC).

La ejecución de los proyectos CHAP insumió aproximadamente un millón de dólares y fue financiada por la Unión Europea.[8]

CUADRO 35

Casas Construidas por el Programa CHAP
(Comunidades Habitacionales Autoproductivas)

REGION	COMUNIDAD	TIPO	CANTIDAD
Región I	Somoto	Confinada	30
	Ocotal (Nora Astorga)	Adobe	100
	El Jícaro	Adobe	35
	El Jícaro II	Ladrillos de Barro	17
	Intelí	Ladrillos	22
	Ciudad Antigua	Adobe	25
	Waná	Ladrillo de Barro	64
	Santa Rita	Concreto	25
	Panalí	Concreto	26
	Quilalí (Vigía Norte)	Concreto	18
	Quilalí (Vigía Sur)	Concreto	31
Región II	Malpaisillo	Piedra Pómez	42
Región V	Nueva Guinea	Ciclopeo	20
	Quiminchapa	Ciclopeo	40
	Juigalpa	Confinada	40
Región VI	Wiwilí	Suelo Cemento	80
	Wiwilí	Concreto	11
	El Cuá	Ciclopeo	35
	Pantasma	Suelo Cemento	35
	La Dalia	Suelo Cemento	45
RAAN	Waslala	Bloque	52
TOTAL CHAP			793

"UN HOMBRE CON TECHO ES UN HOMBRE RECONCILIADO"

"Un hombre con techo es un hombre reconciliado". La frase del primer coordinador general de la CIAV, Santiago Murray, refleja mejor que ninguna otra la intención de los programas de autoconstrucción de vivienda de la misión. El diario *Barricada*, de filiación sandinista, recoge esta frase en un artículo publicado el 12 de diciembre de 1991:

Al pasar por Totogalpa, El Sauce, La Guatuza, Yalí, Sébaco, Waspuk y otros pueblos, el viajero se encontrará con letreros que anuncian la existencia de 'barrios' construídos por desmovilizados de la Resistencia, afirma Barricada. *En Nicaragua hay 33, distribuidos en seis regiones. Son producto del Programa de Autoconstrucción de Viviendas de la CIAV y fueron concebidos bajo la filosofía 'hombre con techo es hombre reconciliado' y el 'respeto a la cultura' de los mil trescientos beneficiados.*

Los barrios mencionados, *son la epidermis de algo mucho más complejo*, continúa el órgano sandinista. *Alrededor de la autoconstrucción se generó todo un movimiento que llegó a crear 121 microempresas vinculadas a la autoconstrucción, que dieron empleo a 936 desmovilizados y repatriados.*

De acuerdo al segundo coordinador general de la CIAV, Sergio Caramagna, los proyectos de vivienda de la CIAV, al margen de proveer un techo a los desmovilizados, se convertirían en *verdaderos talleres de reinserción, más prácticos que teóricos.* Caramagna recuerda como uno de los ejemplos más evidentes de este fenómeno la construcción de un complejo de viviendas por parte de un grupo de retirados del Ejército Popular Sandinista (EPS), cuyo maestro de obra era un desmovilizado de la Resistencia. Pasada la desconfianza inicial, los unos y los otros trabajaron juntos coordinadamente. En agradecimiento a la tarea cumplida, los ex militares acordaron, una vez concluido el proyecto, otorgarle al maestro de obras una de las viviendas, originariamente destinada a un retirado del ejército. Este último, concluyó el grupo, casi no había trabajado, por lo que no se la merecía.

Características

Los proyectos CHAPS se desarrollaron bajo los siguientes criterios de implementación:

Participación municipal. Para la implementación de los proyectos CHAP se adoptó un esquema de coparticipación con los municipios de las localidades donde se construían los proyectos habitacionales. Esta modalidad implicó un importante viraje en la metodología desarrollada hasta ese momento por la misión, ya que la misma implicaba la realización de consultas regulares con las municipalidades sobre las necesidades comunitarias de la zona. La adopción de este esquema permitió devolver a las municipalidades su rol de "gestor social" frente a la población desmovilizada, acostumbrada por lo general a seguir sólo las indicaciones de la CIAV.

La ubicación de los proyectos CHAP se hacía en base a un diagnóstico de necesidades habitacionales locales, formulado en forma conjunta entre la alcaldía, el Instituto Nicaragüense del Fomento Municipal (INIFOM), las organizaciones comunales y/o las organizaciones barriales o sectoriales (tales como los grupos de desmovilizados, retirados del EPS y repatriados). Un aporte estratégico de las alcaldías fue la asignación y regularización de los terrenos donde se desarrollarían los proyectos habitacionales. El INIFOM apoyó institucionalmente este esfuerzo mediante la compra de terrenos a particulares.

Selección comunitaria de adjudicatarios. A diferencia de lo acostumbrado en los proyectos PAV, los adjudicatarios de las viviendas CHAP eran seleccionados por la comunidad en su conjunto. Esta modalidad impuso un criterio de legitimación comunitaria que no tenía precedentes en la ejecución de proyectos de este tipo, haciendo de la reintegración de los desmovilizados y retirados de las fuerzas de seguridad un asunto comunitario, que en muchos casos marchaba a la par con la necesidad de atender a pobladores en condiciones de pobreza extrema.

En el marco de este proceso, los oficiales de la misión elaboraban una lista tentativa de beneficiarios, la que era luego discutida por los miembros de la comunidad en una serie de talleres.

Diseño socialmente definido. El diseño de las viviendas CHAP se elaboraba en forma conjunta con los beneficiarios. Esta modalidad permitía la "apropiación" del proyecto por parte de los beneficiarios, lo que fomentaba la participación comunitaria en el proceso de toma de decisiones.

Los miembros del equipo técnico de la CIAV presentaban ante los miembros de las comunidades diversas propuestas de diseño, las que, dentro de las posibilidades de recursos y tiempo del programa, eran adaptadas y enriquecidas con las contribuciones de los beneficiarios. En este proceso se tomaban en consideración las prácticas de construcción originarias del lugar y los principios funcionales y arquitectónicos de la cultura de los beneficiarios.

Utilización de materiales locales. El aprovechamiento racional de los recursos materiales locales era otra de las características de los proyectos CHAP. El uso de insumos locales para la construcción, a través de la explotación de yacimientos y bancos de materiales, tenía dos objetivos: la reactivación de fuentes locales de trabajo y la promoción del uso de materiales utilizados tradicionalmente por la arquitectura local. La utilización de materia prima local implicaba además un ahorro substancial en los costos de los proyectos, principalmente en lo referente al transporte de los mismos. En Malpaisillo, por ejemplo, se impulsó un novedoso proyecto de explotación de la piedra pómez, característica de esa zona, para la elaboración de bloques.

Preservación del medio ambiente. Dada la deforestación de las zonas donde se reasentó la población desmovilizada y el agotamiento de los recursos naturales, los programas CHAP incluían un componente de preservación del medio ambiente, tales como proyectos de reforestación y saneamiento ambiental.

PROGRAMAS AGRICOLAS

Los programas agrícolas implementados por la CIAV entre 1992 y 1997 tuvieron como objetivo asegurar la continuidad de las iniciativas impulsadas por la misión en este campo durante la etapa de asistencia humanitaria (ver Capítulo 4, Parte II). Estos esfuerzos se habían visto parcialmente interrumpidos por fenómenos tales como prolongados períodos de sequía, dificultades para obtener créditos para la producción por parte de los desmovilizados y el surgimiento de los grupos de rearmados, cuya acción había transformado las áreas atendidas por estos proyectos en escenarios de enfrentamientos militares (ver "Desmovilizados sacan su primera cosecha").

Mediante la implementación de los programas agrícolas se buscaba no sólo asegurar la autosuficiencia de los beneficiarios sino también impulsar su despegue económico, de forma tal que éstos pudieran involucrarse en actividades que permitieran el crecimiento económico del grupo familiar más allá de la simple subsistencia. A través de la ejecución de estos proyectos se pretendía además evitar la migración de los desmovilizados del campo a la ciudad.

Los proyectos agrícolas correspondientes a esta etapa buscaban explotar las ventajas comparativas de las diferentes regiones donde fueron ejecutados mediante la explotación de cultivos no tradicionales o cultivos tradicionales con favorables perspectivas de comercialización. Para ello, la CIAV proporcionó los medios técnicos y la capacitación correspondiente.

Para la selección de los lugares de implementación de estos proyectos se tomaron en consideración, entre otros aspectos, la disponibilidad de recursos, las condiciones climatológicas y topográficas, las necesidades de los beneficiarios y la distribución geográfica y el nivel de capacitación de los desmovilizados.

Los programas agrícolas de la misión se implementaron en dos etapas. En la primera, que va de marzo de 1992 a junio de 1993, se ejecutó el denominado Programa de Impacto Agrícola y en la segunda, correspondiente al período junio 1993-julio 1997, se ejecutó el Programa de Asistencia a la Producción, consistente en el otorgamiento de asistencia técnica. Paralelamente, a partir de 1991, en la Costa Atlántica se impulsó un proyecto de reactivación económica, consistente en proyectos de siembra, acopio y comercialización de granos básicos.

Las características de ambas etapas estuvieron determinadas por la disponibilidad de fondos. En la primera etapa se dispuso de medio millón de dólares mientras que en la segunda no se dispuso de fondos específicos.

"DESMOVILIZADOS SACAN SU PRIMERA COSECHA"

Con la ayuda de la CIAV, los campesinos que habían abandonado el arado por el fusil regresaron a trabajar la tierra poco después de la etapa de desmovilización.

Desmovilizados de la Resistencia Nicaragüense han producido un poco más de 442.000 quintales de granos básicos en los diferentes polos de desarrollo y asentamientos en que se encuentran ubicados, a pesar de las tensiones existentes en esos lugares por la pertenencia de la tierra, informa el diario *La Prensa* en su edición del 10 de mayo de 1991

En la crónica, el ex comandante "Wilmer" (Máximo Rodríguez), declara, en su caracter de director de Asentamientos de Polos de Desarrollo de la Resistencia Nicaragüense, que *los casi medio millón de quintales de alimentos fueron producidos gracias a las semillas entregadas por la CIAV*. La cosecha, sostiene Wilmer, podría haber sido mayor si los productores *hubieran contado con los insumos agrícolas necesarios, así como la seguridad de que podrían producir tranquilamente.*

El diario sandinista *Barricada*, por su parte, en su edición del 30 de agosto de 1991, da cuenta de los logros de los ex combatientes de la Resistencia. Bajo el título "Desmovilizados de la Resistencia sacan primera cosecha", el matutino da a conocer los planes productivos de los desmovilizados para el resto de ese año. *Los desmovilizados iniciarán estos cultivos con mayor ánimo, porque ya tenemos la experiencia pasada y las estructuras que están en el campo, en las diferentes regiones del país*, declara en ese artículo el ex comandante "Rubén" (Oscar Sobalvarro) subdirector para ese entonces del Instituto Nicaragüense de Repatriación.

Ruben indicó que en las siembras de postrera y apante, además de los granos básicos se cultivará ajonjolí y hortalizas, y precisó que el grueso del área de cultivos se concentrará en la VI Región, por tener el mayor número de población desmovilizada, repatriada y desplazada de guerra, se lee en *Barricada.*

Programa de Impacto Agrícola

Dependiendo de la región donde se implementaran, los proyectos correspondientes al Programa de Impacto Agrícola buscaban aumentar la producción y la comercialización doméstica de productos tradicionales, explotando al mismo tiempo la producción y la eventual exportación de productos no tradicionales, tales como el frijol negro, el chile tabasco[9] y la pitahaya.[10]

Estos proyectos beneficiaron a cerca de 8.000 familias, principalmente en las regiones I, V y VI. En la Región I se benefició a 680 familias, equivalente al 8,9 por ciento del total de beneficiarios; en la Región V a 2.606 familias, equivalente al 34,1 por ciento y en la Región VI a 3. 746 familias, equivalentes al 49 por ciento.

En el marco del Programa de Impacto Agrícola, la misión creó fincas modelos (escuelas prácticas), impulsó proyectos pilotos para la explotación de diferentes productos y proporcionó herramientas, insumos y asistencia técnica.

Las fincas modelos se establecieron en Nueva Guinea (RAAS); Matiguás (Matagalpa) y Chinandega (Chinandega) con el objeto de capacitar a los desmovilizados en el cultivo, manejo y comercialización de diferentes productos agropecuarios, tales como frutas, hortalizas y productos no-tradicionales.

Mediante los proyectos pilotos se intentaba introducir productos no tradicionales en la zona. Para ello se apoyaba el cultivo y la producción de ese tipo de cultivo en determinadas fincas o cooperativas, a las que se les brindaba amplia asistencia técnica y material, incluyendo, en algunos casos, la provisión de sistemas de riego artificial. Mediante estas iniciativas se buscaba demostrar la rentabilidad y viabilidad de esos productos, a la vez de promover la transferencia tecnológica.

La implementación de los proyectos pilotos tuvieron un efecto multiplicador que benefició a los productores de la zona en general, al margen de su pertenencia a la Resistencia. La producción obtenida mediante la ejecución de estos proyectos se comercializaba para beneficio de los propios productores o se empleaba para multiplicar el área de siembra. Para ello, la producción obtenida se empleaba como semilla o insumo en otras fincas o, en caso de comercializársela, las ganancias obtenidas se empleaban para crear un fondo revolvente, que permitiera continuar con el proceso productivo. La producción de hortalizas y la exportación de chile tabasco había generado, a julio de 1993, recursos por 320 mil dólares.

Al margen de las actividades desarrolladas en el marco de las fincas modelos o los proyectos pilotos, la CIAV apoyó a desmovilizados individualmente proporcionando insumos y capacitación técnica. Esta ayuda se proporcionó selectivamente a los desmovilizados más afectados por la sequía o a los que tenían mayores dificultades para obtener financiamiento.

Hortalizas y productos no-tradicionales

A diferencia de los proyectos de apoyo a la producción impulsados durante la etapa de asistencia humanitaria, que privilegiaban el cultivo de granos básicos, el Programa de Impacto Agrícola privilegió el cultivo de hortalizas, frutas y productos no tradicionales.

En lo que hace al cultivo de productos no tradicionales, la misión facilitó la creación de semilleros destinados a desarrollar distintos productos de este tipo en una finca modelo situada en la zona de Nueva Guinea (RAAS) mientras que en Matagalpa se impulsaron diferentes proyectos pilotos para la siembra de hortalizas mediante la utilización de riego artificial. En julio de 1992, en un proyecto piloto llevado a cabo en Estelí, la misión entregó semillas de papa [11] y herramientas agrícolas mientras que en noviembre de ese mismo año se entregaron aproximadamente 45 mil libras de semillas de frijol negro en la zona de Nueva Guinea. A principios de 1993, en una parcela experimental en la zona de La Dalia (Matagalpa) se plantó chile tabasco usando el sistema de riego artificial. En la mayoría de los casos, la misión prestó también la asistencia técnica correspondiente.

En lo que hace al cultivo de hortalizas, en diversas fincas de la Región VI (las fincas Raquel, Siempre Viva, El Diamante, La Perla y Tepeyac) se sembró papa, tomate, cebolla, repollo y chiltoma.[12] En la región de Quiminchapa (Río San Juan), además de estos productos, se sembró achiote,[13] zanahoria y sandía. En Carazo y en las proximidades de Managua se sembró sandía y melón, este último en un proyecto piloto dotado de riego artificial. En noviembre de 1992, en distintas fincas en el departamento de Chontales, se distribuyeron semillas frutales y de hortalizas mientras que en Mayasán (Río San Juan), la CIAV prestó asistencia técnica a diversas fincas con el objetivo de diversificar la producción de las mismas maximizando el uso de las tierras (ver Cuadro 36).

Programa de Asistencia a la Producción

A partir de junio de 1993, la CIAV concentró sus esfuerzos en consolidar los proyectos desarrollados bajo el Programa de Impacto Agrícola. En este sentido, la misión desarrolló, en el marco del Programa de Asistencia a la Producción, una serie de estrategias para vincular a los desmovilizados con las instituciones u organismos nacionales y/o internacionales que pudieran dar solución a sus problemas y continuó proporcionando asistencia técnica a las fincas modelos y los proyectos pilotos.

Entre otras actividades, la misión organizó una serie de seminarios sobre protección y recuperación del medio ambiente en forma conjunta con el IRENA, implementó talleres de capacitación para la construcción de silos en

CUADRO 36

*Programa de Impacto Agrícola
(manzanas sembradas)*

PRODUCTO	INSUMOS ENTREGADOS	MANZANAS SEMBRADAS
Hortalizas	Papa, tomate, cebolla,chiltomas, zucchini, repollo, achiote, zanahorias, plátano, coco, yuca,malanga, caña de azucar, sandía, melón.	300
No tradicionales	*Chile Tabasco*	*150*
	Pitahaya	*50*
	Frijol negro	*2.000*

forma conjunta con la Agencia de Cooperación Suiza para el Desarrollo (COSUDE) y el Instituto Nicaragüense de Tecnología Agropecuaria (INRA) y coordinó la realización de una serie de jornadas sobre temas agropecuarios en forma conjunta con el ministerio de Agricultura y Ganadería, la Universidad Nacional Agraria (UNA) y otras instituciones.

En esta etapa se crearon también, con la colaboración del IRENA y el Programa Mundial de Alimentos de la ONU, más de 30 viveros de árboles para reforestación, generación de energía y provisión de madera y frutos. Mediante este proyecto se plantaron más de 800 mil árboles destinados a cubrir un área de dos mil manzanas, lo que proporcionó trabajo a más de mil personas, fundamentalmente mujeres.

En el marco de los esfuerzos desarrollados por la misión para vincular a los desmovilizados con instituciones y organismos locales, la misión sirvió de enlace entre éstos y diferentes empresas comercializadoras y exportadoras e instituciones del circuito formal de asistencia crediticia.

La CIAV proporcionó asimismo apoyo logístico y seguridad permanente a los funcionarios de los organismos estatales relacionados con la producción que, como parte de su trabajo, debían trasladarse a las zonas donde se desarrollaban los diferentes proyectos agrícolas.

Programa de Reactivación de la Costa Atlántica

El Programa de Reactivación Económica de la Costa Atlántica se ejecutó en la Región Autónoma del Atlántico Norte (RAAN) y consistió en dos proyectos: un proyecto para la distribución de semillas de arroz y otro para el acopio y distribución de granos básicos.

El primero se ejecutó entre abril y mayo de 1991 con el aporte de un millón de dólares de la AID y la colaboración de varios organismos gubernamentales y no gubernamentales, incluyendo algunos grupos religiosos. Dado que este proyecto fue concebido para reactivar el cultivo de arroz en la totalidad de la Costa Atlántica, el mismo benefició a 15 mil familias en 200 comunidades, al margen de su filiación política.[14]

Cada uno de los beneficiarios recibió aproximadamente 100 libras de semilla de arroz tipo CICA 8, un machete, dos limas y bolsas para el almacenaje de la cosecha. El proceso de distribución de estos elementos se dividió en tres etapas. En la primera, oficiales de la misión y de la AID recorrieron las comunidades del lugar con el objeto de identificar a los beneficiarios, seleccionar los posibles puntos de distribución y explicar los objetivos del proyecto. En la segunda, la misión se encargó de difundir la fecha de inicio del programa mediante el uso de la radio y canales de comunicación no tradicionales y en la tercera, se colaboró con la distribución de los insumos en los puntos previamente asignados.

Como resultado del programa, la región de la Costa Atlántica comenzó a abastecerse con su propio arroz, sin tener que depender de la producción de la costa del Pacífico.

El proyecto de acopio y distribución de granos básicos, por su parte, fue financiado por la Comunidad Económica Europea (CEE) en las comunidades mískitas de Waspán, Kum y La Esperanza. El mismo tenía como objetivo facilitar el acopio de arroz para obtener una mejor comercialización.

El proyecto, en el que se invirtieron alrededor de 250 mil dólares, se ejecutó con la participación de tres cooperativas formadas por ex miembros del grupo armado YATAMA, los que recibieron capacitación técnica para el mantenimiento de la infraestructura instalada y la administración del proyecto. La infraestructura consistía en tres silos secadores y bodegas de almacenaje dotadas con plantas eléctricas. Los silos y las bodegas se instalaron en las cercanías de trilladoras previamente construidas por la AID. Adicionalmente, la CIAV instaló un trillo en Siuna. El proyecto contó con dos barcas y tres motores fuera de borda para el transporte de los granos y una camioneta.

La instalación de esta estructura benefició a aproximadamente 8.000 familias, que se dedicaban a la producción y comercialización de arroz.

PROGRAMA DE REHABILITACION Y REINSERCION DE LISIADOS

Con el objetivo de dar continuidad a la asistencia a los lisiados de guerra iniciada durante la etapa de asistencia humanitaria a través del Programa de Asistencia Inmediata a Lisiados de Guerra (ver Capítulo 4, Parte II), la CIAV impulsó un programa para la atención médica y la reinserción de los lisiados de la Resistencia, conocido como Programa de Rehabilitación y Reinserción de Lisiados, entre abril de 1991 y marzo de 1992.

El programa tenía dos componentes: un componente médico, conocido como Programa Médico-Quirúrgico, y un componente de reinserción, conocido como Programa de Reinserción.

El Programa Médico-Quirúrgico

El objetivo del Programa Médico-Quirúrgico era el de brindar atención médica especializada a los lisiados de la Resistencia, principalmente a aquellos que no habían sido beneficiados durante la etapa de asistencia humanitaria. El mismo se dividió en dos etapas. La primera se extendió entre abril y septiembre de 1991 y fue ejecutada en coordinación con la Fundación Panamericana para el Desarrollo (FUPAD) mientras que la segunda cubrió el período octubre de 1991-marzo de 1992 y estuvo enteramente a cargo de la misión. En total, a través del Programa Médico-Quirúrgico se atendieron a 1.132 pacientes.

El Programa Médico-Quirúrgico se articuló en torno a cuatro componentes fundamentales: un equipo de detección, integrado por funcionarios de la misión, que se encargaba de identificar a posibles beneficiarios e ingresarlos al programa; un centro de atención pre y post hospitalaria ubicado en Condega (Estelí); un hospital, ubicado en La Trinidad (Estelí), dónde se efectuaba la mayoría de las intervenciones quirúrgicas y los trabajos ortopédicos y una oficina central ubicada en Managua, que funcionaba como sede administrativa del programa.

Para asegurar el trato humano en la atención de estos pacientes se intentó contratar, en la medida de lo posible, personal comprometido con

.la causa de los lisiados. Por esa razón, muchos de los empleados del programa habían sido miembros de la Resistencia.

UN DOCTOR CONTRA PARA LOS CONTRAS

En el año de 1976, el doctor Alejandro Ortega concluía sus estudios de medicina en México y se preparaba para iniciar su especialización en medicina interna en España, sin imaginarse siquiera que seis años después iba a poner en práctica sus conocimientos en medio de los combates entre contras y sandinistas en las difíciles condiciones de las montañas del norte de Nicaragua.

Durante casi ocho años, el "doctor Javier", como se le conocía en las filas de la Resistencia, acompañaría a los combatientes de la Contra en sus incursiones al territorio nicaragüense, brindando atención médica a los soldados heridos en los cruentos combates de la década del ochenta. Extraño itinerario para quien había sido reconocido como "Médico Vanguardia" por el ministerio de Salud del gobierno sandinista en 1982.

En una reunión rompí públicamente ese reconocimiento, recuerda Ortega, quien discrepaba con muchos de los aspectos de la gestión sandinista, incluidas algunas de las medidas tomadas en el hospital en donde se desempeñaba como jefe de la unidad de cuidados intensivos. En castigo por su gesto de rebeldía, el "doctor Javier" recibiría la orden de trasladarse a la sección militar del hospital de Estelí. Nunca llegaría a su destino, ya que una vez en camino *aprovecharía el impulso* para llegar hasta Honduras, donde se integraría a las filas de la Contra.

En la Resistencia, Ortega alcanzaría el grado de comandante, aunque todos lo llamaran simplemente "doctor". *Para ellos, éste era un título aún más importante*, recuerda Ortega, quien se desempeñaría como jefe médico de las operaciones de combate hasta su desmovilización en 1990. Ortega empezaría a trabajar con la CIAV inmediatamente después, buscando ofrecer algún grado de solución a los numerosos problemas de salud que presentaban los desmovilizados.

Era raro el combatiente de la Resistencia que no tuviera algún tipo de lesión, señala Ortega, quien se convertiría en el jefe médico del Programa de Rehabilitación y Reinserción de Lisiados de Guerra impulsado por la CIAV a partir de 1991. Con su trabajo en la CIAV, el "doctor Javier" cumplía la promesa de no abandonar a los hombres bajo su cargo durante la etapa de desarme.

Para Ortega, una de la mayores satisfacciones del programa fue la de constatar como los lisiados más graves, que temían convertirse en una carga familiar, encontraron que gracias a la rehabilitación, capacitación y asistencia proporcionada por la misión se convertían en pilares de sus respectivas familias. *Más productivos que muchos desmovilizados que estaban enteros*, bromea el doctor Javier.

El equipo de detección

Para la identificación de los posibles beneficiarios del programa se conformaron dos equipos de detección, integrados por un oficial de detección y un conductor de ambulancia. El primero cubrió las regiones I, VI y la RAAN mientras que el segundo se encargó de la Región V, la RAAS y el departamento de Río San Juan. Los equipos de detección hacían contacto con los probables beneficiarios en sus respectivas comunidades, efectuaban una primera valoración clínica y, en caso de encontrárselos elegibles, se los remitía al centro de Condega.

Los criterios de elegibilidad determinados por los responsables del programa contemplaban el haber pertenecido a la Resistencia, el haber sido desmovilizado debidamente por la CIAV y el presentar lesiones producidas en combate antes de la desmovilización, o secuelas de las mismas. El programa dió prioridad a los lisiados que no habían recibido tratamiento adecuado durante la etapa inmediatamente posterior a la desmovilización. En algunos casos, previa autorización de la oficina central, se consideraron elegibles ex combatientes y/o familiares que presentaban minusvalías como producto de heridas o lesiones sufridas con posterioridad a la fecha de su desmovilización.

El centro de Condega

El centro de Condega funcionaba en las instalaciones que habían servido como centro de recepción en el marco del Programa de Repatriación (ver Capítulo 3,

Parte II). El mismo estaba ubicado a dos kilómetros del poblado del mismo nombre, en el departamento de Estelí, sobre la carretera Panamericana, y tenía capacidad para albergar hasta 700 personas entre pacientes y acompañantes.

En este centro se confeccionaban las historias clínicas de los pacientes ingresados al sistema, además de proporcionárseles alimentación, cuidados de enfermería y tratamientos para las enfermedades generales concomitantes con el padecimiento principal. De acuerdo a los cuadros clínicos que presentaban los pacientes, éstos eran derivados al Hospital de La Trinidad u otros centros hospitalarios especializados. El personal del centro de Condega consistía de un director médico, un médico general, una enfermera profesional, cuatro paramédicos y dos conductores de ambulancias.

Para el tratamiento de los lisiados se establecieron tres prioridades, de acuerdo a la severidad de las minusvalías y el grado de urgencia para la provisión de atención médica especializada. La prioridad uno se aplicaba a pacientes que presentaban un deterioro de la salud física y/o mental, de modo que requirieran para su subsistencia la atención permanente de una o más personas, y/o la atención periódica en una institución especializada.[15] La prioridad dos se aplicaba a pacientes con lesiones físicas y mentales que implicaran restricción en la capacidad física y/o el potencial productivo del orden del 25 al 50 por ciento, susceptibles de mejoras substanciales a través de tratamientos médico-quirúrgicos y/o rehabilitación y/o sustituciones ortoprotésicas.[16] La prioridad tres se aplicaba a personas cuyo grado de incapacidad no excediera el 25 por ciento, susceptibles de mejora a través de tratamientos médico-quirúrgico y/o rehabilitación.[17]

En el centro de Condega se ofrecían también facilidades post operatorias para los pacientes dados de alta en el Hospital de La Trinidad o en los centros especializados a los que habían sido derivados. Los pacientes que residían en lugares distantes permanecían por lo general alojados en este centro hasta la próxima cita médica en los centros mencionados anteriormente.

El Hospital de La Trinidad

Ubicado a la altura del kilómetro 123 de la carretera Panamericana, pocos kilómetros antes de llegar a la ciudad de Estelí, el hospital de La Trinidad contaba con 84 camas, servicios de laboratorio y rayos X, servicios de terapia física y talleres de reparación y remodelación de prótesis, además de un albergue de 50 camas con facilidades pre y post operatoria. El personal del programa estaba conformado por un director médico, una enfermera profesional, un cirujano ortopedista, un cirujano plástico reconstructivo, un médico anestesiólogo y un conductor de ambulancia. El programa estuvo a cargo de FUPAD hasta septiembre de 1991. A partir de esa fecha, la dirección del mismo pasó a manos de la CIAV.

En el Hospital de la Trinidad se atendieron principalmente a pacientes en las especialidades de ortopedia y traumatología, cirugía plástica y reconstructiva, cirugía general y urgencias relativas de medicina interna. En algunos casos, debido a las constantes demoras burocráticas en los diferentes hospitales de Managua y la crónica falta de insumos médicos, en este hospital debieron realizarse cirugías vasculares, urológicas y maxilo–faciales, lo que obligó a la contratación de cirujanos especializados y la adquisición de instrumentos y materiales especiales.

La oficina central
Ubicada en la sede de la secretaría de la OEA en Managua, la oficina central del programa se encargó de recibir a los pacientes remitidos por el centro de Condega y derivarlos a diferentes centros especializados para el inicio o la continuación de tratamientos médicos. El programa trabajó coordinadamente, entre otras instituciones, con el Hospital de Rehabilitación Aldo Chavarría, el Departamento de Oftalmología y Oncología del Hospital Bertha Calderón, el Departamento de Ortopedia y la Unidad de Cuidados Intensivos del Hospital Manolo Morales, el Departamento de Neurocirugía del Hospital Antonio Lenín Fonseca, la Industria Ortoprotésica Nacional y la Optica Popular del Instituto Nicaragüense de Seguridad Social y Bienestar (INSSBI). A cambio de los servicios prestados por estas instituciones, la CIAV proporcionó equipos médicos y materiales de trabajo por un monto equivalente al número de pacientes atendidos.

La oficina central del programa contaba también, para casos de emergencia, con la Clínica de Managua, una facilidad médica instalada por la misión durante la etapa de asistencia humanitaria para brindar atención médica general a los desmovilizados (ver Capítulo 4, Parte II).

Una vez concluido el programa, la oficina central se encargó de coordinar y dar seguimiento médico especializado a los pacientes que lo requerían, así como de facilitar su ingreso a instituciones de salud pública.

CUADRO 37

Cirugías Realizadas por el Programa Médico Quirúrgico

HOSPITAL	TIPO DE CIRUGIA	CANTIDAD
La Trinidad	Ortopédica	372
	General	60
	Plástica	112
	Maxilo-facial	23
	Urológica	4
Bertha Calderón	Oftalmológica	116
Manolo Morales Lenín Fonseca	Ortopédica, Neurocirugía, General	13
TOTAL		700

El Programa de Reinserción

El Programa de Reinserción fue ejecutado por Creative Associates International, Inc (CAII), la consultora que había estado a cargo del centro de rehabilitación de El Oyate durante la etapa de asistencia humanitaria (ver Capítulo 4, Parte II). Con el apoyo y la colaboración de la misión, CAII se hizo cargo, en esta segunda etapa, de la capacitación laboral de los lisiados de la Resistencia, así como de la ejecución de nueve proyectos de reinserción, destinados a satisfacer las necesidades de trabajo y vivienda de los beneficiarios.

Entre otras actividades, en el centro de Condega se implementaron, bajo este programa, talleres de capacitación en carpintería, electricidad, conducción de vehículos y veterinaria práctica primaria, así como un curso de alfabetización.

Con el objeto de facilitar la reinserción social de los lisiados en sus comunidades de origen, los oficiales de CAII desarrollaron un estudio de posibilidades laborales en los departamentos de Chontales, Matagalpa y Jinotega. En base a ese diagnóstico, CAII implementó, en forma conjunta con la misión, nueve proyectos de reinserción, destinados exclusivamente a satisfacer las necesidades de trabajo y vivienda de los lisiados. Entre éstos se contaban programas de autoconstrucción de viviendas (Juigalpa, Quilalí, Jinotega y Esperanza-El-Rama), talleres de oficios diversos (Juigalpa, Matagalpa, Jinotega y Puerto Cabezas) y una finca agrícola-ganadera (Masapía).

CUADRO 38

Consultas Efectuadas por el Programa Médico Quirúrgico

HOSPITAL	CONSULTAS
La Trinidad (1)	1.787
Managua (2)	2.468
TOTAL	**4.255**

(1) Ortopedia, Cirugía Plásticas, Cirugía General, Maxilofacial, Urología, otros.
(2) Neuropsiquiatría, Medicina Interna, Otorrinolaringología, Odontología.

En esta última finca se instaló una escuela de bueyes, destinada al adiestramiento de estos animales para las tareas de arado en las tierras ocupadas por desmovilizados, además de potreros destinados a la alimentación de ganado. En Juigalpa, mientras tanto, en instalaciones militares desocupadas, se montó un conjunto de talleres de carpintería, zapatería y sastrería, donde trabajaban y vivían 35 lisiados con sus familias mientras que en Estelí y en Matagalpa se instalaron una panadería y un taller de mecánica automotriz, respectivamente.

El proyecto de vivienda en Jinotega favoreció a los 20 lisiados más graves del programa, los que habían sido trasladados al centro de Condega desde el centro de El Oyate. Estos organizaron su reinserción en Jinotega mediante el trabajo en un taller de sastrería y dos pulperías. Por su parte, los lisiados que habían sido atendidos en Puerto Cabezas durante la etapa de asistencia humanitaria fueron capacitados en artesanía, facilitándoseles luego viviendas, una pulpería y un taller de sastrería.

AREA SOCIAL

En noviembre de 1992, la CIAV organizó la denominada "Area Social" con el objetivo de dotar de integralidad al proceso de reinserción social de los ex combatientes. La misma estaba compuesta por un grupo de funcionarias de la CIAV y funcionó hasta junio de 1995.

En su carácter de instancia articuladora de los distintos proyectos de reinserción ejecutados por la misión, el Area Social se encargó de identificar las necesidades de carácter social de los ex combatientes, prestando especial atención a la familia y a la mujer en particular.

CUADRO 39

Asistencia Entregada por el Programa Médico Quirúrgico

ASISTENCIA	CANTIDAD
Prótesis	159
Zapatos ortopédicos	63
Anteojos	262

Entre otras tareas, el equipo del Area Social coordinó la organización de los beneficiarios de los proyectos de vivienda de la misión, facilitando el proceso de selección de beneficiarios, la organización de las cuadrillas de trabajo, la generación de mecanismos de participación dentro de los proyectos y la organización para la realización de diversas tareas comunitarias, tales como la creación de huertos familiares, comedores infantiles y cocinas comunitarias.

En el entendimiento de que la participación activa de la mujer en los diferentes proyectos ejecutados por la CIAV facilitaba el proceso de integración de los ex miembros de la Resistencia, el Area Social otorgó a esta última especial atención. En este sentido, el Area Social fomentó la participación de la mujer en el proceso de toma de decisiones sobre el diseño y la construcción de viviendas; la construcción y rehabilitación de puestos de salud, colegios y salas comunales; la ejecución de proyectos destinados a la protección del medio ambiente y la reforestación y la creación de talleres de costura, huertos familiares y corrales para la cría de aves de corral y otros animales.

El equipo del Area Social apoyó también el desarrollo de iniciativas comunitarias locales mediante la organización de talleres, encuentros, seminarios y asambleas, estimulando de este modo el proceso de multiplicación de conocimientos y experiencias y la formación de líderes comunales. La temática de los talleres de capacitación giraban en torno a áreas tales como organización comunitaria, derechos humanos, derechos de la mujer, derechos del niño y control sanitario del ambiente.

El Area Social se ocupó también de facilitar la relación de los miembros de las comunidades de desmovilizados con instituciones gubernamentales y no gubernamentales, que podían atender las distintas necesidades de esas comunidades. En este marco se facilitaron reuniones y gestiones para la asignación de pensiones con el INSSBI, solicitudes de consideraciones especiales con el ministerio de Educación, gestiones para la obtención de lotes urbanos con autoridades locales y gestiones para la consecución de recursos materiales ante distintas agencias del gobierno nicaragüense, tales como el MAS, el INIFOM, el MCT, el INE y el INAA, así como ante instituciones y agencias internacionales, tales como la Unidad Europea (UE) y el Programa Mundial de Alimentos de la ONU.

En 1994, el Area Social elaboró un diagnóstico de las necesidades de los sectores más afectados por el conflicto en todo el país con el objeto de identificar los niveles de conflictividad en las zonas de postguerra. La información recolectada mediante este procedimiento le permitió a la misión identificar algunas de las necesidades básicas de estos sectores, así como posibles focos de conflictos sociales que pudieran impedir el normal desarrollo del proceso de integración.

Las acciones de apoyo del Area Social a los proyectos de infraestructura social implementados por la misión fueron decisivos para el éxito de esas iniciativas. La determinación de las necesidades sociales de los desmovilizados y sus familias permitió orientar los proyectos de construcción de escuelas, puestos de salud y salas comunales ejecutados por la misión.

PROGRAMAS ESPECIALES DE REINSERCION

Con el objeto de apoyar el proceso de pacificación en las antiguas zonas de conflicto, la CIAV impulsó diversas iniciativas locales de reconciliación. En algunos casos, éstas incluyeron la participación de antiguos simpatizantes de ambos bandos del conflicto. En otros, estas iniciativas beneficiaron primariamente a sectores no pertenecientes a la Resistencia. Mediante estos proyectos, la misión intentó contribuir a la estabilización de comunidades con altos niveles de pobreza. Paralelamente a estas iniciativas, la CIAV desarrolló proyectos destinados a beneficiar a los sectores más vulnerables de la población afectados por distintas catástrofes naturales.

Ejemplos de estas iniciativas son el proyecto de autoconstrucción de viviendas para madres y viudas de ex combatientes de ambos bandos en Waslala (RAAN); el proyecto de autoconstrucción "Las Noras", que benefició a sectores de filiación mayoritariamente sandinista en Ocotal (Nueva

Segovia) y los proyectos desarrollados en Malpaisillo y El Tránsito (León) luego de la erupción del Cerro Negro a principios de 1992 y el maremoto que afectó la costa del Pacífico a fines de ese mismo año.

Madres y viudas de Waslala

Entre 1993 y 1994, la CIAV apoyó un proyecto de autoconstrucción de 52 viviendas en el casco urbano de Waslala (RAAN) para igual número de madres y viudas de ex combatientes muertos de ambos bandos del conflicto.

La participación de la CIAV en el proyecto se originó a partir del contacto de los oficiales de la misión con las integrantes de una organización comunitaria denominada Asociación de Madres y Viudas de Caídos de la Resistencia Nicaragüense y el Ejército Popular Sandinista de Waslala. Al momento del involucramiento de la misión, esta organización había obtenido un terreno mediante el concurso del Instituto de Fomento Municipal (INIFOM) y la alcaldía de Waslala y se encontraba gestionando apoyo para la ejecución del proyecto. En estas circunstancias, la misión ofreció hacerse cargo del financiamiento, la dirección técnica y la organización comunitaria, adoptando para su ejecución la modalidad de autoconstrucción.

Con el objeto de capacitar a las beneficiarias del proyecto, la misión contrató a un pequeño grupo de instructores, quienes se desempeñaron simultáneamente como maestros de obra. Para aprovechar los recursos naturales locales y proteger el medio ambiente, se optó por utilizar el mínimo de madera posible. Por esta razón, las beneficiarias debieron extraer alrededor de 300 camionadas de arena y piedras de ríos cercanos para la fabricación de los bloques a emplearse en la construcción.

Dada la diversidad de tareas involucradas en la construcción de las viviendas, se optó por un sistema rotativo, en el que se priorizaron las aptitudes individuales de cada una de las participantes del proyecto. Asimismo, con el objeto de facilitar la participación de la totalidad de las beneficiarias, se diseñó un sistema de responsabilidad compartida para el cuidado de los niños, la preparación de la comida y la realización de las tareas cotidianas. En este marco se habilitó un comedor infantil a cargo de las mujeres embarazadas y las mujeres de más edad.

En base a la experiencia acumulada por la CIAV en la ejecución de este tipo de proyectos, tanto el diseño final de las viviendas como la selección de las beneficiarias fueron determinados por las propias interesadas a través de una serie de rondas de discusiones participativas.

La forestación de la urbanización se implementó con el apoyo del Instituto de Recursos Naturales y del Ambiente (IRENA) y el Programa Mundial de Alimentos de la ONU y estuvo a cargo de los hijos e hijas adolescentes de las beneficiarias. Estos se encargaron, entre otras actividades, del cuidado de almácigos, la supervisión del desarrollo de los viveros, el transplante de los nuevos árboles y el cuidado de los espacios verdes de la urbanización.

Durante el proceso de organización comunitaria se implementaron diversos talleres sobre derechos humanos. En ellos, las beneficiarias recibieron nociones legales básicas sobre los derechos de la mujer y la familia mientras que los niños se involucraron en actividades recreativas destinadas a promover hábitos de higiene personal y ambiental. En lo que hace a las actividades de apoyo social, oficiales de la CIAV, en forma conjunta con funcionarios del ministerio de Salud, coordinaron con la unidad médica más cercana la atención médica de las participantes del proyecto.

La modalidad de ejecución del proyecto contribuyó a reforzar las relaciones primarias entre familiares así como a fortalecer los valores que unen a la familia y la comunidad, lo que en definitiva contribuyó a la creación de vínculos afectivos, la disminución de las animosidades y la reconciliación comunitaria.

LAS MADRES DE WASLALA, RECONCILIACION Y PAZ

A continuación se transcribe un artículo del ex coordinador general de la CIAV, Sergio Caramagna, aparecido en la revista *Confidencial* el 19 de octubre de 1997, sobre un proyecto habitacional en Waslala (RAAN), concebido para beneficiar a madres y viudas de combatientes muertos pertenecientes a ambos bandos del conflicto.

«Casi a mitad de camino entre Matagalpa y Siuna, un poco más allá del límite departamental, entre montañas y vegetación de trópico húmedo, se encuentra Waslala. A 300 kilómetros de la capital y por un camino de difícil tránsito.

Waslala creció rápidamente a partir de 1990, después de la terminación de la guerra. Fue escenario de enfrentamientos bélicos y graves desencuentros. Está ubicada en el corazón de la frontera del conflicto nicaragüense. Miles de familias buscan reubicarse aún en un pedazo de tierra y luchar contra la pobreza.

Allí, en Waslala, un grupo de mujeres, en 1994, decidió organizarse en una directiva que agrupara a los dos sectores enfrentados en el conflicto. Madres y viudas de la Resistencia y del Sandinismo. 52 en total, con sus hijos a cuestas. Con el dolor y la desconfianza a cuestas. Con el peso de la responsabilidad familiar, económica y social a cuestas.

El maniqueísmo propio de los extremos calificó a estos sectores como los buenos y los malos, según la ubicación dentro del conflicto. Pero la realidad, que suele ser la única verdad, madura una interpretación más simple y ajustada a los hechos. Ambos sectores atrapados en las opciones fatales a que fue sometido el pueblo nicaragüense durante los años duros de la lucha armada.

Valentina Cortedano y María González. Una, esposa de un campesino que se sumó a la Contra y murió en el enfrentamiento. La otra, viuda de un soldado del Ejército, con el mismo destino fatal. Ambas mujeres campesinas con los mismos orígenes culturales, de mestizaje, de historia.

No hablan mucho al principio. Sólo desde el afecto se abren más a la comunicación. Desde allí expresan los sentimientos. No todos. No portan interpretaciones complicadas sobre el pasado, el presente y el futuro. Simplemente viven la realidad con valentía y el instinto que toda mujer trae consigo. No han recibido mucha instrucción. Pero saben mucho de la crianza de sus hijos, de la realidad que viven, del ciclo de la siembra y de la cosecha, de la sobrevivencia en condiciones muy duras.

Se puede confiar en ellas. Se debe confiar en ellas. Son Nicaragua misma. Asumen la lucha por la vida no como un acto de reflexión. Sino como la necesidad cotidiana de ir adelante a pesar de las dificultades. Con las herramientas que tienen. Con sus decires y haceres propios.

En 1994, Valentina y María plantearon la iniciativa de construir sus propias casas. Buscaron apoyo y comenzaron desde el principio. Juntaron arena y piedras del río en verano, cuando las aguas están bajas por la poca lluvia. Acarrearon el material. Construyeron los bloques. Armaron las vigas de hierro para sostener la estructura. Pegaron los bloques. Hicieron los contrapisos. Sólo para el montaje del techo necesitaron la ayuda de algunos hombres.

Durante un año trabajaron duramente. 52 mujeres. 26 de la Resistencia y 26 del Sandinismo. Unidas. Con el mismo propósito. Tuvieron siempre a sus hijos cerca, dándoles alimento, que el mismo proyecto proveía. Vigilados. Cuidados siempre. Se turnaban en esa función. Trabajaron organizadas y lograron levantar todas las viviendas.

En marzo de 1995 organizaron la inauguración e invitaron a la entonces presidente, doña Violeta de Chamorro. Fue la fiesta más importante que recuerda Waslala. Todo el pueblo estuvo presente. Valentina y María fueron oradoras principales del acto y compartieron el escenario improvisado con la mandataria y las autoridades. Hubo comida, música y mucha alegría. Algunos viejos pobladores dijeron que era la primera vez que un presidente llegaba al lugar.

Las casas se sortearon entre las beneficiarias. A Valentina le tocó una al lado de María. Seguramente por cosas del destino.

Con la campaña electoral de 1996, el mensaje político subió de tono y el escenario nacional vio elevada la temperatura social fuertemente. A Waslala llegó ese lenguaje. Y Valentina y María no escaparon a sus efectos. La unidad de la directiva estuvo muy cerca de quebrarse. Una vez más las opciones fatales pudieron arrastrar hacia el pasado de desencuentros. Una vez más el mensaje de la confrontación despegado de la realidad cotidiana de los pueblos.

El proyecto de las mujeres de Waslala es un símbolo. Es una lección de vida. Es una enseñanza. Es el ejemplo de un camino a seguir. De un desafío permanente. De saber que la paz y la reconciliación no se declaman ni se decretan. Se construyen todos los días. Cada momento. Con una fuerte determinación. Que hay obstáculos serios. Incluso en uno mismo. Temores, incomprensión, amenazas.

Por ello es un desafío. El más importante para Nicaragua. Que requiere de un esfuerzo conjunto que remueva nuestras mejores reservas de valores morales y humanos.

Es también una enorme enseñanza para nosotros. Los que a veces pretendemos decidir por la que la gente se debe hacer. Atendiendo más a nuestras ansiedades y proyectos que a las realidades diarias que construye la gente más sencilla de este país.

Si somos capaces de aprender de las mujeres de Waslala, de Valentina y de María y de las 52 mujeres campesinas que no se doblegan ante los peligros y los obstáculos y que construyen cada hora y cada día la reconciliación real y posible, no de seminario, sino en la práctica, podremos sumarnos al esfuerzo enorme que significa la construcción de la paz. Pero esta vez, hagámoslo desde y con ellas. Sólo así tendrá legitimidad. Hagámoslo por Nicaragua. »

Las Noras

El proyecto habitacional "Nora Astorga" fue el primer proyecto de la CIAV diseñado para beneficiar a sectores que no pertenecían a la Resistencia.[18] En la base de este proyecto descansaba la noción de que la reinserción de los desmovilizados de la Resistencia debía ser abordada como un asunto comunitario, que incluyera soluciones para la totalidad de los sectores de la comunidad.

El proyecto, que comprendía 100 unidades habitacionales, se implementó en Ocotal (Nueva Segovia) y favoreció a un grupo de 137 mujeres, en su mayoría retiradas del EPS y campesinas de filiación sandinista desplazadas de las zonas de guerra. Estas se habían organizado en una asociación llamada "Nora Astorga"[19] para gestionar ante el gobierno la provisión de asistencia, que les permitiera reintegrarse a la actividad productiva del país.

"Las Noras", como se conocía a este grupo, estaban conformadas en su mayoría por mujeres solas, desempleadas y sin calificación laboral, con un promedio de cuatro hijos bajo su cargo. A través del gobierno, y con el concurso de la alcaldía de Ocotal, éstas habían obtenido un terreno, materiales de construcción y herramientas de trabajo, organizándose de manera informal en grupos de autoconstrucción. En base a recursos materiales locales, las Noras habían definido además un modelo standard de vivienda y creado un banco comunitario de herramientas.

A solicitud de este grupo de mujeres, la CIAV se involucró en el proyecto a partir de marzo de 1993. Su contribución al proyecto consistiría en la redefinición técnica del mismo bajo el concepto CHAP, la provisión de los materiales de construcción faltantes y el apoyo logístico que permitiera su ejecución acelerada, así como las gestiones para la provisión de alimentos a través del programa Alimentos por Trabajo del PMA. Posteriormente, con el financiamiento del gobierno de Gran Bretaña, la CIAV impulsaría un proyecto de letrinificación en el lugar, el que sería acompañado por talleres de capacitación orientados al saneamiento ambiental.

Malpaisillo y El Tránsito

La CIAV aprovecharía también su capacidad instalada y la experiencia acumulada en el desarrollo de la misión para impulsar iniciativas que contribuyeran a aliviar las condiciones de diversos sectores de la población afectados por catástrofes naturales.

En este contexto, la CIAV impulsaría en Malpaisillo (León) un proyecto habitacional destinado al reasentamiento de los pobladores afectados por la erupción del volcán Cerro Negro en abril de 1992. Mediante este proyecto, los beneficiarios construyeron 42 casas bajo el concepto CHAP. En este proyecto, la necesidad de aprovechamiento de los materiales locales llevaría a la misión a experimentar con la fabricación de bloques con piedra pómez, lo que se convertiría luego en una alternativa productiva importante para los habitantes de esa comunidad.

Posteriormente, en septiembre de 1992, la CIAV, con la colaboración financiera de la AID, diseñaría y ejecutaría un proyecto para la construcción de una planta de hielo y de almacenaje de pescado en El Tránsito (León). Esta comunidad había sido una de las más afectadas por el maremoto que azotara la costa del Pacífico ese mismo mes. Aproximadamente el 80 por ciento de la población de esa localidad había sido afectada directamente por la catástrofe. Más de 90 familias perdieron la totalidad de sus viviendas, enseres y herramientas de trabajo, tales como botes, motores y equipos de pesca. La planta de hielo fue edificada bajo la modalidad de autoconstrucción e incluía cubículos individuales para el almacenaje de instrumentos y aparejos de pesca de 22 familias. El proyecto benefició, en total, a aproximadamente a 110 individuos.

5
Reinserción del Frente Norte 3-80

COMO SE DETALLO EN EL CAPITULO 6 DE LA PARTE III, LA DESMOVILIZACION
de los integrantes del Frente Norte 3-80 (FN 3-80) se produjo como resultado de la firma del Acuerdo de Caulatú II, el 24 de febrero de 1994 en la localidad del mismo nombre, a cinco kilómetros de Quilalí, Nueva Segovia.
Este documento contenía, entre otros aspectos, compromisos relativos al calendario de desmovilización, la seguridad de los combatientes durante la etapa del desarme, la desmilitarización de la zona de conflicto, la integración
de algunos de los miembros del FN 3-80 a las estructuras de las fuerzas de
seguridad y la reinserción social de los combatientes. En relación a este último punto, el gobierno se comprometía a "acometer e implementar un pro-
fundo programa de beneficios sociales" en las áreas de salud, educación, infraestructura y producción, a fin de dar "una respuesta integral a la problemática de la zona". Para ello se preveía la creación de un polo de desarrollo
con centro en Quilalí. A fin de coordinar los aspectos relativos a la
implementación de los programas antes mencionados, el acuerdo estipula-
ba la instalación de una "oficina coordinadora" en esta misma localidad.
   Si bien el Acuerdo de Caulatú II dedicaba al tema de la reinserción social
de los combatientes sólo un punto, el mismo establecía implícitamente un
mecanismo de reuniones periódicas entre una comisión técnica del gobierno y una delegación del FN 3-80 con el objeto de discutir la coordinación e
implementación de los programas sociales.[20] Los proyectos de reinserción
del FN 3-80, considerados como los más articulados e integrales del proceso de paz nicaragüense, fueron definidos durante esta serie de reuniones.
   Los compromisos acordados entre los delegados del gobierno y del FN
3-80 para la desmovilización y la reinserción de los combatientes de esta
organización se referían, entre otros aspectos, a la dispensión de asistencia inmediata a los desmovilizados; la definición de la cuota de efectivos

que ingresarían a las filas de la policía; la entrega de tierras; la legalización y titulación de parcelas una vez canceladas las deudas correspondientes; la entrega de materiales para la construcción; la construcción de viviendas; el acceso al crédito para la producción, la microempresa y el pequeño comercio; la provisión de capacitación técnica y el otorgamiento de personería jurídica al grupo una vez desmovilizado. Además de estos puntos, los compromisos entre el gobierno y el FN 3-80 establecían la construcción y/o rehabilitación de obras de infraestructura social, tales como escuelas y puestos de salud; la dotación del hospital de Quilalí con instrumentos quirúrgicos, un quirófano y una ambulancia; la ampliación de plazas para profesores en las zonas rurales, incluyendo la asignación de becas de capacitación; la reparación de caminos y la gestión de pensiones para viudas, huérfanos y lisiados de guerra.

Si bien los dirigentes del FN 3-80 estimaron posteriormente que el gobierno sólo había cumplido con el 40 por ciento de estos compromisos, algunos de los aspectos medulares estipulados en los acuerdos, tales como el establecimiento de garantías para la seguridad personal de los desmovilizados, la entrega de tierras y el acceso al crédito, fueron observados satisfactoriamente.

El éxito del proceso de reinserción de los combatientes del FN 3-80 se debió, entre otros factores, a la calidad del liderazgo ejercido por los dirigentes del grupo; el contenido y la especificidad de los acuerdos; la mayor presencia e involucramiento del estado en el proceso de reinserción de los combatientes y la participación activa de la comunidad internacional en el financiamiento de las iniciativas de pacificación.

A diferencia de lo ocurrido durante los procesos de desmovilización anteriores, la dirigencia del FN 3-80 condicionó el cumplimiento del calendario de desmovilización al cumplimiento de los acuerdos, poniendo particular énfasis en las condiciones que hicieran posible la reintegración de los combatientes a la vida social y económica de la comunidad. La dirigencia del FN 3-80 hizo suya, durante las discusiones en torno a los programas de reinserción social, el concepto de "reinserción a la vida civil productiva", enfatizando la necesidad de dar satisfacción a las expectativas de futuro de los desmovilizados. Asimismo, a diferencia de lo ocurrido en los procesos anteriores, se creó también una oficina para el seguimiento del cumplimiento de los acuerdos de Caulatú II, coordinada por una junta directiva integrada por representantes del gobierno y del FN 3-80, en la que la CIAV actuaba como garante.

Un aspecto importante en la estrategia de reinserción de los combatientes del FN 3-80 fue la incorporación a este proceso de los habitantes de las distintas comunidades de la región, aun cuando éstos no habían sido parte activa del grupo desmovilizado. Esta iniciativa tuvo un impacto altamente positivo en el proceso de estabilización de la región y en el proceso de construcción de la paz en la zona norte del país ya que los programas implementados en el lugar beneficiaron a la comunidad en general y no sólo a un sector específico de la misma.

Dada la constante presencia de la CIAV en la zona de conflicto desde el inicio de la misión, ésta jugó un papel decisivo en el proceso de desmovilización y reinserción de los combatientes del FN 3-80. Durante la etapa de negociación, que llevó a la firma del acuerdo de Caulatú II, la misión actuó como conciliadora y facilitadora, además de proporcionar la base logística para el desplazamiento de combatientes y funcionarios del gobierno, la comunicación entre las partes y la preservación de la seguridad de los negociadores. Posteriormente, durante las rondas de negociación que culminaron con los compromisos antes mencionados, la misión actuó como verificadora, garante y redactora de los acuerdos alcanzados.

Con el objeto de facilitar el proceso de reinserción de los miembros del FN 3-80, la CIAV diseñó una estrategia de implementación de proyectos multidimensional e integral, involucrando en el proceso a la totalidad de los componentes de la misión. En este marco, la misión ejecutó una serie de proyectos de vivienda, productivos, sociales y de apoyo y fortalecimiento a distintas instituciones estatales y ONG, tanto de Quilalí como de la región.

Además de la ejecución de sus propios proyectos, la misión apoyó las actividades desarrolladas en la zona por instituciones del estado y agencias internacionales. En algunos casos, la mera presencia de la CIAV en la región representó para estas instituciones una garantía de seguridad, tanto para el personal de las mismas como para los recursos movilizados.

La CIAV jugó también un papel destacado en la organización de los desmovilizados y beneficiarios, fortaleciendo la capacidad de éstos para conducir su proceso de reinserción social e interactuar con las distintas instituciones presentes en la zona.

La Cooperativa CONOR 3-80

De acuerdo a los compromisos asumidos entre el gobierno y el FN 3-80, esta última organización fue reconocida como una institución legalmente constituida luego del proceso de desmovilización de sus efectivos, otorgándosele en consecuencia personería jurídica. Inicialmente, la dirigencia del grupo armado intentó convertir la organización en una fundación, que diera respaldo jurídico a los miembros de la agrupación. Sin embargo, por distintas razones, y a sugerencia de los funcionarios de la CIAV, la misma optó finalmente por convertirse en una cooperativa. La Cooperativa Multisectorial de Productores Tradicionales, No Tradicionales y Ganaderos del Norte 3-80 (o Cooperativa del Norte 3-80 o CONOR 3-80) fue fundada el 24 de abril de 1994. El nuevo status legal del FN 3-80 le permitió a los desmovilizados actuar como contraparte legal del gobierno y acceder a distintos beneficios legales e institucionales. Las instalaciones para las oficinas de la CONOR 3-80 fueron cedidas por el ejército en el marco de lo estipulado en los compromisos con el gobierno.

La CONOR 3-80 se inició con un capital de C$10.000 provisto por el Ministerio de Acción Social. El financiamiento inicial de la cooperativa se estructuró en base a un fondo financiero rotativo asignado por el gobierno a través del mencionado ministerio y la banca estatal. Entre 1994 y 1997, el capital total de la cooperativa se expandió a 24 millones de córdobas, aproximadamente.[21] En el mismo período, el número de socios creció de 119 a más de 500, transformándose en una estructura autosuficiente y en proceso de consolidación. Entre otros servicios, la cooperativa instaló una veterinaria, una farmacia y una caja de ahorro y crédito.

La caja de ahorro y crédito fue constituida a iniciativa de la CIAV en marzo de 1995, con el objeto de dotar a la CONOR 3-80 de una estructura financiera, de forma que ésta pudiera manejar localmente los fondos transferidos por la misión para actividades de apoyo a la producción.[22] Los servicios prestados por esta última permitieron extender las oportunidades de crédito a la base social del FN 3-80, financiado actividades vinculadas a la construcción de viviendas, el pequeño comercio, la ganadería y la siembra de musáceas y productos no tradicionales.[23]

En el marco del cumplimiento de sus compromisos, la CIAV organizó distintas actividades de capacitación sobre cooperativismo, autogestión y administración, además de seminarios de apoyo técnico a las actividades agrícolas. El conocimiento transmitido a los miembros de la CONOR 3-80 a través de estos talleres permitió consolidar la estructura organizativa de la institución y la autosostenibilidad de sus miembros, posibilitándoles, entre otras cosas, la interacción independiente con agencias gubernamentales e internacionales.

La estructura organizativa de la CONOR 3-80 reflejó inicialmente los rasgos de la estructura militar que había caracterizado al FN 3-80. El gradual proceso de transformación de esta organización de grupo armado a institución civil, sin embargo, posibilitó el surgimiento de nuevos liderazgos, más afines a organizaciones participativas. En este contexto, la CIAV se encargó de capacitar y potenciar al nuevo liderazgo. Inicialmente, estos líderes conformaron estructuras conocidas como "unidades de coordinación básica de proyectos", cuyo objetivo era el de dar ejecución y seguimiento a los proyectos implementados por la misión, tales como los proyectos de salud, producción, viviendas y derechos humanos. Estas instancias de organización evolucionaron luego a estructuras llamadas "empresas de base comunitarias", cuyo objetivo era el de coordinar las actividades productivas de las distintas fincas de la cooperativa y la promoción de iniciativas de desarrollo local. Las juntas directivas de las empresas de base comunitarias comenzarían a ser elegidas democráticamente entre los más de 500 socios de la cooperativa a partir de 1996.

Reinserción a la vida civil productiva

Tal como se mencionó anteriormente, uno de los aspectos fundamentales del Acuerdo de Caulatú II fue la noción de la reinserción como "reinserción a la vida civil productiva". Si bien esta perspectiva había sido enunciada en los acuerdos que condujeron a la desmovilización de los miembros de la Resistencia en 1990, y mencionada luego recurrentemente en las negociaciones con los grupos rearmados en 1992, la implementación de la misma fue incompleta e insuficiente. En el caso de los acuerdos entre el gobierno y el FN 3-80, éstos se caracterizaron por la especificidad de las demandas y la subordinación de éstas a una estrategia general de reinserción, lo que otorgó continuidad e integralidad a las fases de desmovilización y reinserción.

Durante la etapa de negociación con el gobierno, este último se había comprometido a entregar al FN 3-80 una serie de propiedades agrarias que habían sido previamente identificadas por las partes, en conjunto con la CIAV. En el marco de este compromiso, el gobierno adquirió estas propiedades y se las transfirió a la CONOR 3-80, haciéndose cargo de la mitad de la deuda. La cooperativa se comprometió a pagar el 50 por ciento de la deuda a un plazo de diez años, con un período de gracia de tres años, al diez por ciento de interés anual. El gobierno se hizo además cargo de la legalización de las parcelas que resultaron de esa compra.

Las tierras adquiridas bajo este compromiso estaban distribuidas en nueve fincas, abarcando un área de 3.764 manzanas, a un valor de aproximadamente diez millones de córdobas.[24]

Apoyo a la producción

Los proyectos de apoyo a la producción ejecutados por la misión en el marco de los compromisos de Caulatú II fueron diseñados para apoyar el proceso de reinserción de los antiguos combatientes del FN 3-80 a la vida productiva y social de la comunidad.

Los primeros proyectos de este tipo se iniciaron en el período previo a la primera cosecha del año 1995 y fueron diseñados según las necesidades agrícolas de las fincas que habían sido adquiridas por la CONOR 3-80. Entre otras actividades, la misión se encargó de brindar asistencia técnica y financiera, proveyendo insumos tales como herramientas, semillas, fertilizantes y otros implementos agrícolas.

Inicialmente, la oficina de la CIAV en Quilalí estuvo a cargo de la administración financiera de los distintos proyectos productivos. A partir de 1995, una vez superada la primera etapa del proceso de reinserción, la misión transfirió gradualmente las tareas de formulación, ejecución y administración de los distintos proyectos productivos a la CONOR 3-80.

Los proyectos de viviendas

En base a estimaciones del FN 3-80 y de la comisión delegada por el gobierno, se estipuló la construcción de aproximadamente 500 viviendas para los desmovilizados de la ex organización armada y los pobladores de las comunidades que constituían su base social. Los negociadores de ambas partes acordaron también que las comunidades que presentaran condiciones de extrema pobreza o ausencia de infraestructura básica serían tenidas especialmente en cuenta, al margen de su relación con el FN 3-80. El gobierno se comprometió asimismo a complementar las necesidades en materia de viviendas de estos sectores con la creación de obras de infraestructura productiva y social. Si bien el gobierno no cumplió con lo estipulado en la totalidad de los acuerdos, las políticas y acciones impulsadas por las diferentes agencias estatales presentaron mayor coherencia.

En este contexto, en el período 1995-1997, la CIAV ejecutó, con el apoyo financiero de la Unión Europea, ocho proyectos de autoconstrucción de viviendas, la mayoría de ellos bajo la modalidad CHAP. En total, la misión construyó en este período 217 viviendas para igual número de familias en las comunidades de Waná, Jícaro, Wiwilí, Murra, Vigía Norte, Vigía Sur, Santa Rita y Panalí, en el departamento de Nueva Segovia, lo que implicó 10.716 metros cuadrados de espacio habitacional.

Al margen de la ejecución de estos proyectos, la CIAV supervisó y coordinó la ejecución de cinco proyectos habitacionales ejecutados por instituciones estatales tales como el MAS o el BAVINIC con el financiamiento de los gobiernos de Suecia y, en menor medida, de Francia. La misión aportó además el diseño de las viviendas, la formulación de los proyectos, la organización comunitaria y el apoyo logístico. En total, bajo esta modalidad se construyeron 154 viviendas en La Esperanza, El Crique de Oro, Manchones, El Pino y Las Vegas.

Los lugares seleccionados para la edificación de las viviendas fueron elegidos por los propios miembros de la CONOR 3-80 en base a criterios tales como la ubicación de los terrenos, la existencia de comunidades en situaciones críticas de pobreza y el número de desmovilizados integrados a la policía que no poseían viviendas, entre otros.

Los beneficiarios de los distintos proyectos habitacionales fueron seleccionados por comisiones especiales de la CONOR 3-80. En algunos casos, este proceso reflejó instancias genuinas de reconciliación, ya que algunos de los beneficiarios habían pertenecido a las antiguas estructuras de seguridad del estado. Así, por decisión de la junta de construcción de la CONOR 3-80, en la localidad de Panalí, identificada mayoritariamente con el sandinismo, se ejecutó un proyecto de autoconstrucción de 26 viviendas.

Del total de 317 viviendas edificadas en Nueva Segovia en el marco del proceso de pacificación de la zona norte, 100 fueron otorgadas a familias identificadas como parte de la base social del FN 3-80 en las comunidades de Vigía Norte, Vigía Sur, Santa Rita y Panalí. Estas viviendas fueron transferidas por los responsables de los distintos proyectos a la caja de ahorro y crédito de la CONOR 3-80, quien las entregó a los beneficiarios a un plazo de diez años libres de interés.

De acuerdo a la modalidad de ejecución y planificación de viviendas de la misión, los proyectos de autoconstrucción de viviendas ejecutados en el marco de la reinserción del FN 3-80 fueron diseñados bajo el concepto de "diseño socialmente definido" (ver Capítulo 4 en esta misma sección). La misión contribuyó además a desarrollar en estos proyectos, en coordinación con el INTA, nuevos tipos de cocinas a fin de facilitar la disminución del uso de material combustible maderero.

La infraestructura social

Con el mencionado apoyo de la Unión Europea, la CIAV se hizo también cargo de la ejecución de escuelas, puestos de salud y salones comunitarios en las zonas que habían sido escenario del conflicto. En total, se construyeron cinco casas comunales, dos escuelas y un centro de salud.

Las casas comunales fueron construidas en Quilalí, Vigía Norte, Waná, El Zúngano, y La Pimienta. La construcción de estas instalaciones tuvo por objeto promover el desarrollo de actividades comunitarias ya que las mismas podían ser utilizadas como comedores infantiles, centros de alfabetización, centros de vacunación y centro de reuniones de la comunidad. La CIAV apoyó además la remodelación del antiguo cuartel del ejército que pasó a ser la sede de las oficinas de la CONOR 3-80.

Las escuelas, mientras tanto, fueron construidas en El Zúngano y El Cacao. La construcción de este tipo de infraestructura benefició también de manera directa a los demás miembros de esas comunidades, ya que las mismas podían ser utilizadas para diversas actividades de tipo comunitario, tales como campañas de vacunación, cursos de derechos humanos y talleres de organización comunitaria. La misión rehabilitó y amplió un puesto de salud en la comunidad de San Bartolo, el que en determinado momento llegó a atender más casos por día que el hospital de Quilalí.

El apoyo de la CIAV a la construcción o renovación de la infraestructura social de la zona contribuyó a extender los servicios públicos en los antiguos escenarios geográficos del conflicto, facilitando así una mayor presencia del estado.

Aspectos de seguridad

Como se señaló anteriormente, en el Acuerdo de Caulatú II se estipuló la integración de miembros del FN 3-80 a las filas de la Policía Nacional. Los compromisos asumidos en el marco de este acuerdo preveían la reestructuración de los mandos de la Policía a nivel departamental y municipal.

El apoyo de la CIAV a los aspectos de seguridad estaba enmarcado en la estrategia general de pacificación y construcción de la paz en la zona del conflicto. En este marco, los policías sin viviendas fueron beneficiados mediante proyectos de autoconstrucción de viviendas, como en el caso de los proyectos ejecutados en Ciudad Antigua. Para preparar a los desmovilizados que pasarían a formar parte de las estructuras policiales locales, la CIAV impulso además una campaña de alfabetización.

El balance en la composición de las estructuras policiales fue considerado de manera explícita en los acuerdos, ya que ello constituía una necesidad de seguridad para los ex miembros del FN 3-80. A fin de iniciar este proceso, los mandos del FN 3-80 seleccionaron 164 miembros de su grupo para integrar las filas de la policía en 13 municipios.

La policía, por su parte, instruyó y entrenó a los ex miembros del FN 3-80 en la Academia de Policía, de la que egresaron 13 desmovilizados como oficiales y 63 como policías de línea. La designación de policías provenientes del FN 3-80 en las estructuras de mando de la policía a nivel regional hizo que la segunda jefatura de la cabecera departamental de Ocotal fuera ocupada por un desmovilizado. Fenómenos similares se repitieron en varios municipios del departamento de Nueva Segovia, donde las jefaturas o segundas jefaturas de los destacamentos apostados en la zona fueron ocupados por policías que habían pertenecido al FN 3-80. Un aspecto importante de este proceso fue la designación de uno de los principales dirigentes del FN 3-80 como delegado gubernamental en Quilalí y otro como asesor-asistente del Ministerio de Gobernación.

En el marco del apoyo a la pacificación de la zona norte del país, y atendiendo a la necesidad de apoyo a las instituciones del estado, la CIAV financió la construcción de las oficinas de la Policía Nacional en la comarca de Murra. Asimismo, con el objeto de apoyar el proceso de profesionalización de las estructuras de la policía y el ejército, la CIAV organizó una serie de cursos de capacitación sobre aspectos relativos a los derechos humanos.

NOTAS PARTE IV

1 La reforma agraria de la década de los ochenta provocó el cambio de manos de cerca del 34 por ciento de la tierra cultivable del país. Esta, junto a la reforma de la propiedad urbana, favoreció a unas 200 mil familias, según cálculos del gobierno de la ex presidenta Violeta Barrios de Chamorro. El gobierno sandinista, sin embargo, descuidaría la legalización de las propiedades transferidas, por lo que muchos de los beneficiados nunca accedieron a un título de propiedad con validez legal (muchas de las propiedades permanecieron registradas a nombre de sus antiguos propietarios). Esta situación jurídica se agravaría en 1990 como producto de la derrota electoral del FSLN.

2 La CIAV identificó 4.350 cabezas de familia como demandantes prioritarios de vivienda. Esto representaba el 15 por ciento del universo atendido por la misión en 1992. Los grupos rearmados a principios de 1991 exigían, entre sus demandas para la reinserción, 2.649 viviendas y 1.860 paquetes de materiales para la construcción.

3 Además de los proyectos de viviendas construidos específicamente para lisiados, el 10 por ciento de cada uno de los proyectos habitacionales de la misión se reservaba para este sector.

4 Uno de los favorecidos mediante este sistema fue el señor Alejandro Pérez Bustamante, último combatiente vivo del ejército del general Augusto C. Sandino.

5 En la Región I se construyeron 318 casas; en la Región II, 63; en la Región IV, 12; en la Región V, 223; en la Región VI, 532 y en las regiones de la Costa Atlántica, 121.

6 A este monto deben agregársele los costos de los materiales y las herramientas de construcción distribuidos por el Programa de Asistencia Inmediata.

7 En la Región I se levantaron 393 casas; en la Región II, 42; en la Región V, 40; en la Región VI, 206; en la RAAN, 52; en la RAAS 20 y en el departamento de Río San Juan, 40.

8 La única excepción la constituye el proyecto "Las Noras", en Ocotal (Nueva Segovia).

9 Variedad de ají.

10 Variedad de fruta.

11 Mediante este proyecto se intentó reintroducir este producto en la zona, ya que, como consecuencia del conflicto, el mismo había dejado de ser sembrado.

12 Variedad de pimiento dulce.

13 Especie utilizada para dar color a ciertas comidas.

14 La CIAV sólo participaría de la ejecución de este proyecto en la RAAN.

15 En esta categoría incluían pacientes con lesiones permanentes de cerebro, columna y médula espinal, tales como cuadrapléjicos, hemipléjicos y parapléjicos; pacientes con lesiones irrecuperables en ambos ojos; pacientes con lesiones o amputaciones de ambas extremidades superiores o inferiores y pacientes con afecciones psicopatológicas, tales como psicosis maníaco depresivas y cuadros paranoides severos.

16 Esta categoría incluía pacientes con lesiones cerebrales, de la médula espinal y la columna, tales como monoplejía, crisis convulsivas esporádicas y pérdida parcial de la visión; pacientes con lesiones neurológicas o amputaciones de una extremidad superior o inferior; pacientes que hubieran perdido un ojo o la audición y pacientes con lesiones internas permanentes, que produjeran incontinencia vesical o rectal.

17 Esta categoría incluía a pacientes con lesiones de cabeza y cara, destrucción parcial o total de la nariz o la boca, disminución de la audición o pérdida de un oído y pacientes con lesiones menores en las extremidades, tales como perdida de uno o dos dedos.

18 Este proyecto se desarrolló antes de la ampliación del mandato de la CIAV a todos los sectores afectados por el conflicto, en junio de 1993.

19 Nora Astorga era el nombre de una ex guerrillera sandinista, que se desempeñó luego como embajadora de Nicaragua ante las Naciones Unidas durante el gobierno del FSLN.

20 La comisión gubernamental, llamada Comisión Interinstitucional Delegada del Gobierno, estaba constituida por representantes de distintas agencias e

instituciones estatales, tales como el MCT, el INRA, el INTA, el MAS, el MINSA, el MED, el INODI, la banca estatal y el ejército.

21 Esta cifra equivale a US$ 2.424.242,00, aproximadamente, a septiembre de 1997. La misma incluye el capital pasivo y activo de la CONOR 3-80.

22 El total de los fondos transferidos por la CIAV a la CONOR 3-80 ascendió a C$1.750.987, equivalente al momento de la acción a US$194.554.

23 Una vez finalizado el mandato de la CIAV, en junio de 1997, la caja de ahorro y crédito se transformó en la entidad encargada de administrar los fondos y los bienes de la cooperativa, incluidos los fondos transferidos por la misión y los fondos revolventes generados por los créditos otorgados a la cooperativa para el apoyo a actividades tales como la construcción de viviendas y el desarrollo de actividades productivas.

24 Las nueve fincas son La Esperanza, el Crique de Oro, Los Manchones, El Pino, Waná, Las Vegas, San Luis, Santa Amelia y Las Pilas.

Miembros de las Brigadas Especiales de Desarme agrupan las armas de los ex combatientes.

Destruccion de las armas de ex combatientes.

PARTE
V

EL FORTALECIMIENTO
INSTITUCIONAL

1
Introducción

EL 9 DE JUNIO DE 1993, MEDIANTE LA RESOLUCION 1202/93, LA ASAMBLEA General de la OEA facultó a la CIAV a desarrollar programas destinados al fortalecimiento de las instituciones democráticas del estado nicaragüense, particularmente en las esferas judicial, policial, electoral, derechos humanos y educación para la paz. En respuesta a esta resolución, la misión estableció, a partir de julio de 1993, el Programa de Apoyo Institucional (PAI).

El objetivo principal del PAI fue el de desarrollar proyectos para el fortalecimiento de las instituciones nacionales nicaragüenses, de suerte que el retiro de la misión del país no dejara un vacío institucional que pudiese generar nuevos conflictos e inestabilidad en las zonas de postguerra. Los proyectos del PAI buscaban por lo tanto crear las condiciones para que el país pudiera sostener el proceso de pacificación por sí mismo, de modo que la sociedad de postguerra no continuara dependiendo del apoyo externo para la resolución de sus conflictos. En 1995, la Asamblea General reforzó el mandato de 1993, recomendando un proceso de transferencia progresiva de la experiencia acumulada por la misión, especialmente en materia de derechos humanos, a los organismos gubernamentales y no gubernamentales de la sociedad nicaragüense.

La estrategia general del PAI para el logro de estos objetivos se dividió en dos grandes áreas. Por un lado, la misión impulsó el fortalecimiento de las instituciones del estado nicaragüense con capacidad de mediación, resolución de conflictos y protección de los derechos humanos, tales como el poder judicial, los órganos electorales, la policía y las alcaldías. Por otro, la misión promovió la creación de mecanismos civiles para la resolución de conflictos, la promoción de los derechos humanos y la prevención de la violencia en las zonas donde la presencia del estado era débil o nula.

En el primer caso, los esfuerzos de la misión se tradujeron en la ejecución de numerosos proyectos de apoyo a las instituciones del estado más débiles o vulnerables. En el segundo caso, las iniciativas de la misión desembocaron en la creación de las llamadas "comisiones de paz" en las antiguas zonas del conflicto.

2
El Apoyo a las Instituciones del Estado

LOS PROYECTOS DE APOYO A LAS INSTITUCIONES DEL ESTADO PRIORIZARON las agencias u organismos oficiales más débiles en las antiguas zonas de conflicto. Así, a partir de 1995 se inició un programa de fortalecimiento de las instituciones municipales en los municipios rurales de los departamentos de Estelí, Madriz, Nueva Segovia, Jinotega, Matagalpa, Chontales y la RAAN.

El apoyo a las alcaldías en las antiguas zonas del conflicto tuvo por objeto posibilitar el mejoramiento de los servicios municipales y la ampliación del radio de cobertura de estas instituciones y consistió básicamente en la entrega de financiación, la provisión de asistencia técnica y la capacitación de funcionarios en la formulación, administración y gestión de proyectos. Entre otras actividades, la misión brindó, en forma conjunta con el Instituto Nicaragüense de Fomento Municipal (INIFOM), una serie de talleres de capacitación para alcaldes y funcionarios municipales en materia de administración de justicia y resolución pacífica de conflictos.

Además de las alcaldías, la misión trabajó, en el marco de este programa, con las delegaciones locales del ministerio de Educación, el ministerio de Salud, el Consejo Supremo Electoral (CSE), el Instituto Nicaragüense de Reforma Agraria (INRA) y las instituciones de seguridad, tales como la policía y el ejército.

Consejo Supremo Electoral. A principios de 1994, a pedido del CSE, la misión colaboró activamente en el proceso electoral desarrollado en las regiones autónomas del Atlántico Norte y Sur. Durante el período pre electoral la misión observó las condiciones en que se desarrollaron las campañas electorales de los distintos partidos políticos, incluyendo la promoción y difusión de candidatos y plataformas políticas, tanto en los mitines proselitistas como en los medios masivos de comunicación. El día de las elecciones, un equipo de 17 oficiales visitaron 300 puestos electorales y proporcionaron asistencia y apoyo a las juntas receptoras de votos con problemas de seguridad por la presencia de grupos rearmados.

Posteriormente, en junio de 1995, la misión firmó un convenio con el CSE por un monto de US$66.000 para la reposición de partidas de nacimiento en municipios con alta concentración de población desmovilizada. El objetivo principal de este convenio fue el de permitir a los habitantes de estas comunidades inscribirse en el correspondiente padrón electoral, a fin de participar en las elecciones presidenciales de 1996. En el marco de este proceso, la misión colaboró con el empadronamiento de mas de 40.000 personas, brindando apoyo logístico y seguridad.

Instituto Nicaragüense de Reforma Agraria. A partir de noviembre de 1994, en el marco de un convenio suscrito con el INRA, la misión inició un programa de visitas a las fincas en poder de desmovilizados con el objeto de impulsar el proceso de titulación de esas tierras. En total, los oficiales de la misión inspeccionaron 98.800 manzanas en 130 fincas ubicadas en siete departamentos. El diagnóstico elaborado en esa oportunidad permitió al INRA iniciar el proceso de titulación de esas tierras, lo que benefició a 3.652 familias de la Resistencia, 850 del EPS y 537 de repatriados.

Ministerio de Educación. Mediante el PAI, la misión proporcionó capacitación a maestros rurales empíricos, se hizo cargo de los honorarios de los mismos y entregó material de apoyo didáctico. La misión apoyó también al ministerio de Educación mediante la construcción y rehabilitación de infraestructura escolar en diversos municipios.

Ministerio de Salud. En el área de salud, la misión proporcionó al ministerio de Salud equipos médicos para la instalación de puestos de salud en comunidades aisladas. La misión brindó además apoyo logístico en el marco de las llamadas "Jornadas de salud", haciéndose cargo del traslado de personal y equipamiento y proporcionando llantas, combustible y repuestos a las ambulancias del ministerio. La CIAV organizó también numerosos talleres de capacitación para promotores de salud, haciéndose cargo, en numerosas ocasiones, del traslado de pacientes.

Instituciones de seguridad. La misión trabajó en estrecha colaboración con instituciones de seguridad tales como la policía nacional y el ejército. En este marco se llevaron a cabo talleres de capacitación sobre derechos humanos y derechos de la mujer. En febrero de 1994, a pedido del Sistema Penitenciario Nacional, la misión elaboró un curso de capacitación para los oficiales del servicio penitenciario. La capacitación se llevo a cabo en varias instituciones penitenciarias del país, donde se analizaron temas relacionados a los derechos de los sentenciados, el castigo y la salud física y mental de los detenidos.

3
Las Comisiones de Paz

LA ESTRATEGIA DE CREACION DE MECANISMOS CIVILES PARA LA resolución de conflictos y la promoción de los derechos humanos se articuló en torno a las llamadas "comisiones de paz". Estas agrupaciones se estructuraron como agrupaciones civiles independientes, integradas por los pobladores de las comunidades de las zonas de postguerra, cuyo objetivo era el de estimular la participación de la sociedad civil en la resolución de conflictos.

La decisión de crear las comisiones de paz se debió en parte a la ausencia en las zonas de postguerra de instituciones del estado u organismos no gubernamentales que pudieran asumir gradualmente las funciones de mediación y resolución de conflictos desempeñadas hasta ese momento por la CIAV. La misión consideró además la importancia de desarrollar instancias civiles locales de resolución de conflictos para asegurar la continuidad y efectividad del proceso de pacificación. En este sentido, la misión partió de la noción que la paz se construye tanto desde el estado como desde las mismas comunidades.

La existencia de las comisiones de paz permitió restar legitimidad a las expresiones armadas como forma de resolución de los problemas de la comunidad. La participación de instancias locales en los procesos de negociación y mediación permitió además adecuar las alternativas del proceso de pacificación a las particularidades de cada región.

Si bien la función principal de las comisiones de paz era inicialmente la de actuar como promotores de los derechos humanos y mediadores en conflictos, éstas gradualmente se convertirían en las expresiones organizadas más visibles de la comunidad, pasando a actuar como interlocutores ante las autoridades nacionales, promotores de iniciativas de desarrollo local y facilitadores para la ejecución de distintos proyectos de interés comunitario.

La creación de las comisiones de paz tuvo un efecto multiplicador. El éxito de las primeras comisiones motivo la creacion de comisiones similares en otros puntos del país, lo que gradualmente permitió establecer una red nacional. Este efecto benefició especialmente a las comunidades más alejadas ya que el mismo les posibilitó trascender su aislamiento.

Estrategia seguida por la misión

Para la creación de las comisiones de paz, la misión identificó en primer lugar las zonas de mayor violencia y conflictividad. Ello implicó determinar, dentro del territorio de postguerra, los lugares y las comunidades donde se registraba el mayor número de violaciones y enfrentamientos militares. En cada uno de estos puntos se identificaron a los líderes campesinos con mayor predicamento, prestigio y disposición a trabajar en temas relacionados a los derechos humanos. Estos líderes, provenientes de ambos bandos del conflicto, conformaron la base inicial de las comisiones de paz en cada una de estas comunidades.

Una vez identificados estos líderes, la misión les impartió cursos de formación y capacitación en forma sistemática en materias tales como derechos humanos, educación cívica y técnicas de resolución pacífica de conflictos. Una vez que los participantes del programa cumplían el programa básico de capacitación, éstos se transformaban en promotores de derechos humanos. Entre 1994 y 1996 se impartieron 852 talleres de capacitación. Estos talleres, además de fortalecer la capacidad de las comisiones y sus promotores, contribuirían a fortalecer los espacios de tolerancia y diálogo en sus comunidades, eliminando paulatinamente las expresiones más crudas de la cultura de la guerra.

En lo que hace a la organización de las comisiones de paz, la misión privilegió criterios de organización flexibles. En este marco, cada comisión asumía la forma organizativa más adecuada a las inquietudes de sus integrantes, las necesidades particulares de su comunidad y la singularidad de los conflictos que enfrentaban. En general, la mayoría de las comisiones se organizaron en torno a una junta directiva elegida democráticamente.

Con el objeto de garantizar la continuidad de las comisiones una vez que la CIAV se retirara de Nicaragua, la misión involucró en este proyecto a diversas instituciones nacionales, tales como la iglesia católica. La misión invitó a la iglesia católica a participar en esta iniciativa teniendo en cuenta su presencia y legitimidad en las antiguas zonas de conflicto. Entre otros aportes, la participación de esta institución en la organización de las comisiones de paz dotó a estas últimas de cobertura institucional ante eventuales situaciones de tensión.

Funciones de las comisiones de paz

Las funciones básicas de las comisiones de paz fueron la mediación en conflictos, la promoción y verificación del respeto de los derechos humanos y la facilitación de proyectos.

Mediación en conflictos. La existencia de las comisiones de paz permitió que los pobladores de las zonas de conflicto contaran con un mecanismo local de resolución de controversias. De esta forma, las comisiones operaron en sus comunidades como un disuasivo de la violencia, creando principios mínimos de institucionalidad. Los conflictos en los que intervinieron las comisiones de paz abarcaron conflictos agrarios, conflictos derivados de la presencia de grupos armados y conflictos políticos–ideológicos. El papel de las comisiones en estos conflictos consistió en acciones de mediación, negociación, buenos oficios, proposición y conciliación. En el caso de conflictos en los que se hallaban involucrados grupos armados y fuerzas de seguridad, las comisiones actuaron por lo general como factor de distensión. Estas acciones permitieron estabilizar comunidades que antes de la creación de las comisiones registraban fuertes niveles de violencia.

Promoción del respeto de los derechos humanos. Las comisiones cumplieron un papel fundamental en la difusión de la noción de derechos humanos en sus respectivas comunidades. Luego de la capacitación recibida por parte de los funcionarios de la misión en el área de derechos humanos, educación cívica y mediación en conflictos, los promotores de las comisiones se convirtieron en multiplicadores de la capacitación recibida y difusores de la cultura de paz. Esta actividad fue especialmente importante en las antiguas zonas del conflicto, donde por lo general persiste una cultura de la confrontación y la intolerancia. En este sentido, las comisiones contribuyeron a desarrollar el tránsito de una cultura de guerra a una cultura de paz y democracia.

Verificación de la observancia de los derechos humanos. La verificación de la observancia de los derechos humanos intentó paliar la ausencia de jueces y policías en las zonas de conflicto, así como apoyar a estas instituciones en la investigación de casos de violaciones de derechos humanos. El objetivo del trabajo de las comisiones en este campo fue el de disuadir la comisión de excesos, violaciones y abusos de autoridad, así como el de eliminar el fenómeno de la impunidad, ya que el mismo actúa en las zonas de conflicto como un factor reproductor de la violencia. Los miembros de las comisiones fueron capacitados por la misión para recibir denuncias sobre violaciones de derechos humanos; realizar investigaciones recogiendo información sobre el caso denunciado y llevar a cabo, con el resultado de dichas investigaciones, gestiones ante las autoridades policiales y judiciales más cercanas. Las comisiones operaron, en este sentido, como un nexo entre las autoridades y los pobladores de las zonas de conflicto.

Facilitación de proyectos. Las comisiones actuaron también como facilitadoras para la ejecución de proyectos de desarrollo en las comunidades de las antiguas zonas de conflicto, tanto por parte de las instituciones del estado como de organismos no gubernamentales. Dadas las deficientes condiciones de seguridad y las dificultades de acceso a estas regiones, la gestión de las comisiones en este campo resultó fundamental para la instrumentalización de proyectos de desarrollo y fortalecimiento institucional. Esta función tuvo especial repercusión en la evolución de las comisiones, ya que la misma les permitió asumir un radio más amplio de tareas, vinculándolas a labores para el desarrollo económico y social de la comunidad.

Observación electoral. La creciente presencia y organización de las comisiones de paz en las comunidades de las zonas de conflicto les permitió además actuar como organismos nacionales de observación electoral. Esta labor se realizó bajo la coordinación de la iglesia católica y contribuyó al fortalecimiento de la transparencia y credibilidad de los procesos electorales desarrollados en la región.

Resultados y logros

Entre junio de 1994 y diciembre de 1996 se establecieron 66 comisiones de paz en igual número de comunidades en once departamentos del país. En estas comisiones trabajaron más de mil promotores en derechos humanos, mediación en conflictos y resolución pacífica de controversias (ver Cuadro 40).

Las gestiones realizadas por las comisiones de paz permitieron el establecimiento de numerosos ceses de fuego, la desmovilización de varios grupos rearmados y la liberación de aproximadamente 120 rehenes. La actividad de las comisiones posibilitó también la desmilitarización de centros poblados en las zonas de postguerra, lo que permitió el desescalamiento de situaciones de conflicto en siete municipios.

Durante este período, las comisiones de paz recibieron más de 1.200 denuncias de violaciones de los derechos humanos realizando numerosas investigaciones y gestiones ante las autoridades competentes. En este contexto, las comisiones organizaron una serie de talleres de promoción y educación sobre derechos humanos, formación cívica y técnicas de negociación en las que participaron más de cinco mil pobladores de los municipios de las zonas de conflicto.

En el marco de actividades de apoyo a instituciones del estado, las comisiones colaboraron con el desarrollo de diferentes proyectos de infraestructura social, vivienda, salud y medio ambiente en comunidades alejadas. El apoyo brindado al Consejo Supremo Electoral permitió la inscripción de 172 mil personas en 96 municipios. Las comisiones de paz colaboraron también con el ejército en el desminado de algunas zonas, retirando y destruyendo aproximadamente 150 minas.

Los promotores actuaron también como defensores de oficio en las comunidades donde no existían abogados. Esta actividad permitió apoyar a personas de escasos recursos que se encontraban detenidas, fortaleciendo en estas comunidades la noción de derecho a la defensa.

CUADRO 40

Comisiones de Paz
(Diciembre de 1996)

INSTITUCION VINCULANTE	DEPARTAMENTOS	COMUNIDADES	TOTAL
Iglesia Católica (Diócesis de Esteli)	Estelí, Madriz, Nueva Segovia, Jinotega	Estelí, San Juan, de Limay, La Trinidad, Antigua, Wiwilí, Bolinquí, El Jícaro, San Andrés de Bocay, Pueblo Nuevo, Susucayan, El Calvario, Palacagüina, San Juan del Río Coco, Somoto, Quilalí, Murra, Jalapa, Yakalpanani, Somotines, San Fernando, Ocotal, Catedral	22
Iglesia Católica (Diócesis de Matagalpa)	Matagalpa, RAAN La Dalia,	Río Blanco, Sébaco, Matiguás, Muy Muy, Rancho Grande, Waslala	7
Iglesia Católica (Diócesis de Juigalpa)	Chontales, Boaco, Río San Juan, RAAS.	Juigalpa, La Libertad, Santo TomásLa Gateada, Boaco Viejo, Tierra Azul, El Ayote, Muelle de los Bueyes, Nueva Guinea, San Carlos, Acoyapa, Santo Domingo, Villa Sandino, Boaco, Sta. Elisa, San Buena Aventura, Wapi, El Rama, El Almendro, El Castillo.	20
Universidad de las Regiones Autónomas de la Costa Caribe de Nicaragua	RAAN	Silkita, Musawas, Colombiano, Asang, Uli, Waspuk , Tah, Waspán.	7
Consejo de Iglesias Evangélicas Pro Alianza Denominacional (CEPAD)	Jinotega, Matagalpa	Pantasma, San Francisco de los Cedros, La Concordia, El Malecón	4
Centro de Educación para	Nueva Segovia, Jinotega,	Wamblán, San José de Bocay, Ayapal, Plan de Grama, San Juan de Aguasuaz	5
Fundación Nacional para la Democracia (FUNDEMOS)	Chinandega	San Pedro del Norte	1

PARTE
VI

LECCIONES
APRENDIDAS

Las Lecciones
Aprendidas

LA EXPERIENCIA DE LA CIAV EN EL PROCESO DE PAZ NICARAGÜENSE PUSO en evidencia las ventajas de las que gozan las organizaciones regionales como la OEA en la ejecución de misiones de paz. Con el objeto de contribuir a la organización de misiones similares en el futuro, en este capítulo se destacan algunas de las lecciones aprendidas por la misión en el transcurso de sus siete años de presencia en Nicaragua.

Dada la falta de experiencia previa de la OEA en este campo, y la falta de antecedentes similares en la región, la CIAV estableció desde la práctica, y en base a los imperativos de la realidad, un modelo propio de *peacebuilding*. Desde este punto de vista, la CIAV constituyó una inagotable escuela práctica, de la que luego aprendieron otras misiones de paz implementadas en el continente.

Algunas de las lecciones más importantes extraídas de la experiencia de la OEA en Nicaragua se refieren a la integralidad del proceso de paz, las ventajas de las misiones civiles, la necesidad de concebir el proceso de reinserción como un asunto comunitario, la deseabilidad de incorporar actores nacionales al proceso de reinserción, la necesidad de transformar a los desmovilizados en contrapartes, las ventajas de la flexibilidad de gestión y la necesidad de planificar estratégicamente el proceso de paz.

Concepción integral del proceso de paz

La CIAV apoyó el proceso de paz nicaragüense en forma integral, en el entendimiento de que la pacificación de un país no culmina con la firma de acuerdos de desmovilización y/o la entrega de armas por parte de los involucrados en el conflicto. Este momento constituye sólo el inicio del proceso de pacificación ya que el conflicto sólo se supera una vez que los actores del mismo se han reinsertado efectivamente a la vida civil productiva del país. En el caso nicaraguense, la CIAV constató que las dificultades experimentadas por los ex combatientes de ambos bandos en su proceso de reinserción facilitaron el rebrote parcial del conflicto, lo que puso en peligro los logros del proceso de pacificación.

Bajo esta óptica, el objetivo de la misión de paz debe ser el de garantizar la sostenibilidad del proceso de pacificación, asegurando las condiciones que permitan la efectiva reinserción de los desmovilizados. En este sentido, la misión debe poner al servicio de las diferentes iniciativas de reinserción existentes en la sociedad su estructura organizativa, su capacidad vinculante y su conocimiento de los sujetos del mandato.

Carácter civil de la misión

La condición civil de los oficiales de la CIAV facilitó a éstos el establecimiento de una amplia red de contactos con los diferentes actores del proceso, lo que a su vez les confirió un alto grado de flexibilidad y versatilidad. Al mismo tiempo, la relación entre los funcionarios civiles de la misión y los sujetos del mandato expuso a estos últimos a formas de interrelación propias de la vida civil, lo que contribuyó a sustituir esquemas de autoridad verticales por otros más participativos. La incorporación de funcionarios provenientes de un amplio espectro profesional permitió a la misión desarrollar un trabajo interdisciplinario y aprovechar las distintas capacidades de los oficiales de protección en los diferentes programas de la misión. El carácter civil de la CIAV tuvo también consecuencias positivas en el aspecto presupuestario.

Reinserción como asunto comunitario

Si bien el sesgo inicial del mandato de la CIAV, que la facultaba a atender a sólo una de las partes del conflicto, le permitió a la misión orientar sus esfuerzos y capacidades a un sector claramente definido de la población, esta particularidad la obligó a pagar fuertes costos políticos, lo cual le restó efectividad para influir en la orientación del proceso de paz. Al mismo tiempo, el hecho de atender exclusivamente a un grupo determinado, tendió a alentar las diferencias entre los ex actores del conflicto.

Frente a estas dificultades, y en el entendimiento de que la reinserción de los desmovilizados constituía fundamentalmente un asunto comunitario, la CIAV comenzó a desarrollar eventualmente proyectos que beneficiaban tanto a miembros individuales de ambos sectores del conflicto como a la comunidad en general. Mediante la atención de las necesidades de la comunidad a la cual regresaban los desmovilizados, la misión contribuyó a promover la participación comunitaria en la solución de problemas comunes. Al hacer de la reinserción de los desmovilizados un asunto comunitario, la misión aseguró en cierta medida la sostenibilidad del proceso.

Incorporación de actores nacionales al proceso de reinserción

A lo largo de sus siete años en Nicaragua, la CIAV suscribió numerosos acuerdos con diversas instituciones nacionales y locales, tanto estatales como de la sociedad civil. Estos acuerdos permitieron a la misión aprovechar las capacidades existentes en el país, y su conocimiento de la realidad, contribuyendo así a la nacionalización del proceso de paz. La contratación de desmovilizados permitió además a la misión un mejor conocimiento de los sujetos del mandato, aumentando los niveles de confianza y credibilidad de la misión entre esos sectores.

La experiencia de la CIAV demuestra la necesidad de diseñar e implementar mecanismos a través de los cuales la misión de paz pueda transferir sus funciones a instituciones locales capacitadas, asegurando así la sostenibilidad de las iniciativas emprendidas. La transferencia de capacidades y funciones también hace deseable la contratación de personal local especializado desde el inicio de la misión.

Los desmovilizados como contrapartes

Mediante el rápido abandono del modelo de asistencia humanitaria, la misión buscó convertir a los sujetos del mandato en contrapartes en lugar de simples beneficiarios. Este proceso permitió que los desmovilizados asumieran distintas responsabilidades en el marco de su proceso de reinserción. Al conferir a los desmovilizados responsabilidades concretas, los diferentes programas de la misión buscaban además potenciar la organización comunitaria, el desarrollo de la capacidad local de gestión y la conformación de líderes locales, así como la capacitación laboral de los desmovilizados.

El involucramiento activo de los desmovilizados en los diferentes programas de la misión posibilitó además una mayor apropiación de esos proyectos por parte de los beneficiarios, asegurando así mayores niveles de éxito.

Flexibilidad

La autonomía de gestión y ejecución otorgada por la Secretaría General de la OEA a la CIAV fue un elemento positivo para el mejor desempeño de la misión, ya que ello le confirió flexibilidad para adecuarse a las necesidades cambiantes de la realidad del país.

La misión de paz, sin embargo, debe de contar con el apoyo decidido de sus autoridades máximas en la sede central así como de la comunidad internacional en general. El apoyo del gobierno nacional del país donde se lleva a cabo la misión internacional es igualmente indispensable.

Planificación

La experiencia de la CIAV demostró la necesidad de planificar detalladamente el proceso de paz. Esto implica tanto la necesidad de acuerdos de desmovilización concretos y precisos como objetivos claros y definidos.

Dentro de las posibilidades de cada país, las misiones de paz deben contar con una contraparte nacional encargada de la reinserción de los desmovilizados. La contraparte nacional debe velar por el cumplimiento de los acuerdos de paz por parte del gobierno y participar activamente en la implementación de los proyectos de reintegración.

ANEXOS

Anexo 1

SIGLAS MAS COMUNES USADAS EN EL TEXTO

ACNUR	Alto Comisionado de las Naciones Unidas para los Refugiados
AID	Agencia Internacional para el Desarrollo de Estados Unidos
AMFASEDEN	Asociación de Madres y Familiares de Secuestrados-Desaparecidos
ANPDH	Asociación Nicaragüense para los Derechos Humanos
ARDE	Alianza Revolucionaria Democrática
BANADES	Banco Nacional de Desarrollo
BAVINIC	Banco de la Vivienda
BCN	Banco Central de Nicaragua
BED	Brigada Especial de Desarme
CAII	*Creative Associates International, Inc*
CENIDH	Centro Nicaragüense de Derechos Humanos
CENPAP	Centro Nacional de Planificación y Administración de Polos de Desarrollo
CEPAD	Consejo de Iglesias Evangélicas Pro Alianza Denominacional
CHAP	Comunidades Habitacionales Autoproductivas
CIAV-OEA	Comisión Internacional de Apoyo y Verificación-OEA
CIAV-ONU	Comisión Internacional de Apoyo y Verificación-ONU
CIVS	Comisión Internacional de Verificación y Seguimiento
CONOR 3-80	Cooperativa del Norte 3-80
COSUDE	Agencia de Cooperación Suiza para el Desarrollo
CPDH	Comisión Permanente de Derechos Humanos
EPS	Ejército Popular Sandinista
FA-CIAV	Facultad de Arquitectura-CIAV
FDN	Frente Democrático Nicaragüense
FMLN	Frente Farabundo Martí de Liberación Nacional
FN 3-80	Frente Norte 3-80
FSLN	Frente Sandinista de Liberación Nacional

FUPAD	Fundación Panamericana para el Desarrollo
INAA	Instituto Nicaragüense de Acueductos y Alcantarillados
INE	Instituto Nicaragüense de Energía
INIFOM	Instituto Nicaragüense de Fomento Municipal
INRA	Instituto Nicaragüense de Reforma Agraria
INTA	Instituto Nicaragüense de Tecnología Agropecuaria
IRENA	Instituto de Recursos Naturales y del Ambiente
INSSBI	Instituto Nicaragüense de Seguridad Social y Bienestar
MAG	Ministerio de Agricultura y Ganadería
MAS	Ministerio de Acción Social
MED	Ministerio de Educación
MICONS	Ministerio de Construcción y Transporte
MILPAS	Milicias Populares Antisandinistas
MINSA	Ministerio de Salud
MINT	Ministerio del Interior
ONUCA	Misión de las Naciones Unidas para Centroamérica
OPS	Organización Panamericana de la Salud
PAI	Programa de Apoyo Institucional
PAV	Programa de Autoconstrucción de Viviendas
PMA	Programa Mundial de Alimentos
PNCTR	Programa Nacional de Catastro, Titulación y Registro
PSV	Programa de Seguimiento y Verificación
RAAN	Región Autónoma del Atlántico Norte
RAAS	Región Autónoma del Atlántico Sur
RN	Resistencia Nicaragüense
UE	Unión Europea
UNA	Universidad Nacional Agraria
UNAG	Unión Nacional de Agricultores y Ganaderos
UNI	Universidad Nacional de Ingeniería
UNO	Unión Nacional Opositora

Anexo 2

LISTA DEL PERSONAL DE LA CIAV

Personal Internacional

MURRAY	Santiago	Argentina	Coordinador General
CARAMAGNA	Sergio	Argentina	Coordinador General
MIRKOW	Italo	Colombia	Jefe de Operaciones
MENENDEZ	Roberto	Argentina	Jefe de Operaciones
ROSENDE	Raúl	Uruguay	Jefe de Programa de Apoyo Institucional
BELTRAND	Diego	Uruguay	Jefe de Programa de Seguimiento y Verificación
GONZALEZ	Gustavo	Argentina	Jefe de Programa de Vivienda
CANEVARI	Ricardo	Argentina	Jefe de Programa de Vivienda
GARNHAM	Gulnara	Chile	Jefe de Programa Social
CARAMAGNA	Teresita de	Argentina	Jefe de Programa de Salud
OCHOA	Marcelo	Argentina	Jefe de Programa de Proyecto Productivos
DE PRADO	Ivette	Panama	Oficial de Finanzas
ARMENDARIS	Edwin	Ecuador	Oficial de Finanzas
TOSO	Jaime	Estados Unidos	Oficial de Finanzas
MINETTI	José	Uruguay	Oficial de Finanzas
GIL	Mario	Perú	Oficial de Compras
NIETO	Atilio	Paraguay	Oficial de Finanzas
DAVALOS	José	Bolivia	Adjunto de Programa de Vivienda
BOASSO	Marco Tulio	Uruguay	Responsable Regional PSV-Comición Tripartita
TRINIDAD	Miguel	Argentina	Responsable Regional PSV

LEGUIZAMO	Camilo	Colombia	Responsable Departamental PSV
GUIDI	Alejandro	Uruguay	Responsable Regional PSV
MARIN	Angel	Venezuela	Responsable Departamental PSV
ARZE	Arturo	Bolivia	Oficial de Proyectos Productivos
VILLANO	Alcides	Argentina	Administrador Departamental
TRIANA	Juan	Colombia	Administrador Departamental
RUEDA	Josué	Colombia	Administrador-Responsable Departamental PSV
FORERO	Edgar	Colombia	Administrador Departamental
FISHER	Alfredo	Argentina	Administrador Departamental
MARINO	Sergio	Colombia	Administrador Departamental
NAVARRETE	German	Colombia	Administrador Departamental
AROCENA	Fernando	Argentina	Oficial de Prensa-Vocero de la Misión
HIDALGO	Miguel	Chile	Oficial del Programa de Apoyo Institucional
ZAVALA	Jorge	Ecuador	Administrador Departamental
PEDROZA	Héctor	Uruguay	Oficial Logistico y Transporte
BOSCH	Domingo	Francia	Oficial de Proyectos Productivos
DAGORRET	Marcelo	Argentina	Administrador Departamental
FONRODONA	Carlos	Colombia	Responsable Departamental PSV
GOMEZ	Félix	Argentina	Oficial Proyectos Productivos y Viviendas
PEREZ	Claudia	Argentina	Responsable Departamental PSV
PIMIENTA	Elvis	Colombia	Responsable de Proyectos Productivos

PITARQUE	Javier	España	Responsable Regional del PSV
VALDERRAMA	Carlos	Colombia	Administrador Departamental
RINALDI	Oswaldo	Argentina	Responsable Departamental de Viviendas
GOMEZ	Luis	Colombia	Oficial Desmovilización
LEPORATI	Michel	Chile	Oficial Desmovilización
LOAIZA	Luis	Venezuela	Oficial Desmovilización
NIETO	Jorge	Colombia	Oficial Desmovilización
RUIZ	Hilda	Guatemala	Administradora
TOMELLERI	Nancy	Colombia	Oficial de Logística
VARGAS	Ovidio	Costa Rica	Oficial de Compras
SIMS	Richard	Estados Unidos	Administrador Regional
ROBERO	Luciao	Argentina	Oficial de desmovilización
RODRIGUEZ	Miguel	Colombia	Responsable Proyectos de Vivienda
RODRIGUEZ	José	España	Oficial de Proyectos
SPITALIERE	Jorge	Argentina	Oficial de Desmovilización
DALLANEGRA	Salvador	Argentina	Oficial de Desmovilización
DE MIRANDA	Paulo	Brasil	Administrador Departamental
DEONARINE	Vindra	Trinidad	Oficial Desmovilización
PEREZ	Bladimir	Venezuela	Proyectos Productivos
MONSALVE	José	Chile	Oficial Desmovilización
FACELLO	Lucas	Uruguay	Oficial Desmovilización
FERNANDEZ	Alvaro	Chile	Oficial Desmovilización
ZAMUDIO	Valerio	Argentina	Oficial Desmovilización
GRANADOS	Jaime	Colombia	Oficial Desmovilización
HUARACAN	Miguel	Chile	Oficial Desmovilización
ARCHIE	Ivonne	Colombia	Oficial Desmovilización
DIAZ	Daniel	Perú	Administrador Departamental
FABARA	Eduardo	Colombia	Oficial de Comunicaciones
GARZON	Arturo	Mexico	Administrador Departamental

GOLDIN	Javier	Argentina	Oficial Financiero
GUALTEROS	Gabriel	Colombia	Administrador Departamental
JIMENEZ	Víctor	México	Administrador Departamental
DARRIGRAN	Jorge	Argentina	Oficial de desmovilización
ANGELOZZI	Vicente	Argentina	Oficial Desmovilización
BLANCO	Santiago	Uruguay	Responsable Proyectos Productivos
ALBAMONTE	Carlos	Argentina	Oficial de Desmovilización
BILBAO	Juan Andrés	España	Responsable Proyectos de Vivienda
ALVAREZ	Fernando	Colombia	Oficial Desmovilización
ROLCHI	Miguel	Colombia	Oficial Desmovilización
RAMIREZ	José	Colombia	Oficial del PSV
RAMIREZ	Carlos	Colombia	Responsable Proyectos Productivos
RODRIGUEZ	Miguel	Colombia	Responsable Proyectos Productivos

Personal Nacional

ALEMAN	Oglacela	Responsable Departamental del PAI
ALTAMIRANO	Aura Lucía	Asistente del Programa Social
ALVAREZ	David Saul	Responsable Departamental de Salud
AMADOR	José Manuel	Oficial del PSV
BRACAMONTE	Isidoro	Oficial del PSV
CASTILLO	Wilmer	Oficial del PSV
CUNNINGHAM	Rose Merie	Responsable Departamental del PAI
CUNNINGHAM	Sherry	Responsable Departamental del PAI
GOMEZ	Edelma	Responsable Departamental del PAI
GONZALEZ	Oscar	Oficial del PSV
LOPEZ	Cristino	Oficial del PSV
MANTILLA	Oscar	Responsable Departamental de Viviendas
MARTINEZ	Mario	Oficial del PSV

MARTINEZ	Noel	Oficial Medico
MOLINA	Eddy	Oficial del PSV
MONCADA	Antonio	Oficial del PSV
OCHOA	Mayra	Promotor Social
ORTEGA	Alejandro	Responsable Nacional de Salud
PERALTA	Danilo	Oficial del PSV
PICADO	Harold	Asistente de Proyectos Productivos
PINEDA	Fatima	Asistente de Proyectos Productivos
PINEL	Martha	Asistente de Programas Sociales
RIVERA	Oscar	Oficial del PSV
SANTAMARIA	Diógenes	Responsable Nacional de Proyectos Productivos
SIMONS	Abner	Asistente de Proyecctos Productivos
SOBALVARRO	Marcos	Oficial del PSV
RIVERA	Armando	Oficial del PSV
RODRIGUEZ	Patricia	Responsable Departamental del PAI
TALAVERA	Nelson	Oficial del PSV
RODRIGUEZ	Karling	Responsable Regional del PAI
SANABRIA	Donald	Oficial del PSV
SOMARRIBA	Yader	Responsable Departamental de Proyectos Productivos
JARQUIN	Cairo	Administrador
ROBLETO	Eduardo	Responsable Departamental de Viviendas
D'CIOFALO	Giovani	Asesor Legal
SANDINO	Alfonso	Asesor Legal
GARCÍA	Oscar	Asistente de Proyectos Productivos
DiAZ	Luis	Asistente de Proyectos Productivos
LEON	Juan Carlos	Asistente de Proyectos Productivos
FRANCIS	William	Oficial de PSV
SALGADO	Daniel	Oficial del PSV
GROSS	Juan Carlos	Oficial del PSV
MARTiNEZ	Antonio	Oficial del PSV
RUIZ	Leonardo	Oficial del PSV
AYASTUY	Alejandrina	Responsable Departamental de Sociales-PAI

AYASTUY	Carolina	Responsable Departamental del PAI
GALEANO	Elvin	Oficial del PSV
D'ONOFRE	Valeria	Responsable Departamental de Sociales
DIX	Sarah	Traductora
MERCURI	Patricia	Responsable Departamental de Sociales
PUIZZI	Luis	Consultor de Proyecto Productivos
RINCON	Omar	Asistente de Viviendas
VUSKOVIC	Pedro	Asesor Técnico
VALLEJOS	Rodolfo	Responsable Departamental de Viviendas
ZELAYA E.	Luis Frank	Oficial del PSV
BLANDON	Rosalío	Asistente de Viviendas.
CENTENO	Jesús	Asistente de Proyecto
SOMOZA	Adolfo	Asistente de Proyecto

Personal Administrativo y de Operaciones

BARRIOS	Sandra	Asistente de Finanzas
ESPINOZA	Juan	Asistente Programa de Lisiados
CASTRO	Donaldo	Encargado de Compras
OTERO COLLADO	Maribel	Secretaria
BARRIOS	Dalila	Secretaria
BERMUDEZ	Ma.Auxiliadora	Secretaria
CORONADO	Raquel	Secretaria
MORENO	Rosaura	Secretaria
RIVERA	Silvia	Secretaria
RUIZ	Jamileth de	Secretaria
TAYLOR	Isabel	Secretaria
TORREZ	Erika	Secretaria
VALDIVIA	Johana	Secretaria
VASQUEZ	Ivania	Secretaria
VILLALOBOS	Ma.Cecilia	Secretaria
NAVARRETE	Elba	Secretaria
AVILEZ TRAN	Argentina	Radio Operador

BORJAS	Francisco	Radio Operador
FIGUEROA	Ottmar	Técnico de Infomática
GADEA	Adolfo	Técnico Comunicación
CALERO	Celso	Asistente de Logistica y Trasportes
MORALES	Danilo	Asistente de Logística y Trasportes
VASQUEZ	Félix	Auxiliar Administrativo
CALERO	Guillermo	Operador de Radio
COREA	Filemón	Operador de Radio

Conductores

CALERO	Carlos		TENORIO	Carlos
CALERO	Juan		TREJOS	Otto
CANTARERO	Juan		WILSON	Alin
CARCAMO	Joaquín		GONZALEZ	Francisco
CASTILLO	Jose Angel		CRUZ	Carlos
CASTRO	Roberto		MORALES	Juan
LOPEZ	Jairo		GUADAMUZ	Emiliano
LOPEZ DURAN	Félix		MARTÍNEZ	William
MONTOYA	José		ALERO	Juan René
ORTEGA	Nazario		HERRERA	Ervin
PERALTA	Carlos		CRUZ	Freddy
PICADO	René		JIMENEZ	Roberto
REYES	Terencio		CAMPOS	Faustino
SILVA	Claudio		FLORES	Raymundo
TELLEZ	Enrique		CASTRO	Marvin

La Organización de los Estados Americanos

La Organización de los Estados Americanos (OEA) es el organismo regional más antiguo del mundo, ya que su origen se remonta a la Primera Conferencia Internacional Americana, celebrada en Washington, DC entre octubre de 1889 y abril de 1890. En esa reunión se aprobó, el 14 de abril de 1890, la creación de la Unión Internacional de las Repúblicas Americanas. La Carta de la OEA fue suscripta en Bogotá en 1948 y entró en vigor en diciembre de 1951. Posteriormente, la Carta fue reformada por el Protocolo de Buenos Aires, suscripto en 1967, que entró en vigor en febrero de 1970; por el Protocolo de Cartagena de Indias, suscripto en 1985, que entró en vigor en noviembre de 1988; por el Protocolo de Managua, suscripto en 1993, que entró en vigor en enero de 1996 y por el Protocolo de Washington, suscripto en 1992, que entró en vigor en septiembre de 1997.

Los propósitos esenciales de la OEA son los siguientes: afianzar la paz y la seguridad del continente; promover y consolidar la democracia representativa dentro del respeto al principio de no-intervención; prevenir las posibles causas de dificultades y asegurar la solución pacífica de las controversias que surjan entre los Estados Miembros; organizar la acción solidaria de éstos en caso de agresión; procurar la solución de los problemas políticos, jurídicos y económicos que se susciten entre ellos; promover, por medio de la acción cooperativa, su desarrollo económico, social y cultural y alcanzar una efectiva limitación de armamentos convencionales, que permita dedicar el mayor número de recursos al desarrollo económico y social de los Estados Miembros.

LOS ESTADOS MIEMBROS DE LA OEA

La OEA cuenta con 35 Estados Miembros: Antigua y Barbuda, Argentina, Bahamas *(Commonwealth de las)*, Barbados, Belice, Bolivia, Brasil, Canadá, Colombia, Costa Rica, Cuba, Chile, Dominica *(Commonwealth de)*, Ecuador, El Salvador, Estados Unidos, Grenada, Guatemala, Guyana, Haití, Honduras, Jamaica, México, Nicaragua, Panamá, Paraguay, Perú, República Dominicana, Santa Lucía, San Vicente y las Granadinas, St. Kitts y Nevis, Suriname, Trinidad y Tobago, Uruguay y Venezuela.

La Organización de los Estados Americanos ha concedido además el estatus de Observador Permanente a 39 Estados, así como a la Unión Europea.